U0610136

传播媒介娱乐史纲

HISTORY
OF
MEDIA
ENTERTAINMENT

文 然◎著

辽宁人民出版社

图书在版编目（CIP）数据

传播媒介娱乐史纲 / 文然著. — 沈阳 ： 辽宁人民出版社，2020.4
ISBN 978-7-205-09816-2

Ⅰ. ①传… Ⅱ. ①文… Ⅲ. ①传播媒介—休闲娱乐—新闻事业史—研究—中国 Ⅳ. ①G219.29

中国版本图书馆CIP数据核字（2020）第004275号

出版发行：辽宁人民出版社
地址：沈阳市和平区十一纬路25号 邮编：110003
http://www.lnpph.com.cn
印　　刷：辽宁鼎籍数码科技有限公司
幅面尺寸：170mm × 240mm
印　　张：22.75
字　　数：240千字
出版时间：2020年4月第1版
印刷时间：2020年4月第1次印刷
责任编辑：王　增　李翘楚
封面设计：高政华
责任校对：耿　珺
书　　号：ISBN 978-7-205-09816-2

定　　价：68.00元

人不仅为生存而斗争，而且为享受、为增加自己的享受而斗争……准备为取得高级的享受而斗争。

——弗里德里希·恩格斯

你们的报纸办得好，琴棋书画，花鸟虫鱼，应有尽有，我也爱看。

——毛泽东

目 录

引言：真的娱乐至死？

我对幸福的理解，是饮 1848 年的沙托马尔高酒。

——弗里德里希·恩格斯

一、为增加自己的享受而斗争

结束了快乐的古希腊时代，对娱乐的否定是从古罗马人那里开始的。

尽管古罗马人并不拒绝快乐的生活，但是与随性的古希腊人相比，他们的快乐生活里却多了一些纪律和约束的观念。比如一个古希腊人可能欣赏一个人在宴会上酩酊大醉的豪放，但是古罗马人却要讲规矩，要考虑到某一个举止的社会影响。的确，古罗马人要控制一个庞大的帝国，而不是一个小小的城市，为此，他们认为，严明的纪律和约束比快乐的放纵更有意义。

人类文明史的最长时段是农业社会，在农业社会中人们的快乐生活表现为两个方面：一是普通劳动时间的增加，使人们失去了追求快乐的时间，也形成了社会否定快乐的文化；另一方面是农业创造的物质盈余，产生了社会分工，特别是一小部分人有了快乐的特权。古罗马后期，由于宗教勃兴把古希腊人的快乐生活观念彻底遗忘。而当人类进入禁欲主义的中世纪时，快乐则变成了罪恶。中世纪的历史说明，阻止人们追求快乐，几乎等同于阻止社会进步。因为可以发现，任何一个恐惧快乐的社会，在历史上获得的评价都比较低。

欧洲的文艺复兴及之后的革命，在人道主义的大旗下，否定了禁欲主义，给予芸芸众生的最大意义就是承认了快乐人生的意义。文学家木心说，古希腊是酒，中世纪封存了一千年，文艺复兴揭开了酒的瓶塞。酒香散发的就是快乐。文艺复兴时期的荷兰诗人爱拉斯谟写过一个《疯狂颂》，把对快乐的歌颂升至极点：

的确，如果你们把生活中的欢乐去掉，那么生活成了什么？他还配得上称为生活吗？……你们鼓掌了，朋友们，啊！我早就知道你们大家都很疯狂，也就是说都很明智，不会不赞同我的意见。……斯多噶派哲学家们自己也喜爱欢乐，他们不憎恨欢乐。他们徒然遮遮掩掩，徒然想在凡夫俗子面前诽谤肉欲享受，最恶毒地咒骂它，纯粹是装腔作势！他们设法让别人远离肉欲享受，为了自己更痛快地享受。但是神明在上，请他们告诉我，如果没有快乐，也就是没有疯狂来调剂，生活中哪时哪刻不是悲哀的、烦闷的、不愉快的、无聊的、不可忍受的？在这儿我只要引证索福克勒斯的话来作证就行了，他说："最愉快的生活就是毫无节制的生活。"①

从文艺复兴、工业革命到现代社会，人们经历了一个从承认欲望到追求财富进而享受人生快乐的过程。但是，由于人类否定快乐的历史传统和社会快乐分配不均的现实，否定快乐的声音一直如影随行，而且声音还十分洪亮！

---

①徐葆耕：《西方文学之旅》，河北教育出版社，2007年，108页。

在人类社会的发展史中，生产力还远未达到按需分配的水平。社会的物质在短缺到危机程度的时候，通常会因为生产技术革命而得到缓解，而当一种生产技术忽然间为人类提供了盈余的物品时，人类对快乐的追求形成的同时，对享乐的批判也将随之而起。同样，在历史上的任何一个社会里，具有物质盈余的阶层往往只是社会中的少数人，他们往往是快乐的追求者，同样这些人也成了社会批判的对象。历史上记录的帝王将相的过错几乎都与他们沉溺声色有关，人们往往会忽视他们在建功立业时给苍生造成的灾难，而将他们的快乐无度记入青史。因此，娱乐有时竟然是洪水猛兽。在《庄子·骈拇》中曾经讲了一个“亡羊”的故事，说古代有两个人，放羊时都丢了羊，一个是因为读书，一个是因为玩一种叫“博塞”的游戏。庄子认为读书丢羊的人可以原谅，而玩游戏丢羊的人则该受到责怪。汉代的桓宽在《盐铁论》中认为“康庄驰逐，穷巷蹴鞠”的现象就是一个国家的“国疾”，应该坚决禁止。民间文学作品《孔子项橐相问书》中，假托孔子与小儿项橐的对话来表明了对游戏的态度：

夫子曰：“吾车中有双陆局，共汝博戏，如何？”

小儿：“吾不博戏也。天子好博，风雨失期。诸侯好博，国事不治。吏人好博，文案稽迟。农人好博，耕种失时。学生好博，忘读诗书。小儿好博，笞挞及之。此是无益之事，何用学之？”[①]

当19世纪欧美的有钱人寻欢作乐时，由于固有的观念和现实社

---

①蔡丰明：《游戏史》，上海文艺出版社，2007年，207页。

会生活中快乐分配的不平衡，许多人开始批判这些有钱人和他们的快乐生活。美国斯坦福大学的学者凡勃伦以一本《有闲阶级论》开始了对资产阶级生活伦理的批判。凡勃伦的这部书针对资产阶级娱乐方式的道德指责，使他一举成名。

《有闲阶级论》反对将消费视作实现人类幸福的一种手段的传统观点。在此书中，凡勃伦把他的着眼点放在社会的特权者身上。他认为随着社会的进化，物质直接的生产者与依赖社会剩余物质的特权者的分化越来越明显。他的观点与马克思注重的物质占有角度不同之处，就是特权阶级因为金钱和一些非生产性的职业，达到了对时间的占有和炫耀并获得快乐。

他有着这样的论述：

在这样的社会里，阶级的划分非常严格；在阶级差别中具有最突出的经济意义的一个特点是，各阶级的正式业务彼此之间截然不同。上层阶级按照习惯是可以脱离生产工作的，或者是被摒弃于生产工作之外的，是注定要从事于某些带几分荣誉性的业务的。……各阶级的业务不同，但是有一个共同的经济特点，那就是在性质上总是属于非生产的。这类非生产性的上层阶级业务，大致归纳起来是以下几项——政治、战争、宗教信仰和运动比赛。[1]

凡勃伦认为，封建社会中的军人和僧侣是最主要的特殊的非生产性的职业者。如果这个国家好战，军人就有着最高的社会地位，

①[美]索尔斯坦·凡勃伦：《有闲阶级论》，蔡白受译，商务印书馆，1981年，5页。

如果这个国家不喜欢战争，那么僧侣的地位就会变得较高。他们与官吏和少数的职业知识分子构成了封建社会的有闲阶级。凡勃伦认为，在文化演进的过程中，有闲阶级的出现和私有财产制度的形成发生在同一时期，这是一种必然现象。犬儒学派（scholasticism）这个名词的词源 schol，就是空闲的意思。这个空闲的词根也是英语中学校和学者的词根。

在凡勃伦看来，职业知识分子的许多学术研究都是无聊的智力游戏。与凡勃伦同样的观点，日本学者竹内宏谈到了夏目漱石的小说《我是猫》和日本近代的“有闲夫人”一词。竹内宏认为，夏目漱石的小说《我是猫》描写了凡勃伦笔下那一群“有闲人”的生活状态，小说中的几位知识分子整日无聊地东拉西扯，甚至认真研究绞刑时绳索的角度问题。《我是猫》描写 20 世纪初，日本有钱人的太太由于没有事做，在送走了疯狂工作的丈夫后，“今日看帝剧，明日逛三越”，她们或在高档的帝国剧院里看戏，或去昂贵的三越百货公司里购物，“有闲夫人”至今也是日本社会的一个特殊的阶层。按凡勃伦的观点，知识分子研究学术实质就是一种休闲方式，而这与赌马、看足球的不同之处在于，学术研究是一种让人尊敬的休闲方式。

凡勃伦认为“有闲阶级”有如下的特征：

1. 尊贵的义务；

2. 炫耀性消费。

这位一直没有当上教授，总骑着毛驴去上课的学者，以他那个时代和社会为主要批判目标，以对社会中的少数人的休闲生活研究，在一个特有的角度下解读新教的观点和马克思的阶级论的观点。他的核心观点是：劳动是痛苦的，有闲是一种特权，而由此带来的快乐同样是特权，这是可耻的。

然而，马克思和恩格斯并不排斥对快乐人生的追求。

马克思的人生格言是“人所具有的我都具有”，恩格斯认为可以原谅的缺点是“各种各样的无节制”，甚至马克思的女婿、法国共产主义者保尔·拉法格还写了文章，去争取无产阶级的“懒惰权”，但马克思之后的许多革命实践者，在强调集体组织纪律和民族国家至上的同时，普遍表现出了对个人快乐的否定倾向。近代学者对马克思主义关于快乐的态度研究上存在着误解，他们普遍认为共产主义者首先强调的是集体主义，而快乐只能属于个人范畴。雅克·巴尔赞在《从黎明到衰落》一书中论及了共产主义理念的原点，即欧洲乌托邦的生活理念。其中有这样对马克思主义充满误解的一段话：

> 有一点很有说明意义：在我们所谈及的三个乌托邦中，都没有提到笑，唯独提到的一次是嘲笑西方的一种习俗。[①]

他认为乌托邦是美好的社会，在这里没有贫富不均，没有被迫的劳动，但是乌托邦的美好，是对个人概念的否定。在这里，一切幸福都建立在集体主义的概念之下的，因而这里不提倡个人的娱乐，听不到属于个人发出的笑声。

然而马克思主义者不否定个体的快乐，他们赞同快乐而且主张

---

①[美]雅克·巴尔赞：《从黎明到衰落》，林华译，世界知识出版社，2002年，127页。

追求人生更高的层次，即生产劳动意义上的快乐：

对安逸的否定，作为单纯的否定，作为禁欲主义的牺牲，不创造任何东西。一个人可以像僧侣之类那样整天灭绝情欲，自己折磨自己，等等，但是他所做出的这些牺牲不会提供任何东西。[①]

喜欢喝酒、打猎、看幽默杂志的恩格斯有许多关于快乐的名言：

人不仅为生存而斗争，而且为享受、为增加自己的享受而斗争……准备为取得高级的享受而斗争。[②]

自愿的生产活动是我知道的最高的享受。

我们的商行有了重大的改进。在过去，刚吃过饭马上就要令人十分反感地坐在办公桌旁，那是何等的困倦啊；为了革除这种缺点，我们在仓库的凉台上挂了两张漂亮的吊床，午饭后，在吊床上抽着雪茄，摇摇晃晃，有时打个盹儿。我相信你会认为这种新的安排是非常合适的。[③]

李大钊认为游玩并非奢侈之事：

游玩一事，与小孩子固是要紧了，就与成年的工人亦是最高无上的再造者。游玩在一种意义上是增益的生活的准备，一个人要停

①《马克思恩格斯全集》（第46卷下册），人民出版社，1985年，115页。

②《马克思恩格斯全集》（第34卷下册），人民出版社，1985年，163页。

③《马克思恩格斯全集》（第41卷），人民出版社，1985年，562页。

止了他的游玩的兴趣，他更要老得快，以至于死。一天做工的疲劳与厌倦，一场的游玩便可以扫荡净尽。游玩的态度可以终生保持。须知游玩不是奢侈的事，乃是必要的事……所以我们要求工作八小时，游玩八小时，休息八小时，这就是以游玩而占我们生活的1/3，而且是最重要的1/3，可以苏慰工作的疲倦，可以免除堕落的恶习，可以回复身体的健康、精神的畅旺，可以补少年时教育的不足，可以与人以机械的生活所缺的变化与迁动，并机器产业所毁坏的训练，增加人们产业的、政治的、社会的效能。①

应该说，在马克思主义者的诸多有关快乐生活的论述中，法国马克思主义者保尔·拉法格的《懒惰权》一文具有重要的价值。《懒惰权》也是第一代马克思主义者的一篇重要而却为人忽视的文献。拉法格的文章首先描述了欧洲国家在工业化社会里某种“崇尚劳动”的现象，甚至激烈批评了革命者所倡导的无产阶级通过革命来获得劳动权的观念：

一种奇怪的狂热支配着那些受资本主义文明统治的国家里的工人阶级。而正是这种狂热带来了两个世纪以来一直折磨着人类的个人和社会的灾难。这种狂热就是对劳动的爱，就是最终把个人及其子孙后代的生命力消耗殆尽的那种对劳动的酷爱……②

①林恒、袁元：《讲玩》，海南出版社，2000年，13页。

②《拉法格文选》，人民出版社，1985年，70页。

拉法格认为，农业社会之后特别是工业社会以来的劳动是非常不好的东西，他认为人的悠闲生活才是神圣的。拉法格幽默地表示，不修边幅、满腮胡子的上帝已经给自己的信徒做出了理想的懒惰表率：他在六天劳动之后就休息了。下面几段话是拉法格描述的工人阶级在享受懒惰权之后的美好生活情景：

他们（指工人）应该每天只工作三小时，而在其余的时间里尽情地娱乐或者闲荡。①

工人阶级应该仿效资产阶级，断然与节欲的陋习一刀两断，无限制地提高自己的消费能力。不要再每天只吃一二盎司硬得咬不动的肉，而应吃一二磅鲜嫩的煎牛排；不必比教皇更虔诚，每天只喝少量的劣等酒，而应大杯大杯地畅饮波尔多红酒或布尔贡酒，把水留给牲畜去喝。②

在懒惰国里，为了打发一秒一秒地消耗我们生命的时间，将组织丰富多彩的文娱演出。③

第一代马克思主义者明确地告知了同时代和以后时代的为工人阶级谋求解放的人们，工人阶级的解放并不是仅仅获得劳动的权利，而是要获得人类的所有幸福。

---

①《拉法格文选》，人民出版社，1985年，80页。
②《拉法格文选》，人民出版社，1985年，85页。
③《拉法格文选》，人民出版社，1985年，88页。

二、娱乐的世纪

20世纪，人类开始在自由主义的追求下，享受着工业化社会所带来的盈余成果。尽管有两次残酷的世界大战，尽管许多国家还处在贫困与饥馑的折磨之中，人们还是开始了诸如奥林匹克运动会等世界范围之内的娱乐活动。

林语堂认为人生的乐趣，在于如何利用闲暇的时光：

我们只有知道一个国家人民的乐趣，才会真正了解这个国家，正如我们只有知道一个人怎样利用闲暇时光，才会真正了解这个人一样，只有当一个人歇下他手头不得不干的事情，开始做他所喜欢做的事情时，他的个性才会显露出来。只有当社会与公务的压力消失，金钱、名誉和野心的刺激离去，精神可以随心所欲地游荡之时，我们才会看到一个内在的人，看到他真正的自我。①

当21世纪到来的时候，娱乐无疑成为人类的第一需要，成为继和平、发展之后的第三大主题。娱乐是为了更好地工作，这是20世纪的理念，而21世纪的常识则是：我们更勤奋地工作，就是为了更好地娱乐。这个常识说明21世纪将是娱乐经济的时代。

波兰女诗人辛波斯卡写下这样的诗句：

我偏爱电影。

---

①林恒、袁元：《讲玩》，海南出版社，2000年，3页。

我偏爱猫。

我偏爱华尔塔河沿岸的橡树。

我偏爱狄更斯胜过陀思妥耶夫斯基。

……我偏爱穿便服的地球。[①]

英国哲学家罗素在《悠闲颂》中列举了资本主义社会的弊端和给劳动人类造成的种种危害，他认为在现代社会里人类通向幸福和繁荣的道路在于有计划地缩减工作时间，而现代科学技术为这个计划提供了可能性。在论及娱乐和休闲的关系上，罗素则认为正是由于休闲时间过少，使得现代社会的大多数人都不能从事健康的和互动性的娱乐活动，人们是在身心极度疲劳的有限时间里，依靠那些简单的、粗俗的和互动性不强的娱乐活动来满足自己的需要。

总之，在这样的世界中，拥有的将是幸福和愉快的人生，而不再是忧郁低沉的状况。必要的适当工作就可愉快地欢度闲暇时光，而不致使人疲惫不堪。由于人们闲暇时不劳累，他们需要的将不只是那些消极平淡的娱乐，至少 1% 的人将利用其业余的时间从事一些有关公共事务的重要事情……在所有的道德品质中，善良的本性是世界上最需要的，但善良的本性乃是悠闲和安逸的结果，而不是来自艰苦奋斗的人生。现代的生产方式让我们有可能得到悠闲和安逸，然而我们舍此而不取，以致一部分人劳累过度，另一部分人忍

①[波兰]维斯瓦娃·辛波斯卡：《我曾这样寂寞地生活：辛波斯卡诗选2》，胡桑译，湖南文艺出版社，2014年，40页。

饥挨饿。我们至今还像在没有机器的时代一样耗尽了力气，在此事上我们一直愚蠢至极，但绝没有永远做傻瓜的理由。[①]

从20世纪中期开始，世界的物质消费地位开始为娱乐消费所动摇。美国学者米切尔·沃尔夫在他的《娱乐经济——传媒力量优化生活》一书的导言中，描述了新世纪作为一个娱乐世纪的现象：

娱乐业——而不是汽车制造、钢铁、金融服务业——正迅速成为新的全球经济增长的驱动轮。在美国这个娱乐和传媒产业最发达的国家，娱乐支出额位列家庭支出中的衣着、保健等类别之前（衣着5.2%，保健5.2%，娱乐5.4%）。即便你根本不理会电子类消费品（这意味着远离电视机、录音机等，也意味着这些是作为娱乐的先决条件所必须购买的），你也无法忽视，我们在考察的毕竟是一个产值高达4800亿美元的庞大产业。

但这还不是事情的全部。在其基本范围内——电影、电视、录像、流行音乐、观赏性体育、主题公园、电台、赌场、杂志、报纸、书籍、儿童玩具（和成人玩具）等——娱乐业已成为世界上众多地区的经济中增长最快的部门，这在发展中国家是如此，在发达国家亦不例外。此外，影响更为深远的是，种种娱乐业内涵实际上正成为更广泛的消费经济各方面的重要区分特征。从旅游到超市购物、从商业银行到金融信息、从快餐到新式汽车，娱乐业成分在消费经济各个部分

①[英]伯特兰·罗素：《幸福之路》，曹荣湘等译，文化艺术出版社，1998年，175页。

的渗透之广之深，足足可以与计算机化浪潮过去几十年在经济中的扩展相媲美。①

1998年，沃尔夫统计了一个有关美国娱乐性城市拉斯维加斯的经济数字：拉城的就业机会增长率达到了8.1%，超过了美国所有的城市。在美国建国后的许多年里，美国人原本对内华达的沙漠非常失望。那里没有肥沃的土地，没有丰富的矿产，有的只是黄沙和毒蛇。美国人把那里用作航天飞机的发射场和核武器的试验场。还在那里建成了一座不需要物资资源和技术资源的赌博城市。但是，人们没有料到，从20世纪的后半叶起，这个沙漠中的城市，却因为娱乐产业的蓬勃发展，悄然成为全世界最富有的城市之一。在近20年里，世界各种产业中，娱乐产业或者带有娱乐功能的产业，如迪士尼的游乐业、好莱坞的娱乐电影、风行世界的电视娱乐节目、让青少年痴迷的电子游戏、世界杯足球赛、流行音乐和歌星、《花花公子》杂志、畅销书和精于炒作的作家都取得了惊人的成功。数据显示，许多传统产业的企业的盈利能力已经被娱乐企业远远甩在了身后。人们惊叹，钱都被那群会玩的人赚去了！

于是，沃尔夫大胆地提出："娱乐经济的时代已经到来！"实际上，从20世纪后半叶，娱乐的经济意义在世界范围内逐渐表现出来。其重要特征，是人们把娱乐从一种行为变成了一种经济产业。以体育竞技为例，体育竞技原本是一种起源于民间的带有强身健体性质的

①[美]米切尔·J. 沃尔夫：《娱乐经济：传媒力量优化生活》，黄光传、邓盛华译，光明日报出版社、科文（香港）出版有限公司，2001年，14页。

娱乐活动，比如乒乓球，原本就是英格兰的大学生们在课桌上玩的小型网球游戏。又如现代足球是英国的城市之间的一种娱乐活动：两个城市各派出一群精壮汉子，要把一个皮球踢到对方的城市里去。双方在两个城市间的原野上，进行旷日持久的争夺。直到 19 世纪，资本主义时代的后期，人们开始为这种体育游戏制定出相对完备的规则后，逐渐演变成现代的足球赛。整个 19 世纪，人们都在为体育比赛制定规则，然后才有了世界性的游戏大会——奥林匹克运动会。到了 20 世纪，在许多体育游戏中，运动员不仅仅是一个玩家，还可以通过做游戏而赚钱，组织游戏的人也可以获得经济上的巨大利益。在 20 世纪初，顾拜旦先生拿出了自己的积蓄来开奥运会，现如今，从美国的洛杉矶奥运会开始，所有国家都知道，举办奥运会是一件赚大钱的买卖了。从 20 世纪的后半叶起，不少体育游戏开始职业化，体育与经济产生了密切的联系。职业足球联赛、NBA 都成为营利巨大的娱乐产业。著名篮球明星迈克尔 · 乔丹在回忆他的童年时，说过一句话："黑人在美国，出路只有两条，一个是打篮球，一个是当歌星。"这句话可以理解为描述黑人群体的生存困境，但也同时说出了 20 世纪的一个经济趋向，那就是娱乐经济的迅猛发展。

在 21 世纪，人类的物质生产能力达到了前所未有的高度。从 17 世纪的工业革命以来，人们结束了田园经济的悠闲生活，走进了在大机器的催促下紧张的工作节奏里。这时，对这个时代的忙碌的人们说来，寻找娱乐方式，放松自己紧张而疲惫的身心成为一种必然。如果说在工业化时代，娱乐主要用来恢复人们的紧张疲惫的身心，那么到了 21 世纪，情形就不同了，娱乐已成了人们生活方式的重要组成部分。美国未来学的著名学者约翰·奈斯比特说："在新的世纪里，人们将有更多的闲暇时光，日本男人式的工作完全过时了。”在新的世纪里，电子计算机及互联网带来了数字化革命，为人们带来了目不暇接的新的生产方式和生活方式，人类的生活水平大大提高，计算机为人们创造出越来越多的闲暇时间，娱乐将成为人们缓和生活和工作压力的唯一手段。21世纪，在世界上许多国家，人们已经从巨大的物质生活的压力下解放出来了，这是人类梦寐以求的时代。越来越多的人们终于开始不再为衣食所累，收入可以轻松满足自己和家人的最低需要了。口袋里有钱，生活中又有更多的休息时间，除了去寻找欢乐，那么他们还能去干什么呢？

当今的新技术革命，科技触及了人类生活的方方面面，也带来了新的挑战，这就包括人类的快乐问题。欧洲的超人类学家已经提出了“废除主义”，即通过基因改造等技术方式去消除人类的痛苦。学者们把这个项目叫作“天堂工程学”，其中第一个目标就是“消除痛苦”。

操纵基因来促成更为丰富的生活体验只是后人类感知能力的一道试食。我预测我们的后代将在人生的每一天中都能享受基因预编程带来的幸福。[①]

这种对人生快乐的技术努力，已经取得了许多成果，似乎已经不再是技术乌托邦了。

---

①[美]R.U.希利乌斯、[美]杰·康奈尔：《卓越未来》，蔡谕等译，新星出版社，2016年，15页。

从古到今，社会文化与历史中充满对娱乐的否定，但娱乐又无时无处地出现在了每一个人的生活之中。人们的生活充满痛苦，但人们也会从社会的政治、文化、艺术包括自己与他人的交往等多种渠道和方式中获得快乐。

其中，信息传播是人们重要的娱乐途径之一。人类从自身到社会的所有信息传播的媒介，都可以成为娱乐的工具。人类传播过程中，除了理性的思考，娱乐内容也是重要的组成部分。一个人抚琴弄墨，吟诗作画，自我欣赏，自我陶醉，甚至他的梦境都由一个个故事组成。作为最普遍的媒介，交往中的语言现象就是人类娱乐生活的重要方式。语言毫无疑问可以作为一种媒介，但使用它的时候并非都出于严肃的目的。《娱乐至死》的作者尼尔·波兹曼就这样描绘过美国政治辩论的场景：

如果你认为这些1858年的听众是理性行为的典范，那你大错特错了。林肯和道格拉斯的所有辩论都是在狂欢节般的气氛中进行的，乐队高声演奏(虽然辩论时是停下来的)，小贩叫卖他们的商品，孩子们奔跑嬉闹，大人们喝酒说笑。这些演讲的场合也是重要的社交场所，但这丝毫没有降低演讲者的身份。正如我前面提到的，在这些听众的社会生活中，文化生活和公共事务已经有机地融合在了一起。正如温思罗普·哈德孙指出的，即使是循道宗信徒举办的野营集会也把野餐和听演讲结合起来。①

①[美]尼尔·波兹曼：《娱乐至死·童年的消逝》，章艳译，广西师范大学出版社，2009年，44页。

从这里，我们看到娱乐是人们语言交流的重要内容，我们从中不难理解，人们在闲暇之余为什么喜欢聚在一起，为什么会有那么多的人走进咖啡馆、茶馆、酒馆，为什么会有那么多的人喜欢社交媒体，为什么中国东北的寒冷乡村里会出现那么多以喜剧语言为主体的民间艺术。

长久以来，剧场一直是古老的娱乐传播媒介。人们出入剧场与舞厅，以群体传播的方式欣赏表演艺术。当大众传播从纸质的印刷品开始，到电子与网络媒介，毫无疑问地成为人类最重要的玩具之一。越来越先进的印刷技术为报纸、书刊的大批量出现打下了基础，然后是广播、电影、电视、网络的蓬勃发展……

马克思和恩格斯并没有忽略大众传播媒介的娱乐功能。

马克思在他的第一篇政论《评普鲁士最近的书报检查令》里就提出，报刊应划分为哲学报刊、宗教报刊、政治报刊和娱乐报刊四类。当时的许多娱乐类报刊，都引起了马克思和恩格斯的兴趣，这里包括英国的《笨拙》，法国的《喧声》《撒旦》，德国的《飞行传单》，西班牙的《闲谈》，瑞士的《全景》等。他们充分认识到了大众传播媒介给人们带来的进步和乐趣，恩格斯的晚年用上了电话，在安装电话前夕，他给马克思的女婿拉法格写信："请代我问劳拉，并告诉她一旦电话搞好了，我就用电话送她一桶比尔森啤酒去。"

现代大众传播媒介的发展是由信息、宣传、娱乐三条线索交织而成的。人们对现代大众传播媒介历史的书写，注重的是媒介的信息线索和媒介宣传线索，而忽略了对媒介的娱乐线索的研究。即使有一定的研究，也往往总是从批判的态度出发。当今天的大多数人们已经开始把娱乐视作自身最重要的生活内容时，当人们把报纸、广播、电视、书籍、杂志、电影、电脑、手机看成自己的一种最重要的玩具时，当网络开始把人类的传播主要方式从大众传播改变为全方面传播之后，人类利用传播媒介的娱乐方式也发生重大变化，而且这种方式已经成为社会生活和经济发展的一部分，传播学理论就应该认真地、严肃地把自身理论中重要的历史缺憾进行补充。

三、对“第四功能”迟缓认可

人类的所有传播媒介都具有承载娱乐的功能，大众传播媒介从其诞生的那天起，就成了人们重要的玩具之一。但是在20世纪中叶以前，学者们一直对大众传播媒介的娱乐功能多有忽视，而过于重视传播媒介的信息沟通所起到的宏观社会作用的意义。

对娱乐生活的否定是人类历史占主流地位的伦理观念，从批判社会不公到恐惧娱乐至死，具体角度也不一而足。在20世纪，对大众传播媒介批判的一个重点，就是对电子媒体的娱乐内容的批判。传媒的批判理论成果丰硕，核心问题集中在两个方面，一是大众传播媒介对资本主义制度的过度宣传，二是大众传播媒介所带来的通俗文化。

大众媒介的娱乐问题恰恰就是批判者的靶子。

媒介批判者的第一个主题是媒介娱乐的内容并不是来自民众自身，而是统治者社会控制的一个手段，不是纯粹的民间娱乐，而是上层精英文化的降落。媒介批判者的第二个主题，是商业化和工业化的文化制造，大量庸俗低级的文化内容充斥着大众传播媒介，商品代替了经典，数量战胜了品质。媒介批判在今天的中国媒介文化中一直不能受到重视，其重要的原因，一是欧美与中国的社会制度和国情不同，二是中国媒介的大众文化在刚刚起步后就开始迎来了分众的互联网时代。

电影和电视让媒介批判理论在欧美传播学界成为主流。特别是当电视成为最为火爆的娱乐媒介之后，学界开始担心“娱乐至死”的现象。20世纪80年代，电视成了美国社会的第一媒体，电影演员成了美国的总统。尼尔·波兹曼的名言成了全球的警句：

> 娱乐不仅仅在电视上成为所有话语的象征，在电视下这种象征仍然统治着一切。就像印刷术曾经控制政治、宗教、商业、教育、法律和其他重要社会事务的运行方式一样，现在电视决定着一切。在法庭、教室、手术室、会议室和教堂里，甚至在飞机上，美国人不再彼此交谈，他们彼此娱乐。他们不交流思想，而是交流图像。他们争论问题不是靠观点取胜，他们靠的是中看的外表、名人效应和电视广告。电视传递出来的信息不仅仅是“世界是个大舞台”，而且是“这个舞台就在内华达州的拉斯维加斯”。[①]

“娱乐至死”代表着大众传播的研究中社会和学者对媒介娱乐的长期恐惧。人们从内容分析的角度得出了许多令人不安的结论，如在电影中出现的暴力、色情、吸烟酗酒等镜头，这种结论让限制影片表现内容的审查性法规《海斯法案》在一段时间里得以实施（1930年至1966年）。但这种研究方法明显说明了研究者的“传

---

①[美]尼尔·波兹曼：《娱乐至死·童年的消逝》，章艳译，广西师范大学出版社，2004年，121页。

者中心论”既定立场，而根据对受众，特别是儿童的传播效果调查，近一个世纪的大量研究并没有证明大众传播媒介娱乐带来直接可证实的消极结果。即使传播的涵化理论也不能拿出充分的证明——某个人的好战性格是从小看西部片的结果。

然而，大众传播媒介，特别是当电子媒体时代到来的时候，人们不得不正视传播媒介作为“玩具”的功能了。

1938 年，荷兰学者约翰·赫伊津哈出版了专著《游戏与人》，此书从文化史学的角度，阐述了游戏的性质、意义、定义和功能，论述了游戏与神话、仪式、法律、战争、诗歌、知识等现象的关系。这是一部不断再版的文化学名著，虽然没有专门谈到游戏与媒介的关系，但却从宏观上打开了人类文化中娱乐功能的天窗。30 年之后，受到此书影响的加拿大学者马歇尔·麦克卢汉，在他的《理解媒介》的第 24 章“游戏与赛事：人的延伸”里，延伸了赫伊津哈的游戏观。

《游戏与人》为所有的传播媒介中的娱乐内容做了理论上最早的总结。

在传播理论中，最早接近媒介娱乐功能的理论是以“使用与满足”理论为代表的强调传播主体性理论，而其后，媒介的娱乐理论和实践也给予了传播的主体性理论以巨大的支持。美国传播学者戴维森曾于 1959 年《传播效果》一书中，谈到了一个“讨价还价理论”：传播的阅听人并不是一个被动的接受者，不能被视为一块泥巴，任由宣传主体塑造。阅听大众是由个体组成，而这些个体对传播要求各有不同，并且选择可能对他们有用的东西，这就包括了“讨价还价”的过程。

戴维斯的“讨价还价理论”的关键，是受众按“有用”来选择信息，而威尔伯·施拉姆的“乐趣理论”就不仅仅强调受众选择信息的原因是“有用”，而加上了“乐趣”。

“使用与满足”理论的形成花费了从20世纪40年代到70年代共30年时间，在这个过程中，所有学者的研究成果，包括赫佐格对广播节目的研究、贝雷尔森对书籍和报纸功能的研究以及麦奎尔对电视节目的研究等，都提及了受众从媒体寻找快乐的需要。

施拉姆在1949年出版的美国《新闻学季刊》上，发表了一篇名为“新闻的特性”的文章。文中认为，一个人选择新闻是为了获得一种预期的报酬，而这个报酬的来源是两个：一个是“乐趣原则”，一个是“实在原则”。所谓“乐趣原则”，指的是人们通过媒介可以得到快乐的报偿，而这种快乐的报偿是立即可以获得的；而“实在原则”是属于实用性的信息，这种信息对受众的报偿并不是立即派上用场，所以又称为“延缓报酬”。基于这两个原则，施拉姆把新闻分为两个大类，即“立即报酬性新闻”和“延缓报酬性新闻”。前者包括犯罪新闻、交通事故、体育与演艺新闻等，后者包括公共事务新闻、财经新闻、科技新闻、教育卫生新闻等。

1948年，拉斯韦尔出版了《传播在社会中的结构与功能》一书，书中论述了传播的三大功能：监视环境、协调关系、传承文化。1959年，美国学者C.R.赖特在《大众传播：功能的探讨》一书中，把大众传播的娱乐功能补充到大众传播功能的理论体系之中，将其扩充为“四功能说”。

1967年，威廉·斯蒂芬森出版了《大众传播的游戏理论》一书。至今绝大多数传播学的教科书都对“大众传播的游戏理论”少有介绍，这并不是因为该理论晦涩难懂——斯蒂芬森说能看懂该理论的人不会超过 200 人。斯蒂芬森在《大众传播的游戏理论》一书中讲了他研究这个理论的原因。

起初，大约从 1924 年开始，大众传播理论家们就把主要精力放在探讨大众媒介是如何影响受众的态度、信仰及行为这个问题上。可是直到 1959 年，我们依然很难找到一丁点儿迹象能表明大众媒介在人更深层、更重要的信仰上产生重大的影响……那么，大众传播研究能做什么？这本书的研究主旨在于揭示，大众传播之最妙者，当是允许阅者沉浸于主观性游戏之中。人们大量阅读了报纸、杂志和书籍，而且电影、广播、唱片和电视的受众越来越多。显而易见，这些大众媒介产品都是一些令人身心愉悦的东西。①

1973 年，施拉姆在他的《人、讯息与媒介》一书中对斯蒂芬森的理论给予了中肯的评价，同时在他的《人类传播史》一书中，专门写了“大众传播的机制：娱乐”一章。这里施拉姆承认娱乐在大众传播中的普遍存在：

大众传播主要被用于娱乐的占有的百分比大得惊人。几乎全部美国的商业电视，除了新闻与广告(其中很大一部分也是让人消遣)，大部分畅销杂志，除了登广告的那几页，大部分广播，除了新闻、谈话节目和广告，大部分电影，还有报纸内容中越来越多的部分——

①William Stephenson: *The Play Theory of Mass Communication*, The University of Chicago Press, 1967, P1.

都是以让人娱乐而不是以开导为目的的。因此，正如斯蒂芬森很有说服力地提出那样，几乎全部内容都有一种普遍化的游戏或愉快的功能。[①]

同时，如同斯蒂芬森在他的书里批评施拉姆的观点一样，施拉姆也在有关传播功能的复合性上对斯蒂芬森的游戏理论提出了质疑。但是，他还是充分认可了游戏理论的价值：

如果斯蒂芬森的著作读起来比较容易，而且如果他像麦克卢汉那样是一位新词的创造者，商业娱乐媒介本来可能选择他而不是选择麦克卢汉捧为名流。他的游戏理论比麦克卢汉的世界村（全球村）的说法为盛行的媒介内容提出了更好的解释。人们一旦接触了这种构想高超的理论之后，就再也不可能忽视传播的玩耍——愉快因素的重要意义。[②]

但是斯蒂芬森的理论没有得到传播学界应有的重视。究其原因，斯蒂芬森这样说：

1958 年，当我头一次认真拜读大众传播研究方面的著作时，我对于学界严重忽视娱乐与大众传播的关系感到非常的困惑不解。后来，卡茨和福克斯说过同样的话："在社会研究史中存在一个非常

①[美]威尔伯·施拉姆：《传播学概论》陈亮等译，新华出版社，1984年，37页。
②[美]威尔伯·施拉姆：《传播学概论》陈亮等译，新华出版社，1984年，29页。

有趣的事实，那就是人们习惯将大众传媒视作说服机构而非娱乐机构。”在某种程度上，那些早期的理论家承担着巨大的道德压力，他们必须以自己的个人价值取代科学的普遍准则来伸张正义。这是因为我们的观点相同，我接受娱乐而且认同把大众传播视为值得认真研究的科学。最重要之处在于社会控制和会聚性选择之间的区别。这个区别开启了人们认识到大众传播研究的重要性，并调动了研究的兴趣，而且瞄准了大众传播作用的问题。①

另一位美国传播学者萨顿·史密斯在他 1988 年出版的著作中这样认为，斯蒂芬森的理论之所以过去不为传播学者所重视，因为这些学者们太依赖媒体的功能取向（也就是媒体的角色是在稳定或动摇社会），并且无法更严肃地看待媒体中那些像游戏似的无足轻重的事情。

现代媒体从业者对媒介娱乐并不恐惧，他们甚至认为，信息——娱乐模式是传媒产业的一个基本模式：

许多人发现，将媒体按它们的内容特性是从属于娱乐性还是信息性来分类对理解它们颇有帮助。根据这种分类，报纸几乎总是被看作是信息媒体，而音乐和电影，则被看作是娱乐媒体。作为媒介，图书具有告知功能，也有娱乐功能；电视和广播也一样，尽管有些电视网、电台和节目，对资讯或娱乐各有所重；杂志也同样，有些

①William Stephenson: *The Play Theory of Mass Communication*, The University of Chicago Press, 1967, P2.

更多的是想告知，有些只是为了娱乐。

虽然被广泛使用，但这种娱乐——信息的两分法也有它的局限性，比如，没有任何先天因素来阻止报纸为读者提供娱乐，考虑一下最怪异的超市小报吧，它们虽然是报纸，但几乎没有人认真地把它们视为一个信息来源。娱乐——信息的绝对划分，也不能很好地适用于主流报纸，大多数日报，都有十几种旨在提供娱乐的内容，打开一张报纸，开始数数“加菲猫”和占星术专栏就明白了。

娱乐——信息模型，还有其他的缺点：它忽视了所有大众媒体都有除了娱乐和告知之外的功能；这种两分法，还漏掉了你在前面读到的说服功能，人们也许将大多数电影看作是娱乐，但不可否认，即使史蒂文·斯皮尔伯格最严肃的传记大片，也传递了明显的社会讯息。同样道理，几乎每一部电视情景喜剧，都是一个被包装在娱乐中的道德故事，说服也许是间接进行的，但它毕竟到处存在。

将大众媒体按照娱乐性与信息性来分类变得越来越困难，因为通常被当作主要信息媒介的报纸，已经把具有冲击力的内容转换为比以前温和的、有娱乐性的东西，不管怎样，这样的变化同样也在《时代周刊》和《新闻周刊》杂志上发生，这种融合甚至有了一个越来越时髦的名字：信息娱乐（infotainment）。①

四、斯蒂芬森、施拉姆及齐尔曼

大众传播媒介是一个社会玩具，这是大众传播媒介进入20世纪

①[美]约翰·维维安：《大众传播媒介》，顾宜凡等译，北京大学出版社，2010年，8页。

电子化时代凸显出来的特点，尽管这似乎让无数媒体从业者的理想破灭，让力图通过信息控制而达到政治目标的社会管理者感到无奈，让媒体理论和社会理论学者意识到诸多不严肃的行为正在威胁到社会的进步，但是不能否认的是，大众传播媒介，特别是包含多种媒介形式的网络媒介，其娱乐功能已经在市场和消费者中起到了举足轻重和不可替代的作用。

此时，单纯去理解“娱乐至死”的观点就显得过于呆板了。实质上，当大众传播媒介电子化社会到来之际，也就是20世纪50年代，传播学就开始重视传播媒介娱乐功能的研究。虽然直到1967年，威廉·斯蒂芬森才出版《大众传播的游戏理论》一书，但正如他自己所说，这本书的想法却开始于1958年。从这时开始，在大众传播媒介娱乐功能研究这一灰暗领域，斯蒂芬森、施拉姆、齐尔曼等人从新闻学、心理学到传播学进行了诸多研究。尽管在传播学的研究领域，娱乐研究并非主流，但这些研究使得媒介功能与效果研究愈加全面，这种全面性的价值在当今也日益彰显。

将媒介的娱乐理论的发展脉络做一个梳理，我们不可忽视三位学者的名字：威廉·斯蒂芬森、威尔伯·施拉姆、道夫·齐尔曼。

威廉·斯蒂芬森(William Stephenson，1902—1989)是英国人，有着富有传奇色彩的一生。他有着文学硕士、物理学博士、心理学博士跨领域的学业经历，拥有学者、军人、商人跨行业的职业经历。1958年他进入美国密苏里大学新闻学院后，正式将自己的研究从心理学转向了传播学。他的主要贡献在于提出了“大众传播的游戏理论”。1964年，斯蒂芬森在美国《新闻与大众传播季刊》上发表了《新闻阅读的鲁登理论》一文，并于1967年由芝加哥大学出版社出版了

《大众传播的游戏理论》一书。

这是《大众传播的游戏理论》的目录：

从目录上看出，斯蒂芬森的理论继承了赫伊津哈的游戏理论，

①William Stephenson: *The Play Theory of Mass Communication*, The University of Chicago Press, 1967, P1.

有泛娱乐化的倾向，他关于文化泛游戏论的观点和理论表述上的问题，后来被包括施拉姆在内的许多学者所批评。

斯蒂芬森的理论主要包括以下几个内容：

1. Q 方法论；

2. 选择性会聚；

3. 传播乐趣。

斯蒂芬森提出了一种 Q 方法，Q 即 Question 的缩写，就是以问题汇总为研究资料，然后分析归类找出答案。当时人们非常重视在研究方法中突出客观因素的分析，但是斯蒂芬森却强调主观因素，作为心理学研究方法的 Q 方法就是让研究对象完全依靠自己的主观感觉回答问题：传播不仅只是将消息来源传给大众，最好能引导大众在一种关键性的符号、口号或主题的暗示下，对消息进行再创造。

什么样的再创造？就是形成自己独有的传播乐趣。斯蒂芬森认为人类的信息传播分为两个种类，一个是“社会控制”，一个是“选择性会聚”,社会控制,即人们在社会中形成了一致性意念,比如宗教、舆论等，而大众传媒的受众对信息的接受却是自由的，而不是被控制的。对此，他这样解释：

传统意义的公众关乎问题、争议、信念与意识形态。人们齐聚一堂讨论谋取共同福祉的方法，分享观点，达成共识，于是通过正当讨论个体凝成整体。讨论的目的则是以少数服从多数的方式形成决议。当然，如今我们可知，问题并不像建议那样简单。在总统选举投票并不是参议院对政策理性考虑的结果，而是基于早期获取的信念，远非投票人对政治的理性思考和理解。

大众则不同，人们在诸如广播、电视、电影、报纸、杂志的直接影响下，他们之间会呈现出一个彼此分离的状态，宅在家中，独立静坐，独立体会大众媒介所带来的内心体验。大众被认为是受媒介自由而随意摆布。然而，对于其他人而言，大众媒介至少为人们提供了一个摆脱社会控制从而获取自由的机会。此时人们自由畅想，随心所欲……

政治学研究公众意见、宣传方法等问题，大众传播大多是研究选择性会聚包括广告和娱乐信息等。公众意见和意识形态紧密相连，而个人的社会性格和选择性会聚有关系。

大众传播的选择性会聚类似于淘金热、移民、土地发展和城市化，如同在大众媒介下的受众。在一个极端下，以淘金热为例，它使每个人都为了自己的利益，把所有的法律和规定都抛诸脑后。同样在广告中，一个人特别想出售一架旧钢琴，在他们每天几千几万份分类广告中，证明了将一个人作为会聚性的销售对象。在自由经济下的大众制造市场，试图掩盖当他们变成买方时，产品就变成了特有的这一事实：找到两辆完全一样的车是很困难的，因为它们的颜色、内饰、配件、发动机不同，这就使得每个人都可能拥有一辆独特的车，这辆车在某些方面区别于其他所有车的。这种区别和选择性被长期地过度强调，人们购买了某个商品，并非是发自内心的选择，而是广告狂轰滥炸的结果。

公平地说，在选择性会聚的即时经验中，一个人的自我意识和接受度会提高。一个人在电视前或手里拿着报纸时是个自由人，达到了他的长期历史中从未达到过的状态。当面对公众意见时，同样的情况就不会再在他身上发生。①

斯蒂芬森认为，作为“社会控制”的信息传播，强调的是社会形成了压力而迫使受众接受信息，比如媒介形成了巨大的舆论压力而产生的“沉默的螺旋”现象，比如纳粹的敬礼和口号。但是在正常情况下人们使用大众传播媒介却是在自由的状态，受众对信息的选择和接受是相对自由的，是在能够有乐趣下的、不痛苦状态下的会聚。斯蒂芬森认为形成了这种选择性会聚的原因在于人们可以通过传播、通过选择，特别是互动的传播，实现“传播乐趣”：

当两个人会面并且交谈后,他们时刻会说对那次会面甚感快慰。他们谈论的过程包含了很多复杂的情感,紧张的,开心的,无目的的,兴致勃勃的，是一种复杂的交叉互动。这场对话并没有特别明确的目的：一个人并不一定要说服另一个人，不是一定要顺从另一个人，也不需要从对方那里得到什么东西。他们不需要绞尽脑汁地讨对方欢喜——也不需要间接地制造惊喜给对方，他们不需要说服，不需要影响，不需要用别的方法指导对方。这样的谈话之后，他们都会觉得特别开心，这就是传播乐趣，特点是交谈的两人不会对任何事有期待。如果谈话一定要达成某种目的，例如下命令、请求帮助、索要物品等，这些我们似乎就称之为“传播痛苦”了。

所以，传播乐趣，一种扬扬得意和自我满足的状态和传播痛苦

① William Stephenson: *The Play Theory of Mass Communication*, The University of Chicago Press, 1967, P30.

形成对比，这都是想要改变现状。众所周知，不适宜的相反的影响会带来社会变化，而狡诈的广告人知道，如果消费者对他的广告不买账，不愿意掏钱，那么他的工作就根本没有完成。如果传播的是一种乐趣，则不需要接受者有所作为，反之，一种非乐趣传播，则是命令或者希望接受者有所行动。①

他甚至认为大众传播的严肃内容，不过是人们获得快乐信息的一个调剂品，是一个“补白”：

就算是集权国家的广播，宣传也只是一天音乐与类似娱乐节目的插曲，50%的时间中，广播大多数是音乐节目。中东的广播连续播放数小时神秘的阿拉伯音乐，之后才在间隔的时候广播一些宣传和政治新闻。②

斯蒂芬森的“补白理论”存在着一个明显的漏洞，那就是否定了严肃新闻的娱乐价值，因为许多严肃新闻会带来巨大的快乐，如美国麦卡锡被弹劾的新闻和中国“粉碎‘四人帮’”的新闻等。斯蒂芬森认为施拉姆的“立即报酬性新闻”和“延缓报酬性新闻”把新闻划为快乐和不快乐的区别是错误的，他认为“延缓报酬性新闻”仍然是可以让人们得到快乐：

---

①William Stephenson: *The Play Theory of Mass Communication*, The University of Chicago Press, 1967, P50.

②William Stephenson: *The Play Theory of Mass Communication*, The University of Chicago Press, 1967, P43.

需要放弃这个瞬间的快乐、希望或是幻想，以后赢得更舒心的快乐。所以，宗教人士摒弃这个世界的快乐，为了在天堂中得到更多的快乐。一个人的自我成长，以及自我性格的形成是经由现实的历练：一个人自我成长是要克服他原始的快乐过程。①

他提出的理论由于时代的忽视与表述上的问题，并没有引起更多人的重视。所以他自称“全世界能看懂的不超过 200 人”。

威尔伯·施拉姆（Wilbur Schramm，1907—1987），一直以来被认为是传播学科的集大成者和创始人。

施拉姆最有学术价值的三本书，分别是《报刊的四种理论》《传播学概论》和《人类传播史》。他有关媒介娱乐的观点，在《传播学概论》一书中有所论述，但主要体现在他晚年的《人类传播史》“大众媒介的机制：娱乐”一章中。此书在这一章的开篇，施拉姆选择了几段引言，表达了对电视时代媒介批判理论工作者的质疑和传播学领域对娱乐功能的研究缺失：

我们成功地发明了电视，使其臻于完美，并让这项有史以来最大的科技杰作遍布于世，连最简陋的农村也处处可见。而我们拿电视做什么呢？用来把游乐场搬进每个家庭。

娱乐——重要而被低估的传播功能。②

①William Stephenson: *The Play Theory of Mass Communication*, The University of Chicago Press, 1967, P47.

②[美]韦伯·施拉姆：《人类传播史》，游梓翔、吴韵仪译，远流出版公司，1994年，367页。

在这里，施拉姆抛开了上述提及的饱受争议的“延缓性报酬”而谈了以下几个问题：

1. 中产阶级的兴起；

2. 精致文化、大众文化与大众媒介；

3. 娱乐与大众传播媒介；

4. 媒介娱乐对受众的影响。

施拉姆认为，资本主义时代的一个重要社会现象，就是中产阶级的兴起，这使得艺术与娱乐成为可以售卖的商品。大众传播媒介提供了大量的观赏而非参与的内容，从而成为中产阶级的娱乐消费平台。在中产阶级兴起之前，雅文化的娱乐形式大多是参与式的，这将使娱乐的成本变得较高，即使是下棋，也需要寻找对手。大众传播媒介复制了大量的观赏娱乐品，使得大众可以以较低廉的价格获取。大众传播媒介的娱乐并没有给雅致艺术带来伤害，而是使艺术家得以独立生存。

施拉姆把社会人士分为上、中上、中下、下四个阶层，并虚拟了一个“品味文化的连续体”：

人物

高级先生与高级太太

中上级先生与中上级太太

中下级先生与中下级太太

下级先生与下级太太

他们的教育背景

高级先生自哈佛大学毕业，高级太太在念完社交学校后，继续到牛津玛格丽特女子学院念书。高级先生喜欢写作，并出版了不少作品，高级太太则喜欢读书。

中上级先生本来进了一所很好的大学，两年之后转学进入另一所大学的商学院。中上级太太在最好的私立女子学院念书。

中下级先生与中下级太太因念同一所州立大学而相识，中下级太太为了迎接他们的第一个孩子而在大三时辍学。

下级先生与下级太太同样是高中毕业，下级太太还多念了一学期的商专课程。这对夫妇以选择“实用”的课程而自豪。

他们从事的工作

高级先生教授历史。高级太太曾在大学校长办公室工作，现在担任社区义工。

中上级先生是一家银行的总经理。虽然中上级太太可以待在家中不用工作，但她热爱目前的工作——担任共和党州党部的执行秘书，主要负责公共关系。

中下级先生是市区一家大商店的业务员。中下级太太则是个出色的化妆品推销员，挨家挨户地将一系列产品推销给妇女。

下级先生与下级太太同在一家电话专门店上班，下级先生负责修理冰箱，下级太太则负责记账、秘书的工作。

他们对文化的看法

高级先生与高级太太认为文化理所当然就是他们想的那个样子。

中上级先生虽然想有点文化素养，但是坦白说，他认为精致文化没什么意思。中上级太太对精致文化还有点兴趣。

中下级夫妇俩对文化没什么兴趣。

下级夫妇对文化也不感兴趣，实际上他们根本不谈这个问题、拒绝接触文化的资讯。下级先生甚至认为较精致的文化是乏味、“娘娘腔”的。

他们偏好的艺术

高级先生与高级太太皆以书架上有古典名著为荣，他们也喜欢尝试像无调音乐、抽象艺术这样的新创作类型。夫妇俩偏爱人物架构严谨的小说胜过情节刺激的作品。此外，高级太太钟情平面艺术与建筑，高级先生则喜爱历史与小说。

中上级夫妇喜欢非文学作品，尤其是中上级先生。他们喜欢有关竞争、人往高处爬的文章（他们对这些可熟得很呢！）。他们尽可能地找书评看，而不是真的看那些新书，了解那些新作家。

中下级夫妇的喜好是取决于艺术的内容而非艺术的形式。他们喜欢真实的艺术，也就是说他们喜欢具象而非抽象的画作；他们喜欢情景喜剧，因为剧中人物像生活周遭的“一般人”；他们也喜欢强调传统美德的故事或文章。

下级先生与下级太太以前是电影院的常客，现在因年纪大了就改为看电视，他们喜欢看节目中“有男子气概的英雄”与“邪不压正”的情节。

他们的“最爱”

高级先生与高级太太是真的喜爱那些经典小说以及历史、哲学的古典名著，而不只是把这些书架在书架上做炫耀之用。他们也喜欢艺文小品、杂志、外国电影、17—18世纪的音乐、非百老汇的戏剧作品、抽象艺术、公共电视节目与广播节目。他们订的报纸是《纽约时报》。

中上级夫妇固定阅读两三种杂志，如《哈泼》《纽约客》《风尚》。

他们喜欢19世纪的音乐，但不欣赏更早期的音乐。中上级先生由《华尔街日报》《经济人》与其他专业刊物中吸取新知。

中下级夫妇以前喜欢看《生活》《展望》与《星期六晚邮报》，这些刊物停刊时，他们还难过了好一阵子。现在他们看《读者文摘》，而且待在电视机前面的时间愈来愈多。

下级夫妇喜欢看西部电影与电视上的西部片，尤其爱看动作片。他们喜爱的明星是露西鲍尔、约翰韦恩、瑞德史凯顿、比弗利小子与劳伦斯维克。①

施拉姆的“品味文化的连续体”是大众传播时代典型的受众研究方式，即把受众分成类型和群体，这种对受众喜好类型化的研究也是多媒体并生时期调查机构的主要工作模式。同时，他把媒体功能做了类别的划分和排序：

书籍：1. 评论 2. 娱乐 3. 资讯

报纸：1. 资讯 2. 评论 3. 娱乐

杂志：1. 评论 2. 娱乐 3. 资讯

电影：1. 娱乐 2. 评论 3. 资讯

广播：1. 娱乐 2. 资讯 3. 评论

电视：1. 娱乐 2. 资讯 3. 评论②

①[美]韦伯·施拉姆：《人类传播史》，游梓翔、吴韵仪译，远流出版公司，1994年，374–377页。

②[美]韦伯·施拉姆：《人类传播史》，游梓翔、吴韵仪译，远流出版公司，1994年，380页。

上述的划分应该说过于粗糙，甚至无法看出书籍和杂志、广播与电视的功能不同，但是对各种大众传播媒介的特有属性有所认识，特别是对电子媒体的娱乐特质有了清楚的认识。

施拉姆特别提出了 19 世纪是媒介娱乐发展转折点的观点，其依据是 19 世纪末期是众多电子媒体的诞生时期，同时纸媒也呈现了丰富的娱乐性，这个现象后来被称为是“媒介感官主义”。

施拉姆还涉及了有关媒介娱乐的一个传统话题，就是媒介娱乐对受众的影响。他列举了 20 世纪美国的三项著名的媒介娱乐效果的调查，即“佩恩基金会的研究”“霍金斯委员会的研究”和“公共卫生局长报告”，得出了媒介娱乐对受众的危害，特别是对儿童的不良影响只是有着“初步的暂时性的因果关系”。

道夫·齐尔曼（Dolf Zillman，1935—2017），波兰人。

齐尔曼的著作有《媒体娱乐公关》《传播的选择性接触》《性和攻击性之间的关系》等。他的名声远比不了施拉姆及斯蒂芬森，其学术贡献也并非前二者那样具有代表性，但他代表着媒介娱乐理论研究的一个基本方向，即媒介娱乐研究的心理学方向。

实质上，从斯蒂芬森、施拉姆到齐尔曼，心理学一直是媒介娱乐研究最重要的角度，这也是传播学传统的政治学、社会学的反向，同时也是社会心理学传统的延续。20 世纪 70 年代，心理学的研究开始重视针对人的快乐心理的研究，这成为积极心理学派的重要研究范畴。

坎贝尔（Campbell）研究了人和动物神经与快乐的关系，他得出的结论是“动物生来就是快乐的寻找者”，认为人寻找快乐的行为优于其他行为，其方式是刺激神经的某些系统，引发“快乐总部”

的脑电活动。

1975 年，希斯赞特米哈伊发表了一篇《超越无聊和焦虑》的研究报告，提出了一个“flow”，即“畅”的概念。研究网络游戏的简·麦戈尼格尔在他的《游戏改变世界》汉译本中，这个词又译成“心流”。“畅”或者“心流”都是一种心理现象，媒介娱乐的研究者就是力图寻找这个心理现象与媒介传播的关系。

齐尔曼的理论研究主要是两个方面：

1. 倾向理论和兴奋转移理论的提出；

2. 情绪管理理论中媒介的使用。

齐尔曼提出的著名理论是“倾向理论”（disposition theory），也叫作“倾向调整理论”（disposition alignment），即人们传播乐趣的重要渠道是来自接受者固有的情感倾向。齐尔曼的“倾向理论”或者称之为“倾向调整理论”提出：对角色的倾向，如喜欢或不喜欢左右着我们的道德判断，并使我们因敌人受到伤害而感到快乐。齐尔曼的“倾向调整理论”却证实了亚里士多德的直觉，即人们不仅从感官刺激中获得快乐，也从行使道德判断中获得快乐。

戏剧的研究是齐尔曼的观察点，他发现剧中人物与观众的关系往往呈现这样的状态：

由于看到某一方、某一角色或某一对象遭到贬损、遭遇失败或挫折而产生的乐趣随着对其负面情感的增强而增大，随着对其正面情感的增强而减少。

由于看到某一方、某一角色或某一对象得到提升、获得成功或胜利而产生的乐趣随着对其负面情感的增强而减少，随着对其正面情感的增强而增大。

由于看到某一方、某一角色或某一对象遭到贬损、遭遇失败或挫折而产生的烦恼随着对其负面情感的增强而减少，随着对其正面情感的增强而增多。

由于看到某一方、某一角色或某一对象得到提升、获得成功或胜利而产生的烦恼随着对其负面情感的增强而增多，随着对其正面情感的增强而减少。①

如下图 1 所示：

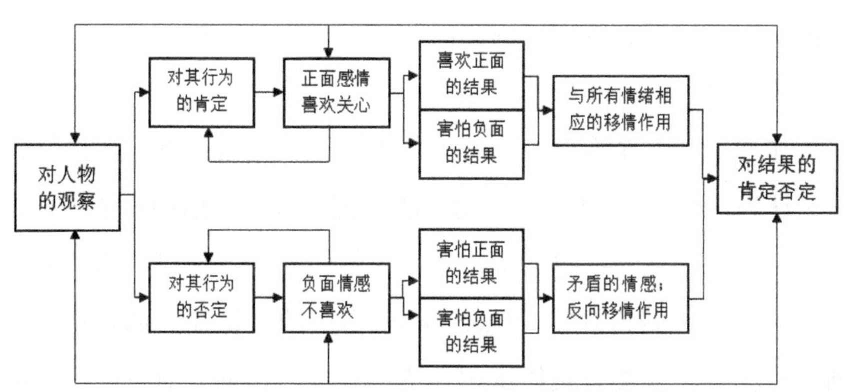

图 1　戏剧人物与观众关系示意图②

齐尔曼认为，人们在接受信息时，其情绪在受到接受之前固有倾向的影响之后，在接受信息的过程中形成的心理倾向也是非常重要的，对这种倾向的培养是所有艺术作品的精心设计的环节。

①[美]简宁斯・布莱恩特、[美]道尔夫・兹尔曼：《媒介效果：理论与研究前沿》，石义彬、彭彪译，华夏出版社，2009年，424页。

②[美]简宁斯・布莱恩特、[美]道尔夫・兹尔曼：《媒介效果：理论与研究前沿》，石义彬、彭彪译，华夏出版社，2009年，423页。

齐尔曼的兴奋转移理论认为，从一个刺激得到的残余兴奋将扩散到另一个兴奋反应刺激，尽管这一刺激的享乐效应可能有所不同。兴奋转移过程不仅限于单一情绪。例如，在观看电影时，观众可能会因为看到英雄被恶人诬陷而感到愤怒，但这种初期的激励可能会加剧观众对之后的恶人在证据的证明下受到惩罚的兴趣。因此，看到英雄被诬陷这一原始刺激的兴奋被认为是愤怒的，之后的第二次兴奋是在观察恶人遭到处罚之后的刺激被认为是乐趣，显然第二次刺激的一部分兴奋是第一次刺激的残留。

齐尔曼的倾向理论和兴奋转移理论涉及媒介娱乐的一个重要问题，就是信息接受者的固有的倾向和信息传播中所培养的倾向将是他们是否得到快乐的重要因素。

齐尔曼的另一个有关媒介娱乐的理论是情绪管理理论。情绪管理理论认为信息消费，特别是娱乐信息，能够改变当前的情绪状态，并且选择特定的消费信息通常用于调节情绪状态。情绪管理研究可以追溯到莱昂·费斯廷格（Leon Festinger）的"认知失调理论"。费斯廷格指出，人类有机体试图在诸如态度、信仰、对自己和环境的知识等认知之间建立内在的一致性。当一个人持有两个不相容的认知时，就会产生不和谐。但是，这种不和谐可以寻求减少不和谐的信息，避免信息增加已经存在的不和谐。费斯廷格的理论主要是以认知方式阐述的，将曝光选择解释为有说服力的信息。齐尔曼和他的同事们提出了情绪管理理论，试图应对例如新闻、喜剧、戏剧、悲剧、音乐表演以及体育运动等最广泛的信息选择。这一理论处理所有可想到的情绪，而不是单一的具体情感状态，不是仅仅的认知不和谐。情绪管理理论已经在很大程度上应用于媒介娱乐的选择。

例如，齐尔曼的实验研究表明，考虑到观众对电视娱乐的选择，个人可以分别通过选择性地接触令人兴奋或放松的电视节目来克服无聊或压力。在音乐接触的背景下，个人可以通过选择聆听高度精力充沛的快乐音乐来改善消极情绪。

对于以齐尔曼为代表的媒介娱乐的心理学研究，前国际传播协会主席（ICA）简宁斯·布莱恩特在他主编的《传媒效果：理论与研究前沿》一书中有如下的评价：

将娱乐体验作为一种效果来看待是最具有意义的。实际上，它是一种娱乐消费效果。而人们最想从娱乐消费中获得的效果就是它的有益作用了，这包括使人们从强烈的愤恨中解脱出来，消除无聊，使人振作起来，使人变得非常兴奋，帮助人们平静下来，或者提供能使人们平静下来的讯息。当然，很多媒介分析者可能倾向于将寻求这些帮助称作是“逃避现实”（escapism）。对娱乐节目的过度消费的确可能会使人们不太适应，从某种意义上说，它使一些通过适当的行动就能解决的问题依然存在，并可能催化其演变成灾难性的事件。不过，这样的评价对于许多娱乐消费来说都是不合适的。娱乐消费通常并不是让人无法适应的，它可以很好地适应消费者的需求。在无法通过目的明确的行动来消除或改变令人不适的状态的情况下，为了改变心情、调整情感和情绪，使其由坏变好，由好转变为更好而进行消费，这样的消费就是非常适于消费者的。一个在钢铁厂或行政办公室工作了整整一天的人，精疲力竭地回到家后，他会做些什么来减少自己的不快呢？或者，一个有着经前期疼痛的妇女面对可能诱发疼痛的环境会做些什么呢？如果娱乐消费可以成功地使他们平静下来，使他们快乐起来，使他们为同样令人厌烦的明天做好准备，那么将这样的用处指责为“逃避现实”公平吗？将这种使情绪和心情好转的效果看作是娱乐的成功是不是更为合理呢？

不管媒介分析者选择如何来描述这个现在正被讨论的效果的特性，他们都不能否认，大多数人进行娱乐消费还是为了以特定的方法来改变心情、调整情绪；而人们渴望达到的效果的产生往往具有很大的规律性。因此，实际上，大多数娱乐消费都能产生有益的结果。他是可以适应消费者的，是娱乐性的、有恢复作用的，从这个意义上来说，他是具有治疗作用的。不过，这并不是说所有的娱乐必然会产生这些效果，或者大量地娱乐消费就是有益的。很明显，人们非常不愿意看到的许多负面效果也存在着……但我们仍然认为，由所谓的大众媒介提供的娱乐可以使人们获得非常有益的情绪体验，且这些体验的确是娱乐性的，能够使人振奋。娱乐的这些效果很少受研究者的关注，这大概是因为很多人已经将娱乐斥责为廉价的逃避现实的方法了。我们觉得现在是时候重新评价娱乐效果了。①

21世纪之后，网络媒体成为主要的传播媒体，网络也同时成为人类最重要的娱乐工具。与大众传播时代相比，此时受众的主体性发生了巨大的变化，这使得媒介的舆论研究，从传播方转向了使用方。从斯蒂芬森、施拉姆到齐尔曼的研究，从媒介内容分析到心理学分析正是体现了这样的一种变化。

---

①[美]简宁斯·布莱恩特、[美]道尔夫·兹尔曼：《媒介效果：理论与研究前沿》，石义彬、彭彪译，华夏出版社，2009年，431页。

第一篇　娱乐是什么？

愉悦是快乐生活的起点和目标。

——伊壁鸠鲁

一、娱乐观念的伦理学认识

人类历史是人类产生自我意识后的产物。当人们对自己的生命意义有了一定的意识后，他们就开始从社会与个人的不同角度，对“幸福”“快乐”等相对于“痛苦”的内容进行思考。所以，快乐、幸福、欢乐对于社会和个体的意义，成为哲学、社会学和伦理学的重要话题。

从古到今人们对快乐有着丰富的认识，关于快乐的命题，成为哲学和伦理学的一个重要领域。在伦理学的体系中，对幸福和快乐的认可与否认是伦理学历史的重要内容。

人对快乐的认识有一个传统的角度，这就是节制。几乎所有的宗教都有这样的共识：人类的痛苦源于欲望。因此节制欲望，则减少痛苦，这也是几乎所有宗教共同认可的结论。

苏格拉底是古希腊哲学家中对幸福和快乐有着最早思考的人。苏格拉底声称自己无知，作为一个无可知论者，他没有留下自己的作品。我们只能从柏拉图的《对话篇》中看到对他言行的转述。苏格拉底认为，人的美德包括四个方面：勇敢、公正、节制和善良。

他提到的“节制”，是指人只有克服来自外部世界的欲望后才可以接近神，因为神是没有欲望的，这样人才能实现一种幸福的状态。从这里我们可以看到，苏格拉底首先是一个认同幸福和快乐的人。他所说的节制并不是否定快乐，而是让人们不要仅仅追求眼前的、直接的、能够立刻感受的幸福和快乐，而是要通过理性，通过获取知识来生活，真正地把握人生的幸福和快乐。苏格拉底倡导的“节制”，包括孔子和老子思想在内的人类早期思想体系以及犹太教、基督教、佛教在内的宗教体系都有类似的观点。

柏拉图对快乐的认识完全抛开感性，对于人类感性的承载物——肉体，他写了下面的一大段“肉体原罪论”：

单凭肉体需要食物这一点，它就成为我们无穷无尽的烦恼的根源了，并且它还容易生病，从而妨碍我们追求真有，它使我们充满了爱恋、肉欲、畏惧、各式各样的幻想，以及无穷无尽的愚蠢。事实上，正像人们所说的，它剥夺了我们的一切思想能力。战争、厮杀和党争都是从哪里来的呢？还不是从肉体和肉体的欲念那里来的么？战争是由于爱钱引起的，而所以必须要有钱就是为了肉体的缘故与供肉体的享用。由于这些障碍，我们便不能有时间去从事哲学。而最后并且最坏的就是，纵使我们有暇让自己去从事某种思索，肉体却总是打断我们，给我们的探讨造成纷扰和混乱，并且使我们惶恐无措以致不能够看到真理。经验已经向我们证明了，如果我们要对任何事物有真正的知识，我们就必须摆脱肉体——必须使灵魂的自身看到事物的自身，然后我们才能得到我们所愿望的智慧，并且说我们就是爱智慧的人，但这并不是在我们生前而是在我们死后，因为灵魂若是和肉体在一起的时候，就不能有纯粹的知识，知识如果真能获得的话，也必须是在死后才能获得。

这样在解脱了肉体的愚蠢之后，我们就会是纯洁的，并且和一切纯洁的相交通，我们自身就会知道到处都是光明，这种光明不是别的，乃是真理的光。因为不纯洁的是不容许接近纯洁的……而纯洁化不就正是灵魂与肉体的分离吗？……这种灵魂与肉体的分离与解脱，就叫作死……而真正的哲学家，并且唯有真正的哲学家，才永远都在寻求灵魂的解脱。

但有一种真正的钱是应该不惜那一切去交换的，那就是智慧。[①]

综上观点，节制和理性成为人类对快乐理解的第一个答案。

亚里士多德也认为节制和理性可以带来快乐。但是，他在两个问题上对“节制即快乐”的传统认识有所突破，即他承认满足欲望也是一种快乐，他还认为快乐不来自劳动和工作，而是来自休闲活动。

现代哲学家罗素有关悠闲的赞美也来源于亚里士多德的这个观点。亚里士多德继承了苏格拉底“理性与知识是快乐之源”的观点。在早期著作《劝勉篇》中，亚里士多德宣称：

获得智慧是愉快的；所有人都在哲学中感到自由自在，希望花时间研究它而将其他事情搁于一旁。[②]

①[英]伯特兰·罗素：《西方哲学史》（上），李约瑟、何兆武译，商务印书馆1963年，182页。

②[英]乔纳逊·伯内斯：《亚里士多德》，余继元译，中国社会科学出版社，1989年，3页。

亚里士多德承认娱乐的存在，他认为音乐有四种作用：娱乐、道德教育、治愈和净化。他说闲暇的益处，首先在于它是哲学研究必不可少的条件，他在《形而上学》中说：

哲学研究的开始，只有在全部生活必需品都已具备的时候，在那些人们有了闲暇的地方，那些既不用提供快乐，也不以满足必需的科学才首先被发现。①

他所认为哲学始于人类通过学习知识获得快乐的时候，而获取这种快乐的前提，必须拥有满足生活的物质条件、时间上的闲暇以及丰盈的精神世界。

更可贵的是亚里士多德的关于闲暇与劳作关系的思想，同样在《形而上学》中有所体现：

人的本性谋求的不仅是能够胜任劳作，而且是能够安然享有闲暇。闲暇是全部人生的唯一本原。假如两者都是必须的，那么闲暇比劳作更为可取，并是后者的目的。②

他认为，人们可以参与两种活动，一种是“严肃活动”，包括种地、做苦工和做生意——这是产生财富和赚取谋生所需的工作。另外一

①[古希腊]亚里士多德：《形而上学》，苗力田译，中国人民大学出版社，2003年，29页。

②[古希腊]亚里士多德：《政治学》，颜一、秦典华译，中国人民大学出版社，2003年，273页。

种为“闲暇活动”——不是产生肉体快乐的工作，而是让精神感到快乐的工作。如同“严肃活动”一样，“闲暇活动”也会让人感到疲倦。人需要游戏从“闲暇活动”中消除疲劳，正如同从“严肃活动”中恢复一样。亚里士多德认为“严肃活动”与“闲暇活动”不能完全割裂开来，前者满足人的基本生存需求，后者可以增强人的道德感、增加人的智慧。这才是人生的意义所在。

至于玩乐，亚里士多德承认它与睡眠一样对身体有好处：它使人感到松懈和消除疲劳。

此外，他还对快乐的不同层次和不同方式有所认识：

闲暇时人们应该做什么。自然不应该是嬉戏，那样的话嬉戏就会成为我们生活的目的。如果不是这样，那么嬉戏就更多地是在辛勤劳作时所需要，那么我们只能在适当的时候引入嬉戏。作为一剂解除疲劳的良药，它在灵魂中引起的运动是放松，在这种惬意的运动中我们获得了松弛。然而闲暇能带来自身的享受、幸福和极度的快乐。忙碌之人与此无缘，只有闲暇才能领受这份怡乐。①

承认欲望和赞同休闲活动是亚里士多德的独到认识。从这里，我们看到了亚里士多德实际上已经给传统的节制的快乐观引入了一线自由的阳光！之后的犬儒主义者们开始充分享受着亚里士多德所带来的自由阳光，让感性成为快乐之源。

---

①[古希腊]亚里士多德：《政治学》，颜一、秦典华译，中国人民大学出版社，2003年，273页。

犬儒学派的代表人物第欧根尼喜欢睡在澡盆里，人们称其为“狗”，就连亚力山大大帝也不能让第欧根尼离开他的澡盆。他们不认可苏格拉底推崇的观点，也就不承认知识与理性的快乐意义，他们认为唯一可以依赖的是人的感性。人的感性具有追求快乐而避开痛苦的本能，而追求这个本能是最有意义的。他们追求人在最自然状态下的快乐，如性、睡眠和享受阳光。任何经过辛苦的工作而得到的快乐都是没有价值的，其中最没有价值的是金钱。

伊壁鸠鲁学派继承并改良了犬儒学派的观点。伊壁鸠鲁本人就仅仅靠面包和水维持生命，他一方面承认快乐的意义，同时也不否认理性对于快乐的意义，追求快乐而用理性来衡量。

应该说，伊壁鸠鲁对快乐的理解是集合了犬儒学派和苏格拉底的观点。伊壁鸠鲁一方面承认有沉思、智力等较高层次的快乐，另一方面也认可对人的天生嗜好的满足。他认为，情绪、内在的感觉提供实践生活的标准。它们分为两类：快乐的、惬意的；痛苦的、不惬意的。他认为快乐是最高的善：

> 快乐是幸福生活的开始和目的。因为我们认为幸福生活是我们天生的最高的善，我们的一切取舍都从快乐出发，我们的最终目的乃是得到快乐，而以感触为标准来判断一切的善。[①]

古代希腊的快乐哲学之后，直至19世纪前，人类经历了一个痛苦的时代。这个时代的主流思想是禁欲与倡导劳动。禁欲与非自由

---

①周辅成：《西方伦理学名著选辑》（上），商务印书馆，1987年，103页。

的劳动都让人们失去了快乐的追求。奥古斯丁面对女人时说：“神啊，给我贞洁的自制力吧，我需要它们。”创立修道院的本尼迪克则大声呼吁：“去劳动吧，振作起来！”

在承受了长久的痛苦后，特别是经历过资本主义初期的非人性的劳动：成年男人每天工作15个小时，儿童要工作12个小时。人类开始再次产生对人生快乐的渴望和思考。这就是功利主义伦理学的创立。功利主义伦理学的基本框架是由英国哲学家边沁搭建的，其理论的核心是“苦乐原理”和“最大多数人的最大幸福”两个概念：

自然把人类置于两个至上的主人——“苦”与“乐”——的统治之下。只有它们两个才能够提出我们应该做些什么，以及决定我们将要怎样做。[①]

边沁把快乐做了这样的划分：

感官的快乐／财富的快乐／技能的快乐／和睦友好的快乐／生育的快乐／权力的快乐／虔敬的快乐／仁慈的快乐／恶意的快乐／回忆的快乐／想象力的快乐／期望的快乐／联想的快乐／放松的快乐[②]

边沁为此设计了独特的快乐计算方法。他提出了7个计算因子：

①周辅成：《西方伦理学名著选辑》（上），商务印书馆，1987年，293页。

②周辅成：《西方伦理学名著选辑》（上），商务印书馆，1987年，293页。

强度，即行为所带来的快乐的感觉的强烈程度；

持续性，即快乐感觉延续的时间的长短；

确定性，即快乐的感觉是真实的还是虚假的；

远近性，即快乐的感觉是眼前可以获得的还是从一个更长远时间来看它是可以得到的；

繁殖性，即一个行为所带来的快乐感觉是否能派生出其他的快感；

纯洁性，快乐所引起的有益的后果的强度，即行为带来的快乐和痛苦相比，能否占绝对的优势；

广延性，快乐发生的范围，即行为是否同时给大多数人带来快乐。①

边沁根据对人产生快乐或痛苦的效用作为决定道德上善和恶的标准，这就是道德上的“效用原则”，或称为“功利原则”。这个原则的主要内容是：

1. 苦乐决定人们所做、所说、所想，决定人的思想或行为；

2. 人们对任何一种行为表示赞成或反对的标准，是依据它能否增加或减少当事人的快乐（或幸福）为标准；

3. 任何人追求的事物都应当对人产生福利、方便、快乐或幸福，防止发生灾祸、悲痛、邪恶或不幸；

①周辅成：《西方伦理学名著选辑》（上），商务印书馆，1987年，294页。

4. 根据对快乐或痛苦的价值的衡量来决定人应当选择什么行为。[①]

包尔生的《伦理学体系》里是这样总结他们关于快乐的认识：幸福或至善并不在于生命的客观内容，而在于生命所产生的快乐的感情，快乐具有绝对的价值，别的一切事物的价值只是就它助于产生快乐而言。

源于边沁的快乐伦理，现代西方人则演化出一种“乐在不工作”的享乐主义思潮。纽约风格时尚大师迈克尔·弗洛克写了一本《享乐主义手册》的通俗小书。

我们从其中的每一章的题记来看享乐主义倡导的世俗追求：

但凡是人的事，就没有一件真的非常重要——柏拉图

愉悦，是快乐生活的起点和目标——伊壁鸠鲁

精神崩溃的一个最初征兆就是坚信自己的工作非常非常重要——罗素

这是我的经验之谈，没有恶习的人，很少有美德——林肯

啤酒就是上帝爱我们的证据，他希望我们快乐！——富兰克林

马克思主义者很早就注意到了劳动与快乐的关系。当历史上众多学者仅仅注意到休闲与快乐的关系，马克思主义者却发现了在自由劳动中快乐的重要意义。他们提及的无产阶级要为之奋斗的和要

①章海山：《西方伦理史话》，辽宁人民出版社，1987年，296页。

为之争取的“更高级的享受”中，自由劳动带来的享受占有极其重要的位置。恩格斯的一段名言，概括了马克思主义的自由劳动与人类快乐的重要关系：

自愿的生产活动是我们所知道的最高享受！①

综上，人类的娱乐观念的伦理认识可以用如下维度加以说明：

自由——克制；

劳动——休闲。

从广义的娱乐现象而言，下图描述了人类对娱乐的分类和不同的态度：

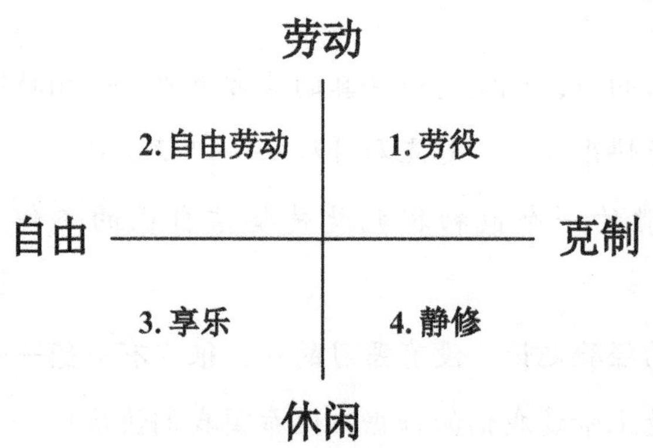

图 1.1　娱乐观念的伦理学示意图

图表中看出，劳役之外，无论是静修、享乐和自由劳动都是形成快乐的来源。马克思主义者所倡导的自由劳动成为快乐的一个重要来源，这也是马克思主义的快乐观与以往哲学思想所不同的地方。

①《马克思恩格斯全集》（第41卷），人民出版社，1985年，562页。

这个结论也为现代医学和心理学所证明，20 世纪 70 年代医学和心理学都发现了人类的快乐的总量有 59% 来源于工作。

二、娱乐的概念

娱乐是什么？娱乐是一种行为。娱乐作为一种行为，都与哪些概念有关系？

从人们日常对娱乐的认识看，心情、活动方式两个因素与娱乐有着密切的关系。从心情上看，娱乐者达到身心的愉悦是娱乐行为的根本目的；从活动方式上看，娱乐者总是以一种脑力和体力的特有的方式，来达到心情愉悦的目的。从这两个因素出发，我们对娱乐的定义为：娱乐是以心理愉悦为过程与目的的展示人的能力的活动方式。

娱乐的概念与三个概念有着密切的关系：

1. 休闲 (leisure)；

2. 游戏 (play)；

3. 艺术 (art)。

在现实中，娱乐经常与休闲、游戏和艺术三个词互换使用。有时，人们把艺术界称为娱乐圈；有时，人们在一个叫“娱乐中心”的地方，进行相当于游戏的体育比赛；有时，人们把闲暇时光中的自由行为，解释为娱乐。

休闲具有娱乐所涉及的心情与活动方式的两个因素。但是休闲比娱乐要多出一个因素，那就是时间。对于休闲的时间，有我们传统的“八小时之外”，也有着“自由支配的时间”，还有着“非赢利时间”，等等。但是娱乐本身没有时间的意义，因为娱乐可能发生于人们生活的所有时间之内。工作永远可能成为娱乐的最重要的来源，这是当代的快乐主义理论的最合理之处。至于赢利，娱乐有时也可以带来经济收入，如博彩。

游戏具有娱乐所涉及的心情与活动方式的两个因素。但是游戏比娱乐也多出一个因素，那就是虚拟——虚拟的玩具、虚拟的内容、虚拟的规则：一个个象棋子，代表着“车”“马”“炮”；在电子游戏里，有战争，有情感，有各色人等，有不同的世界，但它们都是由数字组成的，而并非真实存在的。每一种游戏都有规则，游戏者要严格执行这些规则，但这些规则尽管严肃，但却都是人为规定的，也都是虚拟的。

艺术具有娱乐所涉及的心情与活动方式的两个因素。但是艺术比娱乐多出了一个因素，那就是超现实因素。艺术欣赏和创造的内容都是人类精神世界的娱乐产品，而这些内容不是旅游观光时所看到的山水，而是画面上的山水，不是现实男女的交往，而是小说和诗歌中的爱情。艺术的“源于生活、高于生活”，使其与现实生活的娱乐方式有着极大的不同。现实生活中许多的娱乐方式，如品尝美食、旅游等，都不能称之为艺术。

此外，在谈到与娱乐有关的概念时，还有必要谈一下关于“畅”的概念。“畅”（flow），也可译成“心流”或口语中的“爽”。作为概念的提出，“畅”是美国心理学家希斯赞特米哈伊所定义的一种心理现象：

这是一种感觉，当一个人的技能能够在一个有预定目标、有规则约束并且能够让行为者清楚地知道自己做得如何之好的行为系统中充分地应付随时到来的挑战时，就会产生这种感觉。这时，注意力高度集中，没有心思注意与此无关的事，也不考虑别的问题。自我意识消失，甚至意识不到时间的存在。[①]

“畅”的感觉，就像我们经常会在完成一个有难度的事情后，会大喝一声“爽”一样，其是一种较高的心理的快乐境界。“畅”实质是娱乐的一个心理因素特点的呈现形式。

三、盈余：娱乐的推手

是什么推动着人类娱乐生活历史的发展？是盈余。

物质的盈余、精神的盈余、时间的盈余等，在今天越来越不再是阶级的问题，而已经成为一个大众的问题。这就是今天世界重视娱乐生活的根本原因。

没有盈余的社会里，娱乐不可能独立于实际生活之外。人类社会在将来获得极大进步后，在获得物质和精神的最大盈余后，生活和娱乐将再一次融会在一起，那将是人类最为幸福的时刻。而在一般的情况下，人类的娱乐水平是随着人类的物质与精神的盈余状态而变化着。

当原始社会的人们可以养活一个不必狩猎和捕鱼的酋长时，在这个酋长身上，就会产生独立于实际生活的娱乐。当他躺在树下，烤着兽肉，听着溪水的叮咚声、鸟儿的鸣叫声和远处族人们捕猎的

---

① Mihaly · Csiksentmhalyi: *Flow: The psychology of optimal experience*, Hapor Pevennial, 1991, P16.

呼喊时，一种纯粹的娱乐行为便产生了。但是原始社会的生产水平无法供养太多闲人，而更多人和更大规模的娱乐只有等到另一个历史时代了。

这个时代就是农业社会。真正的物质盈余首先来自于土地。当人们不必从大自然直接获取食品与物品的时候，他们便把种子播种到土地里。按照日本历史学者、《余暇社会学》作者加藤秀俊的观点，当秋天到来的时候，第一批农民们发现，他们 70 个人的工作成果，竟可以养活 100 个人。

从马克思主义的历史观看，农业革命后的社会组成方式，与狩猎采集时代的社会组成方式的根本区别，就是在于物质生产的盈余而产生了日趋明显的阶层的分化。尽管许多人对农业社会有许多的负面评价，但在承受巨大的劳动痛苦后，产生了物质盈余，却是不争的事实。社会性生产的盈余，70 人的工作可以养活 100 人了，这就意味着一些少数人可以从事与直接的物质财富生产关系不大的事情了。他们中有的人成了行政管理者，如国王，有的人成了精神管理者，如僧侣、占卜师，有的人专门负责社会的安全，如军人，有的人负责社会的精神产品的生产和后代的教育，如学者和教师。这些最早从繁重的物质生产的劳动中分化出来的人，获得了田野里劳动的人们难以获得的盈余时间。同时，他们还获得了更多更好的教育机会，成为社会中的“文化人”。而文化素质使得他们的娱乐趋于雅致。

当资本主义的商品经济的萌芽在城市里产生后，市民群体出现了。他们的生活有了相对固定的作息时间表，有了在集市散去、店铺打烊后的真正有规律的“业余时间”。他们从最早的商业行为里获得了比农民更容易得到的更多的金钱，于是他们就拥有更多的钱可以用来消磨时间。当大众传播方式与世界资本主义时代同时到来，物质生产的迅速发展，城市生活和工业生产成为主体生活方式。大众传播媒介成为人们娱乐生活中最重要的工具。

当电子计算机和网络产生后，社会物质的生产水平和精神生产水平都得到了前所未有的提高。人们不必像过去那样在工作中消耗那么多的体力，还有了更多的钱，也有了工作之外的更多时间，他们的娱乐水平相应也要得到更高的提升。

体现盈余的一个重要概念：休闲。

1. 什么是休闲？

改革开放后的中国人越来越崇尚休闲了，虽然这个词为国人认可却仅仅是近20年内的事情。《辞海》在1980年出版的时候，还这样解释“休闲”一词：“农田在一定时间不种作物，借以休养地力的措施。”1995年5月，中国开始实行5天工作制。从这时起，国人开始越来越多地使用了“休闲”一词。不到十年这个词已经普遍在人们的文化生活、经济领域的第三产业、生活观念甚至是餐饮、服装方面频繁使用了。休闲现象与娱乐行为有着最为密切的关系。

休闲是什么？

有人把休闲视为一个时间的概念：休闲是一切必要之事处理完毕后剩下的时间。[①]有人把休闲视为一种心理状态：任何活动，只要

①[美] Cene Bammel、[美] Lei Lane Bwrrus Bammel：《休闲与人类行为》，涂淑芳译，桂冠图书公司，1996年，148页。

是自由选择，并为个人在进行这一活动的过程中能谋得自由这样一种感受的都属于休闲范围。[①]有人认为休闲是一种活动，是一种从责任和义务中解脱的活动：休闲是你想做的事，而不是你必须做的事。[②]

从上面的观点看，休闲可能是盈余的时间，也可能是精神自由的状态，而这时间和精神自由状态的前提是物质的盈余。

2. 休闲：体现了物质的盈余

一般来说休闲就是要花钱的。有人可以举出一些休闲可以不必花钱的例子：孩子们玩捉迷藏、跳房子；学生们逛商店而什么东西都不买；一个流浪汉看着街上经过的选美花车。有人举出例子：一个工人请假一天，在家里蒙头大睡。有人甚至可以举出一些休闲不但可以不花钱，而且还挣钱的例子：如一个诗人面对大海与落日进行沉思，然后诗兴大发成诗一首，再寄给报刊杂志发表后得一笔稿酬；一个公司职员陪着来宾去看演出而拿到了加班费。

上面的例子存在着两个问题：一个问题是这里存在着将娱乐与休闲两个概念相混淆的现象。马克思主义者认为，工作与娱乐从来都是可以成为一体化的，而休闲却不能与工作成为一体。另一个问题是许多休闲行为的确没有花钱，但这种情况极少出现。因为有的休闲行为看似没有花钱，但休闲占用的时间，却是用钱来买到的。

---

①[法]罗歇·苏：《休闲》，姜依群译，商务印书馆，1996年，3页。

②Mihaly · Csiksentmhalyi: *Flow: The psychology of optimal experience*, Hapor Pevennial, 1991, P16.

表 1.1　现实通常意义上的休闲行为要在下列活动中花的钱

演出	小艇和摩托	野营设备	设备
(a) 电影 (b) 戏剧、音乐会、博物馆等 (c) 体育比赛、马戏、宾果游戏	(a) 帆船 (b) 独木舟 (c) 观赏赛艇 (d) 摩托	(a) 帐篷 (b) 睡袋 (c) 冷藏器、炉子、灯等	(a) 游泳池 (b) 网球场 (c) 滑冰场及冰球场 (d) 保龄球场 (e) 公园、操场、体育馆 (f) 大型运动场、跑道
食品和饮料	业余爱好和手工艺品	电子家庭娱乐	出版物
(a) 啤酒、白酒、葡萄酒 (b) 软饮料 (c) 在进餐场所而不是在工作和学校中食用的食品	(a) 手工艺工具 (b) 乐器 (c) 其他爱好	(a) 留声机 (b) 录音机、卡式录音机、CD 机 (c) 电视 (d) 卡式录音机 (e) 激光唱盘播放器 (f) 组合音响	(a) 书 (b) 杂志 (c) 报纸
照相器材和设备	电动工具和草坪管理	运动物品	运动服和运动鞋
(a) 照相机 (b) 放映机 (c) 胶片 (d) 闪光灯等	(a) 家庭工作间需要的动力工具 (b) 园艺工具 (c) 草坪修剪工具 (d) 园艺设备、种子，等等	(a) 游泳池 (b) 自行车 (c) 渔具 (d) 猎具 (e) 团体体育设备 (f) 体育馆设备 (g) 其他体育设备	(a) 运动衫和运动衣等 (b) 运动鞋

续表

旅游	玩具和游戏	交通工具	杂项
(a) 假日背包旅行 (b) 跨城市旅行 (c) 行李 (d) 其他假期消费	(a) 儿童玩具和游戏 (b) 三轮车和四轮车 (c) 涉水池 (d) 雪橇	(a) 汽车 (b) 摩托车 (c) 有动力脚踏车和单脚滑行车 (d) 雪地摩托 (e) 野营拖车和度假屋	(a) 珠宝 (b) 彩票 (c) 宠物和宠物看管

（此表格引自《你生命中的休闲》，云南人民出版社 2000 年版，156 页。）

物质的盈余对于休闲的巨大现实意义还表现在工作对于休闲的重要作用。

对于许多人来说，工作的目的就是娱乐，而当工作本身不能成为娱乐的时候，就需要在工作之外的时间里寻找娱乐，于是产生了休闲活动。工作给了人们生活的必需费用，工作也越来越多地给了人们购买娱乐和娱乐时间的费用。根据国际上的研究，在人均 GDP 跨越 1000 美元时，住房类支出基本不变，吃穿用方面支出的比重大大下降，而文化精神类消费支出开始大大上升。当第三产业占到 GDP 总量的 40% 左右，其中文化类产品的产值所占比例也大大增加。

3. 休闲：时间的盈余

现代的休闲行为在产业化前提下，花钱的地方和花的钱越来越多了，经常看到的现象是有钱的人没有时间，而有时间的人又没有钱。社会进步的标志，并不完全用经济数字来证明。从娱乐角度说，财富和时间的盈余带来的精神自由才是人类发展的目的。决定娱乐和休闲生活质量的许多时候并不是财富，而是时间。

在4世纪的时候，古代罗马人创造了许多节日，那时除奴隶之外的罗马人每年可以放假175天。那时有许多由于历史和宗教等原因形成的节日，比如公元321年康斯坦丁大帝宣布星期日是公共假日，比如在欧洲宗教改革之前，天主教会曾经认定大约每三天就是一个圣日。许多民族也创造了许多纪念性节日，如一次军事的胜利，一个国家的建立等。这些节日给人们带来了休闲和娱乐的时光，有些时光也充满了神圣感。当一个基督徒在周日走进教堂的时候，很难说此时的宗教意义和休闲意义哪个更大。今天许多节日的起源已经让人忘记了，但人们仍然热切地迎接这些节日，因为节日意味着快乐。一个生活在20世纪60年代的中国小孩说："我喜欢生病和过节，因为那天有好吃的东西。"

欧美地区在工业经济迅速发展的时候，每个国家都有精简节日的现象，其目的是用更多的生产日创造经济价值。而在全世界，农民的工作时间从来都是很长的。直到今天，农民的生活质量依然大大低于市民的生活质量，其重要原因就在于其工作时间更长和娱乐生活时间的不足。工业时代资本家们曾经让工人们长时间地站在机床前，并尽可能减少他们的休息时间。在19世纪的欧洲工业化的高峰期，一个产业工人的工作时间每周达到或超过70小时。对此，社会立法和工人运动用了很长时间，才对工作时间有所限制。保尔·拉法格的《懒惰权》告诉欧洲的工人们，首先应该争取的并不是劳动的权利而是休息的权利。

美国休闲学家戈比在《你生命中的休闲》中谈到了一个在工业时代出现的"圣星期一"现象：

对有些男人来说，当时还有一个叫作“圣星期一（Saint Monday）”的假日，这种星期一仍然不上班的风俗不仅英国有，在法国、瑞典、比利时和其他一些地方也有。这或许是出于一种反抗心理。由于企业主和新教改革家改变了规则，很多中世纪的圣徒纪念日被取消了，许多工人就创造了他们自己的假期。工人们过“圣星期一”还有一个作用，就是如果有谁在星期日喝得酩酊大醉，接下来的星期一刚好用来醒酒。①

到了20世纪，特别是二战后，世界经济的发展发生了深刻的变化，以往对产品数量的追求，已经变成如何更好地迎合消费者。从1936年到1978年，西方社会的劳动生产率提高了4倍，这意味着在1978年生产同样的产品要比在1936年少用四分之三的时间。产品很快供过于求。这样的生产能力将是经济发展的重要因素，同时，以计算机为代表的劳动自动化，又让人们的休息和消费有了可能。1982年，美国法定周工作时间缩短为39个小时。在1995年，中国的法定周工作时间缩短为40个小时。

20世纪80年代，美国在施行周工作时间39小时之后，其日常和周末的盈余时间分配如下：

---

①[美]杰弗瑞·戈比：《你生命中的休闲》，康筝、田松译，云南人民出版社，2000年，184页。

表 1.2　现代美国人在日常与周末盈余时间里的分配情况

星期三：盈余时间为 5.34 小时		星期六：盈余时间为 6.99 小时	
（时间占用 %）		（时间占用 %）	
3. 社交	4	3. 购物	6
4. DIY	3	4.DIY	5
5. 购物	2	5. 阅读	5
6. 业余爱好	2	6. 外出休息或娱乐	3
7. 户外休息或娱乐	1	7. 游泳	2
8. 自修	1	8. 度假	2
9. 缝纫编织	1	9. 打高尔夫球	1
10. 度假	1	10. 外出吃饭	1
11. 团体运动	1	11. 看电影	1
12. 院子里工作、检修	1	12. 钓鱼	1
13. 室内运动	1	13. 园艺	1
14. 园艺	1	14. 烹饪	1
15. 外出吃饭	1	15. 业余爱好	1
16. 打高尔夫球	1	16. 团体运动	1
17. 听收音机	1	17. 在家吃饭	1
18. 看电影	1	18. 散步	1
19. 听录音带、CD	1	19. 听收音机	1
20. 在家吃饭	1	20. 缝纫编织	1
其余不足 1%		其余不足 1%	

（此表格引自《你生命中的休闲》，云南人民出版社 2000 年版，70 页。）

毫无疑问，现代人可以获得越来越多的物质盈余，但是他们却难以获得娱乐生活所必需的时间盈余。这成为现代人休闲和娱乐的最大的矛盾。从现代人的生活中，我们经常可以看到许多因为缺少时间而给人们带来的焦灼感：人们经常不安地看着表，经常把汽车开得飞快，许多娱乐表演都因为时间的关系而对规则进行了改造，足球比赛打完加时赛得用点球的方式迅速结束，排球比赛的最后一局使用 15 分制。现代人都有着一张张不是由自己制定的时间表。人们必须按照社会时间的时间表，来安排自己的生活：上课、上班、假日、节日，休闲和娱乐方面的自主性很少。在现代社会和农业社会之前的社会之间，在发达国家和发展中国家之间，在富人和穷人之间，都存在着娱乐和休闲的这种矛盾：物质的盈余和时间的盈余的矛盾。有钱人，没有时间；穷人没钱，却有时间。

贫穷国家的人可能会花一下午准备晚上的正餐，小朋友们可以用一天的时间去制造一个打鸟用的弹弓，一个流浪汉过着最悠闲的生活。美国人却大多跑到麦当劳和披萨店去吃快餐。美国孩子们花了许多钱在购买玩具上。美国人喜欢把多种娱乐同时进行，这样会更省时间，比如边看电视边边看一本漫画或简写本的书，同时抚弄身边的一条小狗。美国人更喜欢这样的游戏：进行时间不长，不论气候和时间都可以进行，不需要太多的参与者，随时可以参与并结束。

表 1.3　有关物质财富情况不同的国家的时间和休闲情况的对比表

变数	时间过剩	时间充裕	时间缺乏
财富状况	最贫穷国家	些许财富国家	富裕国家
生产状况	低生产效率	中等生产效率	高生产效率
时间状况	时间过剩：许多无所事事及自由时间	有部分未利用的时间	时间缺乏：无未被利用的时间
工作	敬老：尊重年龄		老年人被视为无用
	低工作生产率		高工作生产率
	不倚赖机械时间		十分倚赖机械时间
	时间未有效利用		完全利用时间

续表

工作	没有时间压力		不同班次工作增加
休闲	节日众多		时间压力导致疾病
休闲	烹煮、用餐时间较长		节日有限
	受欢迎的游憩活动		用餐时间极短
	占据大量时间		受欢迎的游憩活动占据小部分方便的时间
	常随兴参与活动		极少随兴活动；有些家庭活动在一年前就已做谋划
	极少设备及相关物品的消费		极多消费，甚至许多同时进行的消费

（此表引自《休闲与人类行为》，台湾桂冠图书公司 1996 年版，77 页。）

四、促进人类娱乐生活的社会因素

1.科学技术的发展提供了包括大众传媒在内的越来越多的玩具。科学技术是提高劳动生产力的最重要的途径，同时，科学技术又创造了越来越多、越来越神奇的“玩具”。可以说，人类科技史的每一项重大发明，都会对人类的娱乐生活产生重要影响，这些影响改善了人类的娱乐，并同时成为人类的崭新玩具：纸张与印刷品、广播、汽车、电视、电脑都是如此。

2. 自由支配收入的增加，让更多的人有条件购买更广泛更高级的娱乐方式。盈余的金钱，决定着一个人的娱乐水平。一个人和一个家庭，其收入在减去日常的饮食、居住的支出外，自由支配的钱，将用于他们的娱乐生活中。如当今国际上对一个国家或地区文化产品消费水平的考察，最可以倚重的数据就是其国民收入的 GDP 数额。一般认为当一个国家的 GDP 达到人均 1000 美元时，人们在文化产品方面的消费将会产生一个质的飞跃。

3. 工作条件的改善和劳动体力强度的降低，让劳动者在工作之余留存下更多的精力和体力。舒适的工作环境和人性化的工作时间，可以让人们保持一种愉悦态度来对待工作。许多过去看来危险的工作已经为机器所替代。以前的劳动强度，往往让人必须付出自己的全部体力和精力。当一个工人结束一天工作回家的时候，他已经筋疲力尽了，这时候，他的娱乐仅仅是恢复自己的体力和精力，而根本无法去体味生活的快乐了。

4. 教育的普及提升了大众的娱乐水平。现代的义务教育，除了让更多的人具有了一定的生活能力，同时还教会人们去看小说、听音乐。在没有相应的教育下，一个不识字的人是不会陶醉于一部小说之中的。贝多芬和莫扎特对于没有音乐素养的人，只是一阵乱哄哄的声音。想学会艺术欣赏或掌握一门才艺都需要接受教育，目的不是艺术本身，而是让艺术把大众的娱乐水平提升到一个更高的层次。

5. 对享乐态度的转变，道德观角度肯定了娱乐对于个体生命的价值。当一个社会尚处于物质资料贫乏状态的时候，对于工作、节俭的崇尚就会成为必然，于是就会如同清教徒般拒绝欲望和享乐。在生产力不足时，产生传统的否定享乐的道德观是无可厚非的。但今天社会物质生产的巨大盈余，使得人们越来越不需要用苦行僧般的生活证明自己的生活意义了。

6. 社会的思想自由度的提升扩大了娱乐内容的范畴。快乐是人类的一种自由状态，其中社会思想的控制如果处于一种自由状态的话，将有助于娱乐生活的发展。提升社会的思想自由度，将会使娱乐超越以往的诸多禁区，让更广大的社会领域成为娱乐的对象。一个相声作家说："不让我讽刺，我写不出相声。"台湾地区在 1986 年开放党禁后，几乎所有的领导者都有喜剧演员扮演过。美剧《纸牌屋》可以深刻揭露美国社会官场上的黑暗和荒唐。

7. 社会自由时间的增加，增加了娱乐的时间，也促进了娱乐经济的发展。时间的盈余也是娱乐发展的重要因素。古罗马在 4 世纪时，每年已经拥有了长达 175 天的节假日。工人曾经在 19 世纪为 8 小时的工作制度而抗争，而今天相对增加的个人非工作时间已经成为了促进社会经济发展的手段。假日和双休日成为人们娱乐的最重要的时间。

五、娱乐方式的选择

1. 动与静

娱乐行为给人们带来了两个结果：兴奋或平静。这两个结果是由两种不同的娱乐途径来实现的，即刺激和抚慰。娱乐实质是追求一种精神状态的变化，如同一个钟摆，平静与兴奋处于这个钟摆的两极，而人对娱乐的追求，就像这个钟摆一样。平静到极致时，人们需要兴奋去改变平静；而当兴奋到顶点时，人们反而力图寻求平静。

所以，人类的娱乐内容分成了动与静两类：

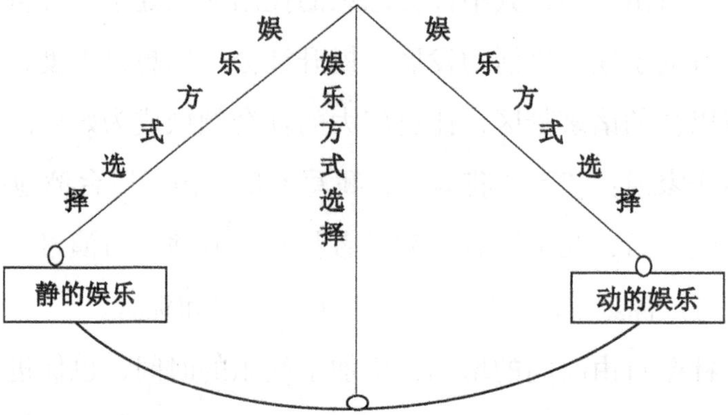

图 1.2　人类娱乐内容分类图

2. 现实娱乐与媒介娱乐

人们寻找的快乐，有的来自生活的现实，有的来自虚拟的媒体，两者互相补充，并在比例上因人、因时间时常发生变化（如图 1.3 所示）。当一个人在现实中获得更多快乐时，他经常会减少对媒介的关注，而当一个人在现实中承受更多的压力与痛苦时，他可能会更多地关注媒介。也就是说，儿童迷恋网络往往首先是因为他的学习成绩不好而感到现实的无趣。一些研究者在研究媒介与儿童成长的关系时，时常强调的主题是媒介影响了儿童的成长，如一个儿童学习成绩的下降，经常归罪于电视、网络游戏等。实质上，儿童沉溺于媒介的一个重要原因，是他逃避现实，逃避这个给他压力和痛苦的现实，因为他在现实中得到的快乐太少了。通过研究 2016 年兴起的网络直播现象，可以发现大量的小城镇青年是直播的热心参与者。

知名互联网从业者李开复在谈到未来人工智能的发展前景时说，未来的高层次工作留给了少数的精英，低层次简单工作交给机器人，而许多人拿着社会救济金，戴着 VR 眼镜留在家里。

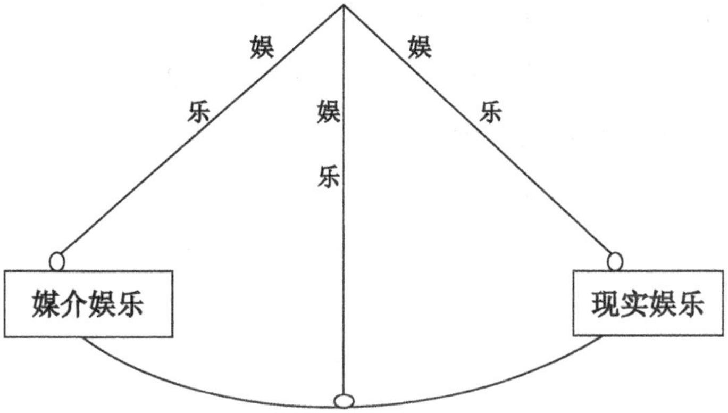

图 1.3　现实娱乐与媒介娱乐关系图

3. 精力投放与愉悦度

人类在近代迷恋于大众传播媒介，是工业化社会带来的一个特征。繁忙而劳碌的社会使得一个社会的劳动者难以有闲暇，他们的业余时间较少而且总是处于疲劳状态，因此低参与度的非互动性质的观赏类的娱乐产品成为主流，这恰恰是大众传播媒介可以满足他们的东西。任何娱乐都会有一定的难度，但所有的难度都会有一个极限。在这个极限之内，人们才能感到愉悦。大众传播媒介的内容经常为人诟病为低俗，一个重要原因是传播者在大众的普遍智识水平的基础上，让大众在低精力投入下欣赏娱乐作品。大众的普遍“智识 + 低精力”投入产生了许多成功的娱乐样式，如程式化的传统戏剧、类型电影、类型题材小说、肥皂剧等。以民国兴起的京剧为例，戏园子里人们并不需要全神贯注，而是聊天、吸烟、品茶。没有人谈论剧情，因为大家对情节早已耳熟能详；没有人关心戏中人物的命运，因为大家也早已知道结局；唱腔脸谱都是固定的，演员也是类型化的明星。所以人们不需要花费自己的任何劳动，而直接进入快乐的休息状态。

人们按照自己精力投入程度和产生的愉悦度之间的比例来选择自己的娱乐（如图 1.4 所示）。受教育永远是痛苦的，但长时间投入精力并达到目标后就会感到愉悦。比如识 2000 字以上可以看小说，5 年钢琴练习可以弹奏美妙的乐曲。但就大多数人来说，最低的精力投入而获得最大的快乐则更有诱惑力，比如吸烟。

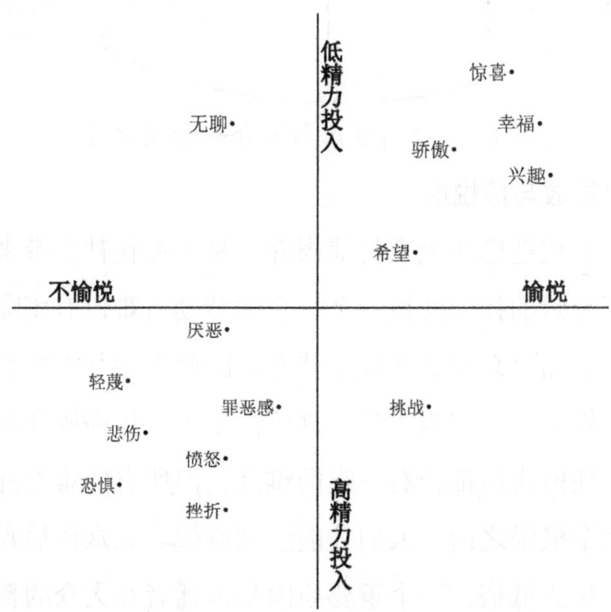

图 1.4　精力投入与愉悦度关系图[①]

4. 娱乐的层次

娱乐的源头来自感官皮层、情感皮层和智力皮层，这个特点体现了人类与动物在娱乐方面的不同。

---

①[美]斯科特 · 威姆斯：《笑的科学》，刘书维译，生活 · 读书 · 新知三联书店，2017年，47页。

人类的最广泛娱乐行为来自感官，如美食、性爱、运动等。生理上的自然反应，包括心律、性神经、味蕾和肌肉的张弛，对分泌多巴胺的直接神经刺激都会轻而易举地产生快感。当然有些让感官皮层获得快乐的方式会受到道德谴责，有的甚至违法。情感皮层的娱乐是建立在感官皮层基础上的精神活动，欣赏艺术是这个娱乐层次的典型活动。智力皮层的娱乐则体现了人类能够创造的特点，人类精英的工作，自由创造带来的快乐都属于这个层面。由感官皮层、情感皮层到智力皮层，参与的人数越来越少，智力投入越来越多。

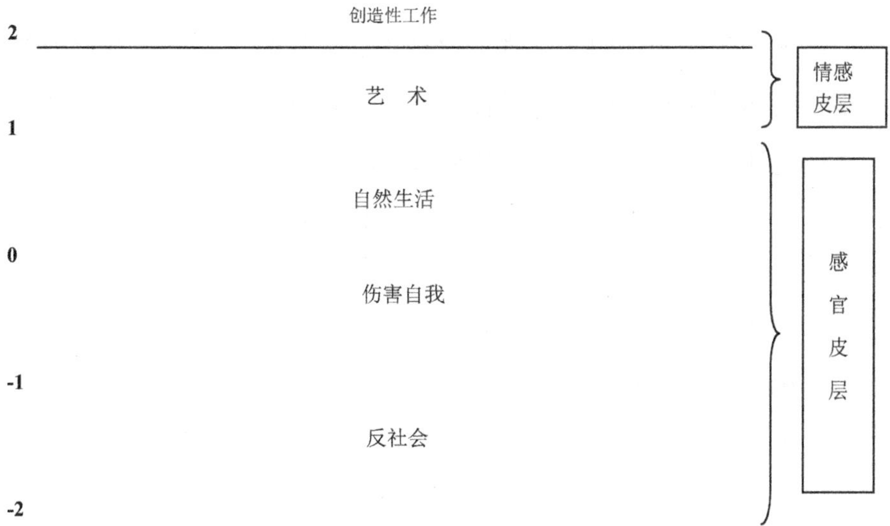

图 1.5　人类娱乐层次图

（此图改自《你生命中的休闲》，云南人民出版社 2000 年版，103 页。）

第二篇　娱乐作品的呈现与感知

我真的认为，只要一个人懂得怎样去洞察好莱坞的表现形式，那么他就会看到，在其中的自由远远要比大家所说的要大得多，并且我还要进一步地说，类型传统是创造性自由的运作基础。

——安德烈·巴赞

给人们带来愉悦的文本都可以视为娱乐作品。娱乐在其形成过程中，既体现了其主体性，又体现出其客体性。这一点，文学艺术的本质论述有着海量的探讨。娱乐作品的呈现与感知，一方面承认娱乐作品的娱乐因素的客观存在，同时也重视感知娱乐的主体性因素。

下面论述主要问题：

1. 娱乐作品的恒量因素；

2. 娱乐作品的变量因素。

一、娱乐作品的恒量因素

1. 娱乐关键词的寻找

下面我们回到娱乐作品本体。

我们必须回到娱乐作品的内在，去研究娱乐作品中的哪些东西可以向我们提供快乐。

我们首先使用一种戏剧研究中关于“戏剧性”研究的古典研究方法。18 世纪，欧洲许多戏剧家，包括歌德和席勒，力图将全世界已有剧目的剧情概括出若干的模式。意大利人葛契曾经把成百上千的故事归纳为 36 种剧情。1951 年，法国的戏剧家艾丹·苏里奥研究了各种戏剧场面，出版了一本名为《21 万种戏剧场面》的书籍。其研究是从剧作的角度出发，探讨最多的一个问题——戏剧性。

这种看似粗糙的研究方法至今仍被许多剧作家和编剧理论研究者推崇。美国编剧理论家布莱克·斯奈德在他风靡一时的《救猫咪——经典电影剧本探秘》中，提出了 10 种经典电影的故事结构：

鬼怪屋型 / 金羊毛型 / 如愿以偿型 / 麻烦家伙型 / 变迁仪式型 / 伙伴之情型 / 推理侦探型 / 愚者成功型 / 被制度化型 / 超级英雄型

如果说剧作家们要研究的是哪些故事模式能吸引观众，我们下面用相似的方法研究找出有哪些东西能够让人感到愉悦。

我们首选了电影作为娱乐因素的分析对象。电影，是所有大众传播媒介里最富于娱乐特性的媒介，而美国好莱坞电影的商业化特点又使这种娱乐的特征得以充分体现。

我们对不同时代的 1000 部美国好莱坞长故事片的剧情关键词进行了粗略的归纳，总结了这 1000 部电影的关键词：

伪造 / 抢劫 / 一见钟情 / 一夜情 / 性关系 / 妓女 / 男妓 / 模特 / 时装 / 选美 / 亲情 / 爱心 / 友谊 / 生命 / 营救 / 探险 / 成功 / 大峡谷 / 百老汇 / 夜总会 / 音乐 / 美食 / 复仇 / 子弹 / 毒品 / 汽车 / 枪 / 梦

想/灾难/荒岛/小偷/美人/帅哥/私奔/黑帮/谋杀/侦探/神童/巫术/魔力/鬼/世外桃源/乱伦/性侵犯/体育比赛/警匪对抗/酒鬼/女招待/酒吧/浪漫爱情/三角爱情/波折爱情/赌博/欺骗/威胁/戏中戏/神秘电话/诉讼/名人/奇物/宝物/动物/战争/太空/监狱/钱/反抗上司/恶作剧/灰姑娘/大自然/童趣/反社会/歌舞/逃亡

从上述的关键词中，我们可以归纳出娱乐的八个要素，由于这八个要素源于娱乐的故事文本，这里称为娱乐八个恒量要素。

娱乐的八个恒量要素：

（1）奇观

（2）性

（3）幸存与角力

（4）滑稽

（5）破坏规范

（6）抒情

（7）魔幻

（8）解题

2. 娱乐作品恒量因素之一：奇观

奇观是那些极具感官吸引力的因素。

筑台登高，是中国古代王侯一项重要的娱乐活动。筑台登高有一些神圣的理由，包括观天相，“考天人之际，察阴阳之会，揆星度之验”等接近上天的说法，但登台的人却多把声色犬马置于其上。自古中国的皇宫王府多建于繁华城市，而这里多半是平原，于是筑高台以晓天下的奇观感成为王侯的喜好。筑台登高，居高临下，帝王将相观胜景望天下，在自己的视觉下感受平房舍所没有的景色，同时找到君临天下的感觉。中国历史上名台甚多，著名的有轩辕台、帝尧台、瑶台、鹿台、灵台、章华台、云台、铜雀台等。

楚灵王筑成了章华台，上者三休而乃至其上。夏朝亡国之君桀筑瑶台，酒池肉林。曹操筑铜雀台，父子同赋同乐，《登台赋》表达了筑台登高的目的，既有娱乐之情，又有建功之感，既有风景奇观，也有人生奇观。

从明后以嬉游兮，聊登台以娱情。
见太府之广开兮，观圣德之所营。
建高殿之嵯峨兮，浮双阙乎太清。
立冲天之华观兮，连飞阁乎西城。
临漳水之长流兮，望园果之滋荣。
立双台于左右兮，有玉龙与金凤。
连二桥于东西兮，若长空之蝃蝀。
俯皇都之宏丽兮，瞰云霞之浮动。
欣群才之来萃兮，协飞熊之吉梦。
仰春风之和穆兮，听百鸟之悲鸣。
天功恒其既立兮，家愿得乎获逞。
扬仁化于宇内兮，尽肃恭于上京。
虽桓文之为盛兮，岂足方乎圣明。
休矣美矣！惠泽远扬。
翼佐我皇家兮，宁彼四方。

同天地之规量兮，齐日月之辉光。
永尊贵而无极兮，等年寿于东皇。
御龙旗以遨游兮，回鸾驾而周章。
恩化及乎四海兮，嘉物阜而民康。
愿斯台之永固兮，乐终古而未央！

人类最喜欢寻找奇观的行为，就是旅游和观赏体育竞技。

世界旅游组织在1991年发布了一个旅游的定义：

包括人们为了休闲、商务和其他目的，离开他们惯常的环境，到某些地方去以及在某些地方停留，但连续不超过一年的活动。①

这定义了旅游的行为内容和时间，还说明一个道理：熟悉的地方没有风景！

现实娱乐的另一个奇观现象就是体育竞技。奥林匹克运动的口号是“更高、更快，更强”，挑战极限，制造奇观成为这个运动引人入胜之处。在今天，人们在奥运会和世界杯足球赛到来的时候，完全忘记了体育的健身、养生和教育等属性，而将其视为一种游戏。在电视发展的早期，体育竞技就是重要的电视节目之一。

在现实世界里可以找到奇观，在媒介世界里也可以找奇观。大众传播媒介的出现，就开始用文字、图画和声像不断制造和呈现奇观。

①郑炎：《中国旅游发展史》，湖南教育出版社，2000年，3页。

中国叙事文学的作品十分喜欢传奇故事，甚至有人认为，中国小说由于过于重视情节，忽略人物，而重视情节必然强调故事的奇特性。魏晋的志怪小说和唐代的传奇充分说明了这一点。中国小说的起点，一个是“志怪”，一个是“传奇”。“志怪”如张华的《博物志》多记载异境和奇物，干宝的《搜神记》多为民间奇异传说和佛教故事。“传奇”作品方面，木心认为唐传奇篇篇都好，可以让契诃夫、莫泊桑和欧·亨利嫉妒，唐传奇主要是三类故事：

1. 恋爱故事；

2. 豪侠故事；

3. 鬼怪故事。

现代大众传播媒介出现后，为了实现商业和娱乐的目的，把对“奇闻”的追求当成一个重要的工作目标。报刊经常因为“猎奇”而受到指责，其新闻价值的奇异性经常被解释为“人咬狗”，期刊的一个经久不衰的内容就是人生传奇。19 世纪末，电子媒介开始成为大众传播的主流。电子媒介制造的第一个奇观，就是还原世界的真实。

1827 年摄影技术出现的时候，绘画已经在世界上存在了 15 万年，摄影的真实奇观一下子取代了绘画。1895 年卢米埃尔兄弟在地下室放映他的《火车进站》时，巴黎的歌剧院正是人声鼎沸。然而还是有人开始偷偷溜进地下室，去感受火车迎面而来的画面。

刘易斯·雅各布斯描写了电影兴起时的放映景观：

游乐场所的顾客都属于贫民阶级，戏剧知识知道得并不多，也缺少鉴别能力。他们对万马奔腾的场面奇妙地转换成一个异国风光的镜头大为着迷，当银幕上出现一辆火车直驶过来的时候，吓得大叫起来，见到麦金利总统举行就职典礼的镜头则寂静无声！[①]

1897年，美国电影放映商在上海天华茶园展映，一个中国观众把观感刊登在《游戏报》上：

……近有美国光电影戏，制同影灯而奇妙幻化皆出人意料之外者。昨夕雨后新凉，偕友人往奇园观焉，座客既集，停灯开演：旋见现一影，两西女做跳舞状，黄发蓬蓬，憨态可掬。又一影，两西人做角抵戏。又一影，为俄国两公主双双对舞，旁有一人奏乐应之。又一影，一女子在盆中洗浴……又一影，一人灭烛就寝，为地瘪虫所扰，掀被而起捉得之，置于虎子中，状态令人发笑。又一影，一人变弄戏法，以巨毯盖一女子，及揭毯而女子不见，再一盖之，而女子仍在其中矣！种种诡异，不可名状。最奇且多者，莫如赛走自行车：一人自东而来，一人自西而来，迎头一碰，一人先跌于地，一人急往扶之，亦与俱跌。霎时无数自行车麇集，彼此相撞，一一皆跌，观者皆拍手狂笑。忽跌者皆起，各乘其车而沓。又一为火车轮，电卷风驰，满屋震眩，如是数转，车轮乍停，车上坐客蜂拥而下，左右东西，分头各散，男女纷错，老少异状，不下数千百人，观者方目给不暇，一瞬而灭。又一为法国演武，其校场之辽阔、兵将之众多、队伍之齐整、军容之严肃，令人凛凛生威。又一为美国之马路，

①[美]刘易斯·雅各布斯：《美国电影的兴起》，刘宗锟等译，中国电影出版社，1992年，3页。

电灯高烛，车马来往如游龙，道旁行人纷纷如织，观者至此几疑身入其中，无不眉为之飞，色为之武。忽灯光一明，万象俱灭。其他尚多，不能悉记，洵奇观也！观毕，因叹曰：天地之间，千变万化，如海市蜃楼，与过影何以异？自电法既创，开古今未有之奇，泄造物无穷之秘。如影戏者，数万里在咫尺，不必求缩地之方，千百状而纷呈，何殊乎铸鼎之像，乍隐乍现，人生真梦幻泡影耳，皆可作如是观。

一百余年，电影不断制造着各种视觉奇观，从真实的到虚拟的。[①]

电影在制造了还原真实的奇观之后，又在计算机时代开始制造虚拟的奇观。电影创造了对现实的还原，但电影更希望实现幻想。从其诞生时代开始，电影就幻想创造了一个想象的世界。1902 年，法国人梅里埃就开始尝试制造虚拟的奇观，他拍摄了《月球旅行记》，其剧情取材于儒勒·凡尔纳的小说《从地球到月球》和威尔斯的小说《第一个到达月球上的人》，表现了一群天文学家乘坐炮弹到月球探险的情景。20 世纪 70 年代，数字电影的技术使电影开始成为了真正的“梦工厂”。在《魔鬼终结者》中，导演詹姆斯·卡梅隆制造出了一个液体金属的人物。仅他一人就拍摄了三部体现电脑技术模拟现实的最新成果的电影：

《魔鬼终结者》：新技术用于虚拟细节或人物；

《泰坦尼克号》：新技术用于虚拟故事场景；

《阿凡达》：新技术用于影片全部。

①丁亚平：《百年中国电影理论文选》（上），文化艺术出版社，2005年，3页。

3. 娱乐作品恒量因素之二：性

性行为不仅仅是因为繁衍，也是人类最快乐的源泉之一。人类对快乐生活的态度，最明确的表现就是对性的看法，同时，性在人类的娱乐生活中也是经常在社会道德的底线上下变动的。人类的生活娱乐中，有许多娱乐行为是与生俱来的，也有的娱乐行为可有可无的，比如印第安人给拓荒者烟草到现在也不过是两千年。但食物与性却始终是人类不可缺少的。

性是人类生活和娱乐中最有道德复杂性的一个领域，色情的泛滥为大多数社会所不容，同时性又是爱情的最正常的体现，也是人类生活中最美好的一部分。

《诗经》中最具魅力的内容就是那些描写爱情的诗，这说明了孔子把男女之爱视为非常美好的东西，于是他把“关关雎鸠”定为诗三百的第一首。在《诗经》中的爱情诗描写了各种各样的男女之情。这里的爱情主角有纯情男子《周南·关雎》，有浪荡青年《卫风·氓》，有脉脉怀春的少女《郑风·将仲子》，有快嘴伶俐的妇人《郑风·褰裳》，有山野间的大胆调情《野有蔓草》，有床第间的幽话《郑风·女曰鸡鸣》。对于《诗经》中的男女性爱，也可以说是自中国小说出现前最大胆的描述，郑振铎这样赞美：

在全部《诗经》中，恋歌可说是最晶莹的圆珠圭璧；假定有人将这些恋歌从《诗经》中删去了——像一部分宋儒、清儒之所主张者——则《诗经》究竟还成否一部最动人的古代诗歌选集，却是一个问题了。这些恋歌杂于许多民歌、贵族乐歌以及诗人忧时之作中，譬若客室里挂了一盏亮晶晶的明灯，又若蛛网上缀了许多露珠，为朝阳的金光所射照一样。他们的光辉竟使全部的《诗经》都金碧辉煌、光彩炫目起来。他们不是忧国者的悲歌，他们不是欢宴者的讴吟，他们更不是歌功颂德者的曼唱。他们乃是民间小儿女的“行歌互答”，他们乃是人间的青春期的结晶物。[①]

《诗经》记录的中国社会是一个狂欢的社会，人们把性爱当作自由欢乐的行为，甚至在一些节日里有着“性爱狂欢节”的性质。从《史记·滑稽列传》等史料看到，当时在节日里往往男女杂坐，白天眉目传情，互赠礼物，到了晚上酒宴之后，灯烛一息，即开始狂欢节般的性爱主题。《诗经》之后的诗歌史和音乐史都在表述最恒久的一个主题——性爱。

人类进入商品社会后，色情场所成为社会生活娱乐的一个重要地点，法律和社会道德对其的赞同和反对随着历史的变迁，一直有着巨大的变化，至今仍然是受人关注的话题。性不论在现实娱乐还是媒介娱乐中都是较难抑制的商品现象。李敖说，皇帝是古代社会最大的嫖客，恩格斯在《家庭、私有制和国家的起源》中说，群婚制是与蒙昧时代相适应的，对偶婚制是与野蛮时代相适应的，以通奸和卖淫为补充的一夫一妻制是与文明时代相适应的。公元前6世纪前后中，齐国大政治家管仲和古希腊大政治家梭伦几乎同时设立了国家妓院，即“女闾”和“达克态里翁”。

西方娼妓史上第一个国家妓院“达克态里翁”，为有效制止当时雅典社会的淫乱。人们说，伟大的梭伦，你设立了国家妓院，满

①郑振铎：《插图本中国文学史》，上海人民出版社，2005年，47页。

足了男子的要求，保护了良家妇女，使她们在大街上不再被男子追逐调戏。管仲设立“女闾”则是出于经济目的，通过官妓为国家赚钱，安置寡妇并繁衍人口，以增强国力。

以中国古代社会为例，娼馆从来都是现实娱乐的重要场所。这里包括：

春秋战国的“女闾”“女乐”；

秦汉的“军市”；

唐代的“教坊”、“营妓”、家妓；

宋代的“瓦舍”“勾栏”；

元代的“杂剧倡优”；

明代的私娼；

清代的伶人、“小班”、“茶室”、“下处”、“老妈堂”。

所有的文学形式，在成为商品之后，都曾经经历过一个阶段，那就是爱情文学或者黄色文学勃兴的阶段，正所谓“十部传奇九相思”。明代小说冯梦龙曾欲立“情教”，并编写了一本《情史类略》，其中收集了800多个男女故事。冯梦龙的“三言”中，故事比重最大的就是男女之事，全书120个故事，从第一个故事《蒋兴哥重会珍珠衫》开始，几乎全部是有关性的。他认为男女之情是立世之本，这一点竟有点弗洛伊德的意味：

我死后不能忘情世人，被当作佛度世，其佛号当云“多情欢喜如来”……我欲立情教，教诲诸众生……万物如散钱，一情为线索……

六经皆以情教也，情始于男女，流注于君臣、父子、兄弟、朋友之间。[1]

文学史在谈论到文艺复兴时期的文学，多半从人性的角度去讴歌其进步，但实质上不能回避的是文艺复兴时期的文学，由于大众传播媒介的兴起，使得与性有关的内容，作为一种商品出现在文学作品之中。对这样一个现象，文学史是从这样的角度描述的：

肉欲——个体的觉醒——人性的觉醒

这三个阶段的主要内容，都脱离不了性、性爱，这同时也作为一种娱乐商品存在的：

泰纳在谈到文艺复兴时期的意大利、法国等拉丁语系国家的文学时说，感官的诱惑太强，幻想的波动太迅速，精神上先构成一个甜蜜的销魂的，热情汹涌的梦境，至少先编好一个，肉感又强又有变化的故事，有机会平时聚集的浪潮便一涌而出，把一切有责任和法律构成的堤岸全部冲倒……当我们更仔细地去研究文艺复兴时期的恋爱道德的时候，我们不能不对一个鲜明的对比感到吃惊，小说家们和喜剧诗人，使我们了解到爱情只是在于肉欲享受，但是，如果我们转向于那些最好的抒情诗人和对话体作家，我们在他们的作品上看到了另一种最高贵的深挚纯洁的感情，他最后和最高的表现是人原来与神合一的最古老信念的复活，两种感情都是真实的，而且，能够存于同一个人身上。[2]

---

①向阳：《经典躺着读》，广西师范大学出版社，2010年，147页。

②徐葆耕：《西方文学之旅》，河北教育出版社，2007年，117页。

泰纳只谈了文学中肉欲的升华部分，他也承认达到这个高度的也只是“最好的抒情诗人和对话体作家”，他没有说的是文学作为娱乐商品进行销售时，性是不可回避的卖点。

根据《法国大革命时代的禁书》所描述，真正摧垮法国大革命的书，并不是卢梭的《民约论》等启蒙主义书籍，而是流行在法国社会上的各种黄色小说。这种黄色小说流传甚广，其主角不是教会的神职人员，就是宫廷里的皇亲国戚。贩卖黄色小说的书商们，在赚钱的同时，也撕碎了教会和宫廷的神圣性。

《诗经》是歌谣，有诗有歌。诗歌和音乐主体的表现内容总是跟人类的性爱有关，比如爱情就是诗与歌永恒的主题。宋词是歌，分婉约派与豪放派，但豪放派的诗词只是宋词中的一个旁支，宋词是从城市中的娼馆里吟唱传播开的，其主体还是爱情。即使是豪放派的代表人物，也都留下了同样有名的情歌。苏轼有“大江东去”，亦有“明月几时有”；范仲淹有“先天下之忧而忧，后天下之乐而乐”的豪放，但也有类似“酒入愁肠，化作相思泪”的忧伤。以歌曲为例，爱情歌曲才是歌曲的主流，即使在禁欲主义的时代里，歌曲主要表现宗教或政治内容，但是社会上依然有很多与情爱有关的歌曲在流传。“文化大革命”时期，受到批判的一种歌曲叫作“黄色歌曲”，这种歌曲的突出特点就是在歌词和音乐里展现出了情爱。

“文化大革命”结束以后，复映的老电影《上甘岭》有一首插曲《我的祖国》，因为这首插曲的歌词中有“姑娘好像花儿一样，小伙儿心胸多宽广”一句，“文化大革命”期间进了“黄色歌曲”的名单，因此这部电影在给中小学生放映的时候剪掉了这首歌。改革开放之初，以邓丽君、罗大佑为代表的“港台歌曲”风靡一时，当时人民音乐出版社专门针对这些现象，出版了一本小册子《怎样鉴别黄色歌曲》，书中对黄色歌曲有如下的分类：

一类是表现女性期望男性的爱，如《郎是春日风》，采用比喻的手法，表现一位女性对于男性的渴求……描写男女两性的结合的歌曲，这种结合大多是萍水相逢，一见钟情，如《满园春色》中描绘的，好花前明月下，双双对对似神仙，人生几何多奇幻，萍水相逢，一见情牵……另一类爱情主题的黄色歌曲，其主要内容是描绘女性的美色，它所表现的男性对女性的爱情，爱的也就是女性的美色，如，在当时（指 20 世纪 30 年代）广泛传播的《妹妹，我爱你》，表现一位男子对一位女子的赞美，逐一形容她的头发、眉毛、眼睛、脸蛋、嘴唇如何如何的美，这就是他所以爱的理由……[①]

从电子媒介开始，其强大的感性表达能力，使电影、广播和电视成为人类最主要的玩具。其中，性的内容成为电子媒介，特别是视频内容的重要题材。

美国社会在 20 世纪对以影视为主的电子媒介抱有高度的警惕，曾经进行了大量的调查来研究影视对社会的危害，并曾经颁布了《海斯法案》。这种警惕主要针对影视中的两个元素：暴力与性。同时在整个西方世界的影视制作中，情色电影、色情电影的制作与销售一直是一个巨大的产业。这个产业在一直挑战着各个国家的道德底线，也获得了巨大的商业收益。1950 年之后，随着电视技术的发展，

① 《人民音乐》编辑部：《怎样鉴别黄色歌曲》，人民音乐出版社，1982年，4页。

各国电影产业都受到了电视的冲击。据研究表明，色情电影的流行和先进的电视编辑技术的开发几乎是同步。许多西方国家的电影制作商面对在客厅里占有绝对优势的电视，转而拍摄了一些不能在客厅里播放的内容，其中就包括色情电影。

1967 年，许多国家开始采取电影分级制的政策，丹麦率先对色情电影解禁。以此为开端，挪威、联邦德国、法国等西欧国家，都陆续解禁了色情电影。1970 年，美国下议院设立的“淫秽色情对策咨询委员会”提交了调查报告，这个报告长达 700 页，结论指出，成年人有观赏自己喜欢的东西的自由，政府干预这种自由缺乏正当的理由。

20 世纪 70 年代日本迎来了它的录像时代，索尼、松下等公司都推出了录像播放设备和录像磁带。这些新设备，首先装备在日本的汽车旅馆，在汽车旅馆放映色情录像带成为日本旅馆业招揽顾客的手段。拥有录像机的普通家庭，也常常去书店买录像带或租录像带，看录像也一度成为日本青年的时尚。当时人们把这些色情录像带叫作“会动的塑封本”，原因是在日本，那些裸露的人体写真集在书店里都是封在透明的塑料袋里销售，顾客购买之前无法翻阅。日本的色情录像带的广告就是“会动的塑封本”。

20 世纪 90 年代，在克林顿政府的政策引导下，美国放宽了对色情片的限制，不仅是录像带的零售，卫星和有线电视的产品也增多了，这为各类色情片的流行创造了大环境，这使得日本成为美国色情片市场最大的出口国。

电视与电影相比，曾经具有更大的公共性。长期以家庭收看为主的模式，使电视的娱乐题材与电影有所不同。但即使在客厅电视时代，电视节目受到社会较严格的控制的同时，性的因素也一直存在着，西方和港台大量的“脱口秀”节目中有不少以性为内容的段子，还有流行全球的“速配”节目。

人们认识到，以电视“速配”节目为例，其核心的娱乐实质就是“偷窥下的爱情”。偷窥是一种病态的好奇，也是一种对奇观的追求。与旧农村的婚俗“听窗”和婚礼上公布恋爱的经过一样，其行为都体现了大众的偷窥心理。在电视节目中，就产生了可以合理地满足人们的这种偷窥心态的娱乐节目——婚恋速配节目。《我家红娘》《玫瑰之约》《非常男女》《一见倾心》等节目的动因，就是把平时不公开的，别人还有兴趣知道的男女恋爱的过程，浓缩到几十分钟之内，其实质就是“奇观＋性”。

网络时代后，色情内容借助网络媒介又一次爆发。网络色情的浪潮甚至大大冲击了传统的色情视频市场，西方电影的分级制度已经不能阻止网络时代色情视频的泛滥，对这类视频的管制，也成为各国政府网络治理的重要内容。

4. 娱乐作品恒量因素之三：角斗和幸存

“斗”是人类的生存状态，是人类解决矛盾的方式，其过程和结果都会产生胜利的喜悦。自古以来，全世界的人们都把人与人、人与动物、动物与动物的角斗当成娱乐。

中国古代有许多角力类型的游戏，如：斗蟋蟀、斗鸡、斗鸭、斗鹅、斗鹌鹑、斗牛、斗蚁、斗茶、斗草等。以始于唐代的斗蟋蟀为例，宋人顾文荐在《负曝杂录》中说：“斗蛩之戏，始于天宝间，长安富人镂象牙为笼以畜之，以万金之资，付之一啄。”南宋宰相贾似道堪称斗蟋蟀的专家，他编写了世界上第一部关于蟋蟀研究的专著《促织经》，成为中国昆虫学研究领域的开创者之一。蒙古大军南下包围军事重镇襄阳时，这位军事统帅仍然在斗蟋蟀。明宣宗朱瞻基，人称“蟋蟀皇帝”，《聊斋志异》中那一篇脍炙人口的《促织》，就是取自于这位皇帝的事迹：

小虫伏不动，蠢若木鸡，少年又大笑，试以猪鬣毛撩拨虫须，仍不动。少年又笑。屡撩之，虫暴怒，直奔，遂相腾击，振奋作声。俄见小虫跃起，张尾伸须，直取敌领。少年大骇，急解令休止。虫翘然矜鸣，似报主知。

从动物的角力到人的角力。中国的角抵游戏可以追溯到上古，据说古代的英雄人物蚩尤，头有角，耳如剑，与人相斗，善于用角抵人。这种角抵游戏后来发展出了两个方向：一个方向是演变成了戏剧，另一方向演变成了体育。今天我们看到的体育竞技，都是由大量的民间角斗游戏转变而来的。古罗马时代，罗马人每遇大人物安葬时，往往让犯人或奴隶进行角斗，当作安葬的典礼。达官贵族为取悦民众，往往在广场中举行这种野蛮血腥的游戏。后来除人与人角斗以外，还有人和兽的角斗。

恺撒曾经用角斗表演取悦民众，他在任民政官期间，举办过有320对角斗士参加的表演。拉·乔万尼奥里的历史小说《斯巴达克斯》中，曾经对罗马的角斗场面有过非常精彩的描写：

坐在各处看台石阶上的平民们，不时拿出从家里带来的食物，他们吃东西的胃口很好，有的人吃咸肉，有的人吃冷猪肉或者灌肠，也有人吃一种用凝乳和蜂蜜做馅的包子或者面包干，他们一边吃一边开玩笑，讲种种俏皮话，和不很文雅的挖苦话，他们无忧无虑地交谈高声哄笑或者喝着葡萄酒……

走在最前面的第一对角斗士，是鱼网角斗士和鱼盔角斗士，角斗表演必须由他们开始。虽然他们两个人中，一个不久就要送命，但他们还是一边走一边安静地交谈……

一百个角斗士,在观众的掌声和喊声之下,在斗技场上绕了一圈，当他们在苏拉的座位下经过时，就抬头了，按照角斗士老板阿克齐恩的嘱咐齐声高喊：

伟大的独裁者，我们向您致敬……

鱼盔角斗士的短剑一下子刺伤了他的左肩，鲜血顿时像喷泉一般迸射出来，但无论如何鱼网角斗士还是带着他的鱼网跑开了，他跑了三十几步就转身对着鱼盔角斗士大声喊道：一点轻伤没有关系。接着，他开始高声唱道：

来啊来啊漂亮的高卢小伙子，

我找的是鱼，并不是你，

来啊来啊漂亮的高卢小伙子！

歌声刚一停，看台上就爆发一阵快活的哄笑……

鱼盔角斗士已经准备一下子结果对方的性命，不料鱼网角斗士突然抬起身子，抓住短剑，用力刺进自己的心脏，直到胸脯上只留下一个剑柄，鱼盔角斗士连忙拔出了上面已经沾满了热气腾腾的鲜血的短剑，鱼网角斗士的身体在剧烈的痛苦中痉挛得弯曲起来，他用了非人的可怕的声音喊道：

万恶的罗马人！

接着，他倒在地上死了。[①]

在欣赏叙事和表演的娱乐活动中，矛盾冲突是最为吸引人的地方。动物之间或人之间的血肉搏杀渐渐被故事的冲突所取代，成为表演戏剧和阅读文本的核心。艺术家和作家寻找了大量的矛盾冲突：官与民、警与匪、正与邪、帮与派、国与国、拳打脚踢、刀光剑影、枪林弹雨、唇枪舌剑、勾心斗角……

武侠小说和电影应该说是中国人对世界娱乐文学和电影的一个贡献，其核心的娱乐元素就是角斗。与之类似的是美国人的西部小说和西部片、欧洲人的骑士小说和骑士片、日本人的武士小说和武士片。司马迁在《游侠列传》中，记述了朱家、田仲、剧孟、郭解这些生活在秦汉时代侠士的生平。他赞叹这些侠士言必信、行必果、诺必承的美德。曹植的《白马篇》描述了侠客的英姿：

白马饰金羁，连翩西北驰。借问谁家子，幽并游侠儿。
少小去乡邑，扬声沙漠垂。宿昔秉良弓，楛矢何参差。
控弦破左的，右发摧月支。仰手接飞猱，俯身散马蹄。
狡捷过猴猿，勇剽若豹螭。边城多警急，虏骑数迁移。
羽檄从北来，厉马登高堤。长驱蹈匈奴，左顾凌鲜卑。
弃身锋刃端，性命安可怀？父母且不顾，何言子与妻！
名编壮士籍，不得中顾私。捐躯赴国难，视死忽如归！

---

①[意]乔万尼奥里：《斯巴达克斯》，李俍民译，上海人民出版社，1977年，11-31页。

有观点认为，《水浒传》这部作品的前一半是伟大的，而后一半是拙劣的。前一半是行侠和聚义，是侠客传记，后一半是招安和讨逆，是对正统的附会。中国武侠小说成熟于民国，积贫积弱的社会，呼唤阳刚之气，加之小报的出版，市民的增多，于是新武侠小说应运而生。平江不肖生的《江湖奇侠传》为新武侠小说的扛鼎之作，而金庸的武侠小说则使这类小说的影响力登峰造极。

中国的武侠文学也有历史脉落，其线索如下：史家侠客文字，代表作是《左传》和《史记》；侠客诗，代表作是《白马篇》；江湖侠义小说，代表作是《水浒传》；新派武侠小说，代表作是“金庸小说”。

中国电影的两次类型片的热潮，其起点都是武侠电影，一个是《火烧红莲寺》，另一个是《少林寺》。

好莱坞的类型电影中有多种类型是基于“角斗”的因素而存在的，其中最主要是以下四种类型电影：西部片、黑帮片、战争片、警匪片。

以战争片为例，几乎所有世界古代和近代的著名战争，特别是20世纪的两次世界大战以及中国的抗日战争和解放战争，都是世界和中国电影与电视剧的热门题材。现代题材的电影中武器是使用最多的道具。平民百姓和军迷对兵器的兴趣和知识最初都是源于电影。新中国成立后也拍摄了大量反映国内战争和抗日战争的影片。拍摄制作大量此类影片的实质是意识形态宣传和娱乐相结合的结果，就是以阶级斗争为理念的宣传内容以及以角斗和幸存为模式的娱乐内容，以战争片、反特片等影片形式呈现给观众最终达到宣传和娱乐的目的。

角斗的结果是胜利，也就是幸存。

人人都会有一种恐惧的心态。有心理学家做了一个有关梦的实验，结果发现许多人的梦都与害怕从高处摔下来有关。心理学家认为，这种害怕摔下来的感觉看起来与人类的发展起源有关，是一种人人都有的恐惧感。人类社会是在一种适者生存的斗争中发展的，斗争的胜利者就是幸存者。为生存而进行的斗争，将之虚拟化后呈现在媒介上就是比赛，而比赛的胜利形式就是幸存。

逃亡也是角斗与幸存类电影的一个常见故事情节，中国在改革开放初期引进的日本商业电影中，有影响力的就是以逃亡情节为主线的《追捕》。在电视娱乐中最多的节目样式就是比赛。任何内容，包括许多大家平时不喜欢做的事，只要去比赛，就具有了娱乐的功能。电视娱乐节目让成人们在电视里做小孩的游戏，他们会在胜利时欢呼，因为他们在一次模拟的生存斗争中成为“幸存者”。许多本来没有展示趣味的节目，如一个烹饪节目，在电视里就往往变成一个烹饪比赛的节目。观众在这个时候的兴趣已经不在美食上，而在比赛的胜负上。电视娱乐节目中最受欢迎的各种“秀”，就实质并不在“秀”，并不是某种技能的展示，而是比赛。如近年来热播于世界电视屏幕的各路比赛，包括音乐比赛：《美国好声音》《中国好声音》；舞蹈比赛：《舞林争霸》《舞林大会》；技能比赛：《英国达人秀》；户外过关比赛：《幸存者》《极速前进》《荒野求生》；厨艺比赛：《谁是大胃王》《食字街头》；搞笑比赛：《明星大整蛊》《中国喜剧人》；创业比赛：《学徒》《拯救贫穷大作战》；智力游戏比赛：《谁想成为百万富翁》《一站到底》；选美比赛：《选美小天后》《全美超模大赛》。

5. 娱乐作品恒量因素之四：滑稽

关于滑稽，法国哲学家亨利·伯格森有一段这样的论述：

> 有一个人在街上跑，绊了一下脚，摔了一跤，行人笑了起来，我想如果人们设想这个人是一时异想天开，在街上坐了下来，那他们是不会笑的。别人之所以发笑，正是因为他不由自主地坐了下来，因此引人发笑的并不是他的姿态的突然改变，而是这个改变的不由自主性，是某些笨拙。街上也许有一块石头，原本该改变速度或者绕过障碍，然而由于缺乏灵活性，由于疏忽或者身体不善于应变，总之由于僵硬或者惯性的作用，当情况要求有所改变的时候，肌肉还在继续进行原来的活动，这个人因此摔了跤，行人因此笑了。[①]

柏格森的理论，滑稽是一种惯性的突然消失。人类有许多的惯性现象，从社会历史的发展，到个人的语言表述顺序，只要拥有智慧，就可以发现生活中到处存在着“惯性的消失”。黑格尔说的“笑着向历史告别”，鲁迅说的“悲剧将人生有价值的东西毁灭给人看，喜剧将那无价值的撕破给人看”，中国相声的三翻四抖都体现了“惯性的消失”。

柏格森关于滑稽有两个有价值的观点：一是他认为在人的范围以外，无所谓滑稽，因为人才是能笑的动物；二是笑是一种不动感情的心理状态，看来只有在宁静平和的心灵上滑稽才能产生震撼的作用。无动于衷的心理状态是笑的自然环境，笑的最大的敌人莫过于感情。

①[法]柏格森：《笑》，徐继曾译，北京十月文艺出版社，2005年，6页。

美学中的四大类型：壮美、优美、悲剧、喜剧，以柏格森的观点，只有喜剧是完全属于人类的，也只有喜剧是不伴随强烈情感的。

滑稽中包括通常理解的各种文化层面的喜剧，对滑稽的理解取决于人的智慧而非情感。由于智慧和视角的差异，滑稽体现了不同的文化层次和文化广泛性，其可以是杂耍，可以是噱头，可以是幽默、可以是讽刺。以笑为特点的滑稽，永远是人类娱乐生活，特别是大众传播娱乐的最重要的类别。

滑稽，最古老最民间的呈现形式就是笑话。中国先秦的哲学小品往往以寓言的方式出现，其中一些被认为是中国最早的笑话，如邯郸学步、拔苗助长、月攘一鸡、东施效颦、守株待兔等。侯宝林在谈到中国古代寓言时认为中国先秦的哲学寓言来自于民间笑话：

> 这些笑话，富有农村生活气息，其中有关农事的生动形象不可能是四体不勤、五谷不分的士大夫们创造出来的，虽然一经文人的记录或改写，他们可能失去了人民口头创作的某些风采，但是缘事而发的故事情节，浓重夸张的喜剧趣味，还都保持了民间笑话的特色。①

优人或弄臣是中外古代社会喜剧的一个共同现象。在《史记·滑稽列传》中，司马迁对于这些优人或客串优人的搞笑者给予了很高的评价，颂扬东方朔、淳于髡、优孟、优旃一类滑稽人物“不流世俗，不争势利”的可贵精神，及其“谈言微中，亦可以解纷”的非凡讽谏才能。他们出身虽然微贱，但却机智聪敏，能言多辩，善于缘理

①侯宝林：《笑声与笑话》，《曲艺》，1980年，第2期。

设喻，察情取譬，借事托讽，因而其言其行起到了与“六艺于治一也”的重要作用。

中国文化自先秦以后，对喜剧式的表达，一直采取很不屑的态度，庄重著文、文以载道，成为中国文化的正统。司马迁对这些滑稽人物的赞许，也体现了他的“寓教于乐”，或者叫“寓谏于乐”的思想，其本质上仍然是严肃的政治。中国喜剧文化史的两个现象：元代喜剧和清代相声，都是在外族统治时代的正统文化衰落时产生的。

来自宫廷的滑稽，分成谐趣与讽刺两大类别，以谐趣为主讽刺为辅，这两种滑稽类别都很受各个阶层的欢迎。纵观人类的滑稽或喜剧现象的发展历史，两个因素是其发展的最大动力：大众市场、讽刺喜剧的生长环境。

大众市场可以形成最广大的消费能力，滑稽，特别是粗俗的以谐趣为主的滑稽节目成为大众娱乐的重要内容。同时，当社会矛盾比较尖锐的时候，讽刺类节目也会受到市场的喜欢，文化环境的宽松既表现了社会管理者对文化市场的大度，同时也表现对讽刺作为滑稽中的一种精英文化的宽容。

由于上述的原因，中国的喜剧出现于宋代。宋杂剧，从唐参军戏发展而来，在瓦舍勾栏上演的时候，早已由两个角色发展为多个角色，在内容上，由于宋代非常宽松的政治与文化管理，使得宋杂剧的讽刺喜剧特点非常明显。从国家政策到政府高官，都成为了讽刺的对象。《中国喜剧史》描述了宋代喜剧演员讽刺秦桧的故事：

绍兴十五年四月，宋高宗因秦桧卖国有功，赐他一座宅邸和大批财物，并赐酒庆贺，特派教坊司的优伶前去助兴，朝廷大臣全部赴宴。酒喝到一半时，演出开始了：一位扮“参军”者上来把秦桧的功德颂扬了一通，另一人捧着一把太师椅跟着他团团转，二人插科打诨，妙语连珠，但“参军”者要坐下之前向对方作揖致谢，把帽子掉了下来，露出脑后的二胜环（一种头饰），搬椅子者问这是什么，“参军”回答二胜环，搬椅子者立即敲着对方的脑袋骂道：“你只顾坐太师椅领取赏赐的财物，把二胜环（二圣环）都撇在脑后了！”戏演到此举，举座失色。[①]

元代喜剧的兴起，是由于外族统治者缺少文化管理的能力，加上大量文人仕途受阻，被迫进入了大众市场谋生，高水平的文人转业为戏曲创作者，把分散在宋代市场上的低俗喜剧，发展为登堂入室的高雅艺术。《李太白匹配金钱记》的作者乔吉，为自己的一生写了一则小令：

不占龙头选，不入名贤传。时时酒圣，处处诗禅。烟霞状元，江湖醉仙，笑谈便是编修院。留连，批风抹月四十年。[②]

元代的文人由于长期不能进入政界，其喜剧作品以谐趣喜剧为主，讽刺喜剧比宋代少了许多。著名的谐趣喜剧包括：《西厢记》《拜月亭》《墙头马上》《柳毅传书》《李逵负荆》《救风尘》《望江亭》《金线池》《谢天香》《竹坞听琴》《红梨花》《金钱记》等作品。

①陇苪：《中国喜剧史》，汕头大学出版社，1998年，49页。

②陇苪：《中国喜剧史》，汕头大学出版社，1998年，130页。

近代开始，中国南北方出现了两种喜剧样式，即中国北方的相声和南方的滑稽戏。

相声本来是口技的一个变种，从宋代的“吟叫”开始，发展到清代的“象声”，其原来是表现一种技艺奇观，之后其中的语言幽默比重逐渐增加，最终成为表演的主体内容，即“说学逗唱”都围绕喜剧效果而表演。至今许多传统的相声艺人，仍然要学习数来宝、太平歌词、双簧、口技等中国传统曲艺，但说和逗是表演的主体。民国之后，中国城市经济发展，戏园和广播的兴起等因素，给相声的发展创造了良好的环境。

中国南方的滑稽戏有两个来源，即是近代文明戏中的“趣剧”和江南民间的“独角戏”。

文明戏本来是近代中国留日学生学习表演话剧的成果，其题材和主题具有现代特征，但进入市场之后，往往在正剧上演之前，加上一段以滑稽为主的“趣剧”，以调动观众情绪。由于这种戏剧深受欢迎，之后，上海的游艺场中开始出现一批专业趣剧的演出团体，趣剧名称变成了滑稽新戏、滑稽喜剧、滑稽趣剧、滑稽话剧等。这些剧目脱离了文明戏的严肃主题，转而进入了市民主题，剧中人物多为土豪、官吏、流氓、小偷、骗子、小贩等。

与趣剧表现情节故事的方式不同，“独角戏”的表现方式是一人到三人的说唱，其原始形态与中国北方的二人转非常相似。1927年，文明戏演员王无能正式打出独角戏的旗号，一时间效仿者众多，进而由王无能搭档钱无量、刘春山搭档盛呆呆、江笑笑搭档鲍乐乐、陆奇奇搭档陆希希、丁怪怪搭档赵希希，组成了独角戏的“五福团”。

应上海的市民需要，滑稽表演进入了堂会、电影和广播中。

1939年，上海妇女补习学校发了一份针对学生娱乐兴趣的问卷，其中一项是："你最喜欢哪几种无线电播音？"调查显示滑稽戏受欢迎程度在音乐、歌唱、故事、话剧之后名列第五。

与相声、滑稽戏同时盛行于民国时期的还有漫画。与世界报刊发展同步，民国时期的报刊出现了一个漫画热，以至于有人戏说中国的文化史是"唐诗、宋词、元曲、民国漫画"。从世界漫画史看，漫画的核心内容是滑稽。漫画一词来源于意大利语"caricare"，它的字面意思是加压和增加重量，可以理解为一个物体，在增加了重量之后产生了局部的变形。这就是产生怪诞事物、引人发笑之时，也就是前述柏格森所说的，当惯性使事物某一部分发生了变化，滑稽便产生了。面对滑稽，世界漫画史走了两条道路，一条道路是讽刺，另一条道路是幽默。前者成为宣传的有力武器，后者成为娱乐的消遣品。

中国著名报刊漫画家叶浅予曾经这样检讨自己：

> 漫画艺术，有生以来便具有批判的锋芒，讽刺就是批判……各国流行一种"无意义"漫画，我们现在称之为幽默画，画家编造情节，想入非非，逗人一笑……我把自己在30年代创造的王先生和小陈两个丑角，抛进了垃圾箱……[①]

在中国报刊漫画史上，张乐平的《三毛流浪记》和叶浅予的《王先生和小陈》，就是讽刺漫画和幽默漫画的代表作。在一个革命的

①毕克官：《中国漫画史话》，百花文艺出版社，2005年，5页。

时代讽刺漫画具有相当重要的地位，但就整个漫画历史来说，幽默漫画的数量更多。《王先生和小陈》风靡民国报刊十年，其后，又由汤杰导演拍成了系列滑稽电影。

电子媒介时代，最具有滑稽特征的媒介娱乐现象，是广播电视脱口秀和喜剧影视作品。

电影理论家克拉考尔甚至认为，电影的本质是喜剧的，而从电影发明起，喜剧电影就一直成为电影史上的重要组成部分，许多电影史学家认为，卢米埃尔兄弟的《水浇园丁》是喜剧电影的胚胎。而几乎所有国家的电影史，都是从喜剧电影开端。几乎所有的电影大国的电影史上，都有非常辉煌的喜剧片时代：

吉山旭光在他的《日本电影事物起源》一书中指出，当时日本人看到的第一部喜剧影片，是卢米埃尔用活动照片机制成的《恶的报应》。这部喜剧影片的情节是：一个老头正坐在公园的长凳上看报纸，一个年轻人出现了，他把老头的手帕打了个结后，装作若无其事的样子坐在长凳的另一端，老头想擦汗，拿起手帕一看觉得奇怪，便站起来，年轻人连人带长凳都翻了。……日本电影的第一部喜剧影片，是1899年夏天公映的《书生被涂墨，长凳恶作剧》……情节是这样的：一个书生，躺在公园的长凳上睡午觉，两个路过的年轻人用随身携带的小墨盒往他脸上涂了墨，书生一翻身从长凳上掉下来。书生一看两个年轻人看到他大笑不止，便愤怒地向两个人追去，显而易见，这个构思是从《恶的报应》等活动照片机拍的影片那里借来的。[1]

---

①饶曙光：《中国喜剧电影史》，中国电影出版社，2005年，16页。

好莱坞电影所创造的类型电影中，喜剧片也是一个重要类别。

1910年—1930年，美国默片时代里粗俗喜剧片成了主角，这里产生了制作出上千部喜剧电影的专业公司——基石公司，伟大的查理·卓别林和劳莱与哈代组合。这里充分显示了一个道理：喜剧是唤起人类恶作剧的本能，并为之寻找到了替代物：

> 戴圆顶礼帽、身穿宽肥长裤的流浪汉，飞也似的冲过一座旋转门，突然停下的目的，是朝着追赶者的屁股踢上一脚；一座大楼的前部正往下倒塌，而站在门口，面无表情的人，竟然安然无恙；一个天不怕地不怕的莽汉，高高悬挂在塔楼顶大钟的指针上；两名天生的倒霉蛋为了挣几个钱，竟引起一场用奶油蛋糕扔来扔去的混乱……这类滑稽剧，节奏快、搞笑快，但粗俗不堪。[①]

中国最早的两部故事片，1913年拍的故事片《难夫难事》《庄子试妻》和目前中国保存下来最早的一部电影《劳工之爱情》，都是喜剧片。20世纪90年代中国影视市场的勃兴，其重要原因是出现了以冯氏电影为代表的贺岁片和以英达为代表的电视情景喜剧。

网络时代以来，民间笑话这个古老的民间娱乐样式真正找到了属于自己的平台，这就是“段子”现象。民间笑话的原生状态是碎片化的，进入大众传播时代，“碎片化”和“数量多”的两个特点都十分符合大众传播媒介的要求。在报刊时代，民间笑话是报刊大

①[美]约翰·劳顿、[美]亚当·斯密：《速成读本：电影》，张树智、李文译，生活·读书·新知三联书店，2002年，18页。

块文章夹缝中的小品，比如我们熟悉的《故事会》《笑林》《读者》等杂志都刊登了大量的民间笑话；在广播电视时代，它主要盛行于广播电视的脱口秀之中；网络时代到来之后，特别是社交平台的广泛使用，“段子”内容的丰富性和喜剧性，在论坛、贴吧、微博、微信和各种短视频网站都得到了最大的提升。

“段子”以碎片化的状态表现了滑稽，以多元化的喜剧内容表现了民间文化的特点，这是网络时代的一个媒介娱乐现象。

6. 娱乐作品恒量因素之五：破坏规范

齐尔曼通过对暴力的研究，还提出了一个破坏规范的理论。暴力是媒介伦理研究的重要内容，同时也是媒介娱乐的重要现象。暴力从娱乐角度来认识，部分功能与角斗与幸存因素重合。暴力的过程，往往是角斗；暴力的结果，通常是幸存。但是，暴力作为一个娱乐现象，还有一个迷人之处，就是破坏规范。齐尔曼认为，暴力所带来的乐趣取决于人们破坏社会公认的行为规范，或看到他人破坏这些行为规范的欲望。对此，尼采也曾颂扬残酷，称残酷会让人有释放感，令人振奋。以摇滚乐为代表的西方现代音乐，的确让无聊却又无力反抗的人们感受到了这种破坏规范的乐趣。

中国的武侠小说，也体现了一种暴力魅力，除了表现角斗与幸存外，同时也是在体现社会正义的前提之下，展现出了破坏规范的魅力。《水浒传》是一部“破坏规范”小说，这个破坏就是打家劫舍、大碗喝酒、大块吃肉、大秤分金甚至公开造反。这是对个人规范和社会规范的最大破坏，于是《水浒传》也就产生了恒久的魅力。但读者也发现当小说完成了英雄们的造反行为，聚义厅改为忠义堂受了招安之后，英雄们不再破坏规范，甚至去攻击其他破坏规范的人，小说的结尾自然不“过瘾”。

金庸曾这样谈到他对“侠”字的理解：

在《史记》中已讲到侠的观念，中国封建王朝对侠有限制，因为侠本身具有很大的反叛性，使用武力来违反封建王朝的法律，《韩非子》中说，“儒以文乱法，侠以武犯禁”，就是站在统治者的立场表达了这个观点，我以为侠的定义可以说是“奋不顾身，拔刀相助”这八个字，侠士主张正义，打抱不平，历代政府对侠士都要镇压，汉武帝时很多大侠被杀，甚至满门被杀光，封建统治者对不尊重法律主持正义的人很痛恨，但一般平民对这种行为很佩服，所以中国传统中歌颂侠客的诗篇文字很多，唐朝李白的诗歌中就有写侠客的。[①]

大众传播媒介毕竟是社会公器，其主要功能是社会的整合而不是破坏，绝大多数受众也认可社会规范和社会道德。因此，当破坏规范成了大众传播的娱乐内容时，有一个重要的前提，就是一定要有一个正当的、被认可的“破坏理由”。破坏理由，是破坏规范被认可的前提，这也是齐尔曼的倾向理论与破坏规范理论相结合之处。水浒英雄的前提是“逼上梁山”，但作者认为这个理由也是不充分的，于是故意在第一回加了一个“洪太尉误走妖魔”的虚拟故事。美国暴力电影“兰博”系列，每一部都用很大的篇幅去描述主角使用暴力的理由。

所有描述国家战争的文字与影视作品，只有在战争的性质为观

①金庸：《寻他千百度》，中华书局，2014年，323页。

众所共识认可的正义之下，才能不用铺垫去展示战争。所有的暴力的作品，它的前提往往都是抗暴御侮、官逼民反、报仇雪恨等，具有暴力和破坏的合理性。

娱乐作品中对规范的破坏，除了暴力手段以外，还有一个类别就是性。“很黄很暴力”“拳头加枕头”通常是娱乐作品的惯常手法。以性为题材除了表现其美好的一面外，就是表现在性的行为上对社会规范的破坏。

19 世纪的欧美小说内容包含了大量的爱情故事，但是，在众多的爱情故事中，最多的故事模式却是“通奸”，也就是突破合法的婚姻关系之外的两性结合。这里包括《包法利夫人》《安娜·卡列尼娜》《德伯家的苔丝》《茶花女》《复活》《白痴》《嘉莉妹妹》等。尽管作家们为他们的通奸故事提供了许多深刻的理由，包括社会历史的变迁、妇女解放、社会沉沦等，但是不能否定的是，对两性规范的突破，从来都是很受欢迎的故事。20 世纪之后的欧美小说，随着社会性观念的改变，通奸模式的故事，几乎都不需要加上 19 世纪时候使用的理由了。

中国传统戏曲中男女主人公的私定终身、西方戏剧中不同阶层男女的爱情故事，其迷人之处都在于越过道德的边缘，挑战着这个社会的性规范。20世纪80年代初中国中央电视台播出了根据列夫·托尔斯泰的《安娜·卡列尼娜》改编的同名电视连续剧，在热播的同时，引发了中国观众关于“安娜是不是荡妇”的热烈讨论。

娱乐作品的作者们知道，对性的社会规范的突破、对社会道德和法律的违背，如果有了一个正当的理由，往往就是一个美丽的故事。1936 年，英王爱德华八世不爱江山爱美人，为了迎娶辛普森夫人不惜退位，这个事件不仅仅成为当时媒体的热点，也是后来许多影视剧乐于表现的故事。爱德华八世为了能够和辛普森夫人走到一起，突破了包括法律的、皇家的、宗教的诸多规范。爱德华八世破坏规范的理由是爱，而爱的理由恰恰是娱乐作品突破规范的最常见的理由。

大量的通俗歌曲如《广岛之恋》都在表达爱情的禁果分外甜美的感受：

越过道德的边境／我们走过爱的禁区／享受幸福的错觉／误解了快乐的意义……

7. 娱乐作品恒量因素之六：抒情

人有理智与情感，但理智无法替代情感，林语堂谈到情感中所表达的意义时说：

如果我们没有情，我们便没有人生的出发点。情是生命的灵魂，星辰的光辉，音乐和诗歌的韵律，花草的欢欣，飞禽的羽毛，女人的艳色，学问的生命。没有情的灵魂是不可能的，正如音乐不能不有表情一样，这种东西给我们以内心的温暖和活力，使我们能快乐地去对付人生。①

人的情感通常说分为喜、怒、哀、惧、爱、恶、欲七种。康有

---

①晓树：《思想家论人的情感》，北京工业大学出版社，2011年，5页。

为认为这七种情感最主要的就是爱与恨，其他都是爱和恨的变种：

人之生也，惟有爱恶而已。欲者，爱之征也；喜者，爱之至也；乐者，又其极致也；哀者，爱之极致而不得，即所谓仁也；皆阳气之发也。怒者，恶之征也；惧者，恶之极致而不得，即所谓义也；皆阴气之发也。婴孩沌沌，有爱恶而无哀惧，故人生惟有爱恶而已。[①]

爱与恨两者，对爱的咏诵很多，但恨的表达也并非错误。印度作家普列姆昌德谈到了谴责、愤怒和憎恨的意义：

谴责愤怒和憎恨，这一切都是坏脾气和坏性格，但是，如果您把这些坏性格全部从人类生活中排除，那么全世界将会成为地狱，谴责的威力，起着控制道德败坏的人的作用，愤怒，保护着主义和真理，憎恨压制着欺骗和虚伪！如果没有对谴责的惧怕，对愤怒的恐惧，那么生活就会混乱，社会就会完蛋。[②]

情感需要进行表达，即抒情。古代印度的那些描写舞蹈、戏剧和歌曲的书中，就曾经有过运用肢体语言对感情表达方式的描述。书中区分出九种主要的人类感情，而且为每一种感情都规定了特殊的身体表现，各种表达感情的动作多达上百种。

---

①晓树：《思想家论人的情感》，北京工业大学出版社，2011年，75页。

②晓树：《思想家论人的情感》，北京工业大学出版社，2011年，7页。

诗歌、音乐、舞蹈是人类最常用的抒情艺术。中国古代的《乐记》认为抒情需要如下的途径："言之不足故长言之，长言之不足故嗟叹之，嗟叹之不足，故不知手之舞之，足之蹈之也。"其认为这抒情的最好方式是舞蹈。而《墨子》中认为，《诗经》是"诵诗三百、弦诗三百、歌诗三百、舞诗三百"，《诗经》三百篇，是既可以朗诵，又可以弹奏、歌咏和舞蹈的。音乐是表达情感，特别在表达那些难以名状的情感时，具有其他艺术所难以替代的能力。美国音乐理论家查尔斯·罗森这样描述音乐在抒情功能上超越语言的现象：

想用语言来命名情感是毫无意义的，其原因主要在于——就像门德尔松说过的那句很著名的话——在这种问题上，音乐的表达要比语言精确得多。在语言的诸多功能中，进行信息交流是最主要的，而音乐却并非如此（比如说你不能用纯音乐的方式，让你的听众明天下午4点在纽约中央车站和你见面）。不过无论如何，就算想要在微妙性与反映情感上稍稍缩短与音乐的巨大差距，语言也必须使用诗歌的表达方式。……那些考察音乐与情感之间关系的研究之所以失败，最常见的原因就是低估了音乐词汇的模糊性，以及过度夸大了音乐词汇的准确性。①

音乐这种特殊的抒情能力，使得音乐节目成为广播时代支撑电台生存的不可替代的内容，同时音乐也是各个传播时代里不可缺少的内容。

---

①[美]查尔斯·罗森：《音乐与情感》，罗逍然译，浙江大学出版社，2017年，1页。

情感有个人情感和社会情感。从个人情感到社会情感，理性的含量随之增加，文字、图像等符号开始产生更大的作用。大众传播时代，社会情感更多地出现在媒体之中，大众媒体也成为具有更多共性的社会情感的抒发之地。表达社会情感中的爱与恨，通过媒介抒发情怀，是大众传播媒体重要的娱乐内容。

《读者》创刊于1981年，1995年发行量突破400万册，跻身世界综合文化类期刊前十名之列。在30余年的发展过程中，人们发现杂志有许多坚持不变的内容，比如动人的情感。他们的重点栏目《文苑》《人世间》，一直在刊载动人的故事。

《读者》创刊27年的时候，曾经选出了最有影响力的十篇文章：《蠢人的天堂》《假如生活欺骗了你》《如能再活一辈子》《母亲的账单》《一个人一生只能做一件事》《一碗清汤荞麦面》《手表》《向中国人脱帽》《夏令营中的较量》《把信带给加西亚》。

从这脍炙人口的十篇文章内容看，《读者》坚持的，无论是心灵鸡汤的抚慰、亲情友情的歌颂或爱国主义的情感抒发，总是在抚摸普通人心灵最深处最柔软的那部分。正如《读者》的创办人之一胡亚权所说：

《读者》的精髓在哪里？

首先，《读者》是人性的，《读者》抓住人性这个主题不放，试图从多方面诠释之，在人性的大主题中，读者选择了真善美的人性追求，一以贯之地铺陈和展示，乐此不疲。她试图找到一种独特的表达方式，通过那些优美的故事、文字和图画，感染人们，轻轻触摸到各色人等心灵的最深处，从中得到领悟、抚慰、联想、净化、认同、关爱，甚至援助的阅读乐趣。[①]

抒情是20世纪的电影和电视一个重要的内容。特别是在“客厅电视”的年代，以家庭为单位的收视情况，让亲情内容成为电视剧的重要题材。20世纪30年代的经济危机时期，让展示童趣的“秀兰·邓波电影”大受欢迎，20世纪50年代风靡的《我爱露西》和20世纪90年代风靡的《我爱我家》，都是以喜剧加亲情的模式，获得家庭收视的成功。中国大陆电视剧的成功历史，相当于一部中国家庭题材电视剧的成功史，也是一部中国家庭的亲情史。以中国知青题材的电视剧为例，《蹉跎岁月》《情满珠江》《孽债》《年轮》，中国知识青年的人生命运，从下乡、回城、婚恋、失业、老去的故事伴随着这一代人的后半生。《渴望》是1990年出品的50集电视剧，播出后，创造了中国电视连续剧收视的奇迹。“举国皆哀刘慧芳，举国皆骂王沪生，万众皆叹宋大成”，成为当年的一道独特风景。这部轰动全国、感动千万人的电视剧以写实的视角直面那个人性泯灭的年代，揭示了人们对爱情、亲情、友情以及美好生活的渴望。正如这部电视剧的主题曲所唱：

茫茫人海／终生寻找／一息尚存／就别说找不到……

电视剧《渴望》渴望的是什么？寻找的是什么？是真情！渴望真情，呼唤真情，是这部电视剧成功的真正原因。

①师永刚：《解密读者》，华夏出版社，2008年，10页。

大众传播媒体中不仅有爱的表达，也有恨的抒发。如以《基督山伯爵》为代表的复仇模式，成为社会、战争、武侠、黑帮等诸多题材作品引人入胜的原因。鲁迅在其《中国小说史略》中阐述了中国清末“谴责小说”兴起及其特点：

光绪庚子（1900）后，谴责小说之出特盛，盖嘉庆以来，虽屡平内乱（白莲教，太平天国，捻，回），亦屡挫于外敌（英、法、日本），细民暗昧，尚啜茗听平逆武功。有识者则翻然思改革，凭敌忾之心，呼维新与爱国，而于“富强”尤致意焉。戊戌变政既不成，越二年庚子岁而有义和团之变，群乃知政府不足与图治，顿有掊击之意矣。其在小说，则揭发伏藏，显其弊恶，而于时政，严加纠弹，或更扩充，并及风俗。①

从20世纪初的《官场现形记》《20年目睹之怪现状》《老残游记》《孽海花》到20世纪90年代出现的“反腐文学”如《大雪无痕》《人民的名义》《抉择》《驻京办主任》等作品，每当社会重大腐败案件，人们的愤懑之情就寻找到了一个借助故事得以抒发的途径。

爱恨、苦闷、孤独、痛苦、愤怒、悲欢、热情、怜悯、恐惧，包括随之而来的为高尚的奉献与牺牲，这些情绪和行为的表达，都给人们的生活带来了极大的快乐。

8. 娱乐作品恒量因素之七：魔幻

游戏与艺术都带有虚拟和超现实的特点。人类除了在现实世界

①《鲁迅全集》（第八卷），人民文学出版社，1963年，239页。

里获得快乐外，还可以通过想象创造非现实的世界。在那里，人的精神是最自由的。从古代的神话和传说到今天电影中的恐怖片，从《西游记》到《哈利·波特》的风靡程度都说明神秘与魔幻并非仅仅是儿童的最爱。

《史记》中远离历史真实但同时也富于魅力的地方，就是有许多文学的虚构甚至魔幻的浪漫，于是曾国藩说《史记》是“大半寓言”：

高祖，沛丰邑中阳里人，姓刘氏，字季。父曰太公，母曰刘媪。其先刘媪尝息大泽之陂，梦与神遇。是时雷电晦冥，太公往视，则见蛟龙於其上。已而有身，遂产高祖。

高祖被酒，夜径泽中，令一人行前。行前者还报曰：“前有大蛇当径，愿还。”高祖醉，曰：“壮士行，何畏！”乃前，拔剑击斩蛇。蛇遂分为两，径开。行数里，醉，因卧。后人来至蛇所，有一老妪夜哭。人问何哭，妪曰：“人杀吾子，故哭之。”人曰：“妪子何为见杀？”妪曰：“吾，白帝子也，化为蛇，当道，今为赤帝子斩之，故哭。”人乃以妪为不诚，欲告之，妪因忽不见。

良尝闲从容步游下邳圯上，有一老父，衣褐，至良所，直堕其履圯下，顾谓良曰：“孺子，下取履！”良鄂然，欲殴之。为其老，强忍，下取履。父曰：“履我！”良业为取履，因长跪履之。父以足受，笑而去。良殊大惊，随目之。父去里所，复还，曰：“孺子可教矣。后五日平明，与我会此。”良因怪之，跪曰：“诺。”五日平明，良往。父已先在，怒曰：“与老人期，后，何也？”去，曰：“后五日早会。”五日鸡鸣，良往，父又先在，复怒曰：“后，何也？”去，曰：“后五日复早来。”五日，良夜未半往。有顷，父亦来，喜曰：“当如是。”

出一编书，曰："读此则为王者师矣。后十年兴。十三年孺子见我济北，谷城山下黄石即我矣。"遂去，无他言，不复见。旦日视其书，乃《太公兵法》也。良因异之，常习诵读之。

《史记》的故事多有神话色彩，司马迁在关于远古历史的描述中，采用了许多神话传说，这是其史料的唯一来源。在撰写许多与他同时代的人物的传记时，他依然使用了许多神异性材料。所以，当后人阅读《史记》时，这里的神话和神异性故事便增加了历史书籍所没有的魔幻色彩。《史记》的魔幻色彩并非司马迁独创，其前有先秦开始形成的《山海经》，夸父逐日、女娲补天、精卫填海、大禹治水、共工撞天、后羿射九日等神话就出自于此。其后有魏晋的志怪文学、唐人传奇、《西游记》、《聊斋志异》，而《西游记》则成为中国魔幻文学的顶峰之作。

《西游记》的美妙之处来自两个方面：一是它创造了一个全方位的神魔大全体系，书里面佛教的、道教的、儒教的、天宫的、地府的、山上的、海底的各路神仙魔怪一应俱全；二是《西游记》并不像许多中国神魔小说那样走恐怖路线，孙悟空和猪八戒两个漫画式的人物，为这个小说平添了喜剧色彩。有人评论称，此书能够成为一部经典作品，正因为书中的种种神话都带有一点诙谐意味，能使人开口一笑。

中国传统文化内容丰富的神话或者宗教想象，但初民时代之后的想象力却日益衰退，包括魔术这种魔幻技艺也属于舶来品。魔术也是中国对外文化交流活动开展得最早的领域。清末时期，就有西方魔术艺人来华表演魔术，并大受欢迎。

魔术，也称幻术、戏法、戏术，是中国传统民间娱乐表演，纪昀在《阅微草堂笔记》中描述：

戏术皆手法捷耳，然变实有搬运术。忆小时在外祖雪峰先生家，一术士置杯酒于案，举掌拍之，杯陷入案中，口与案平。然扪案下，不见杯底，少顷取出，案如故。此或障目法也。又举鱼脍一巨碗，抛掷空中不见，令其取回，则曰："不能矣，在书室画橱夹屉中，公等自取耳。"

魔幻与奇观相比，最大的特点是虚拟与想象。魔术，就出现了与现实大不相同的奇观现象。

西方文学的两个重要根基，来自于古希腊神话和基督教的《圣经》。希腊神话的魅力也来源魔幻因素，巫术是古代希腊神话的根基。《金枝》的作者弗雷泽以每天 12 小时、连续 50 年苦读各种文献，也没有真正完整地探索古代希腊原始巫术。古罗马诗人奥维德，其著名的长诗《变形记》，取材于古希腊罗马神话。根据古希腊哲学家毕达哥拉斯的"灵魂轮回"理论，用变形，即人由于某种原因被变成动物、植物、星星、石头等这一线索贯穿全书，共包括大小故事 250 多个。宗教是人类最大的虚拟与想象，因此，宗教也是魔幻娱乐品的最主要来源，是形成魔幻娱乐创造的思想氛围。在丰富的宗教想象的文化基础上，魔幻文学成为西方文学的一个重要领域。其重要作品包括：古代的《荷马史诗》《伊索寓言》《神曲》《安徒生童话》以及近现代的《变形记》《科学怪人》《纳尼亚传奇》《指环王》《哈利·波特》等。

尽管受到技术条件的限制，但是电影作为一种“白日梦”，从它诞生起就一直迷恋于魔幻的故事。同时，在20世纪科学也同电影技术一样蓬勃发展，魔幻又寻找到除了宗教之外的另一源泉——科学幻想。1902年，乔治·梅里爱推出了他的经典科幻故事片《月球旅行记》，现如今，科幻电影已经在以下的题材里获得了足够的成功：未来世界、末日灾难、太空、外星人与科学怪物。

电子数字化技术的迅速发展，使影视作品中魔幻故事和魔幻场景可以越来越自如并绚丽地表现，观众们可以戴上3D眼镜，坐在影院里欣赏它们。

9. 娱乐作品恒量因素之八：解题

斯芬克斯是希腊神话中一个长着狮子躯干、女人头面的有翼怪兽。坐在忒拜城附近的悬崖上，向过路人出一个谜语：“什么东西早晨用四条腿走路，中午用两条腿走路，晚上用三条腿走路？”如果路人猜错，就会被它杀死。然而俄狄浦斯猜中了谜底是“人”，斯芬克斯羞惭跳崖而死。俄狄浦斯则成为了国王。人类经常为各种各样的问题所困扰，也同样从解答各种各样的问题中获得快乐。

中国古代的许多娱乐活动都体现出解题的性质，如灯谜、对联、酒令、七巧板、九连环等。灯谜与对联是中国文人的娱乐雅好。灯谜，是中国古代的一项重要的娱乐。其另外一个名字叫射虎，这是因为老虎凶猛，难以制服，猜谜有一定的难度，民间的猜谜行为也叫打灯虎。受骈文和律诗影响，中国文人十分喜欢对联这样一种对偶文字，当有人出一个上联，等另一个人对下联的时候，一个解题的过程就出现了。

大众报刊时代，填字游戏成为报刊的重要娱乐内容。填字游戏是字母语言国家人民的常见娱乐活动，填字游戏的历史最早可以追溯到公元1世纪的庞贝城。许多西方报纸都有填字栏目，据说列宁就非常喜欢报纸上的填字游戏。晚饭后，拿着父亲看过的报纸，填字是家庭成员们的集体消遣行为，也为小孩子增加词汇量。20世纪90年代《南方周末》的“小强填字”掀起一阵填字热潮，有人说，“小强填字”考察的不是词汇量，而是在辨别一个人是不是这个时代的知识分子。《南方体育》《城市画报》《Vista看天下》相继推出了填字栏目，2006年，故事会官方网站“故事中国网”上线，其中的招牌栏目之一就是“填字游戏”。

最具有解题娱乐特质的是侦探题材的小说与影视作品。

中国古代的公案小说和西方现代侦探小说，都体现了解题的魅力。1841年，美国作家埃德加·爱伦·坡发表了《莫格街谋杀案》。小说塑造了一个业余侦探杜宾的形象，首创了侦探小说的模式，成为西方侦探小说的鼻祖，而侦探这个行业才刚起步。1945年成立的美国神秘故事作家协会，一个旨在提高神秘故事包括侦探小说水准的专业团体，一年一度地授予优秀侦探作品以“埃德加·爱伦·坡奖”。

1868年，英国作家威尔基·科林斯发表了《月亮宝石》，该作品被认为是西方第一部长篇侦探小说。广泛流行历久不衰、具有世界影响的侦探小说当数英国柯南·道尔的《福尔摩斯探案》。柯南·道尔在《血字的研究》里，第一次塑造了福尔摩斯这个颖悟无比的业余侦探形象。《福尔摩斯探案集》已成为中国译作小说中出版量最大的作品之一。其后有影响的侦探小说作家包括，艾勒里·奎因、阿加莎·克里斯蒂等人。艾勒里·奎因的知名作品包括《荷兰鞋之谜》《希腊棺材之谜》《埃及十字架之谜》和《中国橘子之谜》等“国名系列”，所创办的《艾勒里·奎因神秘杂志》对推动短篇侦探小说的发展起了一定的作用。阿加莎·克里斯蒂，她是“侦探小说黄金时代”最有代表性的作家之一，一生写了80多部侦探小说，塑造了波洛和马普尔小姐两个侦探形象。

西方侦探小说的情节形成了如下的解题模式：

一个神秘的甚至是封闭的环境/案发/神探列出案件事实及线索/调查/宣布案件侦破/解释案件/意外的结局

受欧美侦探小说的影响，悬疑片也逐渐成为好莱坞电影的一个重要的类型。电影《公民凯恩》即以其深邃的思想和卓越的电影表现手段成为经典，这部哲学化的电影却套用了一个悬疑片的结构，就是主人公凯恩在作品开始时，临死前对“玫瑰花蕾”的含义的探查。悬疑片的大师当首推阿尔弗雷德·希区柯克。他有巨大影响的作品包括：《惊魂记》《后窗》《爱德华大夫》《蝴蝶梦》《美人计》《深闺疑云》《西北偏北》《迷魂记》《擒凶记》《电话谋杀案》等。《后窗》是希区柯克采用斜视和偷窥的摄影机镜头拍摄的一部只有两个场景的彩色宽银幕影片。希区柯克一改以往的最后揭开谜底的叙事过程，一开始观众就随着受伤在家的记者杰弗瑞推测出了凶手，之后，在杰弗瑞和推销员（凶手）之间展开了一场看不见对手的角力。悬念的重点不再是找出谁是凶手，而是放到了杰弗瑞会不会被发现、推销员怎样被抓住把柄认罪伏法上。一开始谜底就被戳破，观众的感受重点自然地就放到了“破案”的过程上来了。没有多余的犯罪分子来扰乱视听，没有更多的神秘人物来转移视线（唯一的那个冒充推销员妻子的女人还是在杰弗瑞睡着之后才出现），矛头指向始终是对准那个推销员。矛盾的焦点也始终是单一集中的。这种全新的"解题"体验，让大众兴奋不已，至今为止，再没有一部悬疑影片能够超越《后窗》。

悬疑片的影响是世界性的，在苏联、东欧和中国等国家，也有一个颇受人们欢迎的类型电影，即"反特电影"。当时苏联的理论家，把这个现象称为苏联文学和电影中的"警惕性"主题。尽管高尔基十分讨厌西方侦探小说，他认为侦探小说助长了个人犯罪，而且影响了工人政治觉悟提升，可是并没影响以谍战为主题的反特小说和反特电影在苏联受到官方与观众的共同认可：

这些主题的作品，其使命在于培养人民的警惕性，对敌人的憎恨，对罪恶行为的厌弃，他们应该表明对我们的法律及社会主义所有制的任何侵害，是注定要失败的。①

侦探小说和悬疑片，也都属于猜谜游戏，是作家导演和读者观众之间的一个智力竞赛。

解题并非纯粹的娱乐，实际上解题是娱乐作品中最接近于理性的一个因素。以中国20世纪30年代的"左翼电影"为例，"左翼电影"实质上是在中国共产党领导之下的左翼电影人制作的政治电影，但是却有着极好的票房，甚至电影公司的老板都不得不赞叹道"现在观众就认你们'左翼'的这块牌子！""左翼电影"票房火爆的原因之一，实质上就是苦难深重的中国有诸多的社会问题和社会矛

① 《论惊险小说和惊险电影》，群众出版社，1958年，84页。

盾等待着去解决。实际上，“左翼电影”向观众们提供的是社会问题的答案和社会矛盾的解题方案。

二、娱乐作品的变量因素

1. 娱乐的变量因素：重复与变化

如果说十大娱乐要素是娱乐因素的恒量，那么娱乐的因素还需要变量。这个变量是两种：重复与变化。约翰·赫伊津哈在论述游戏特征的时候指出：“重复和变化是游戏的经纬线。”如同我们在下一盘棋一样，我们的每一盘棋与上一盘棋相比，总会有许多相同的地方，也总会有许多不同的地方。每一盘棋都是在“重复”和“变化”中，让人得到游戏的乐趣。中国戏曲中的程式与脸谱、好莱坞电影的类型片，都体现了娱乐因素必须有所重复的特征。对于一个新的电视节目，美国《广告人》的调查有这样一个结论：一个新的电视节目，如果它的创新低于10%，观众是没有兴趣的；而它的创新超过了30%的话，观众在一定的时间内也同样不感兴趣。

重复是轻松的前提，变化是观看的价值。处理两者的矛盾和统一，是一个电视娱乐成功的关键。重复使观众在熟悉游戏的规则情况下，让参与和观看成为一种轻松的事。正是电视娱乐节目的“重复”，使具有前卫意识的评论者感到不满，他们认为大量的“类型化”节目使得电视娱乐成了批量生产的工业品，节目制作公司和电视台成了流水线。但是，电视娱乐的“重复”使节目具有了更明显的娱乐特征，“重复”使更多的观众在一种低水平的认识经验中完成观看和参与。同时，也正是电视娱乐的“变化”，使新节目新玩法像太阳一样，每天都出生，但又总是新的。

在重复与变化的天平上，我们要寻找那个最可以平衡的点：在这个天平上，偏重于重复，再好玩的游戏也让大家玩滥了；在这个天平上，偏重于变化，就会让娱乐走入“高级智慧”的尴尬之中。

2. 固有倾向

如果今晚有一场中国国家足球队的重要比赛，你看比赛之前的愿望是什么？希望中国队赢球？希望中国队赢得漂亮？希望对方输球？希望对方踢得漂亮但最后输球？希望对方踢得很差？不论是哪一种想法，你在看比赛前，都是带着一种倾向在看这场比赛，而这场比赛的结果会因为你的这种倾向而影响到你的心情。这时，你往往不会因为两方奉献了一场精彩的比赛而快乐，这时，你往往是因为是中国队赢球而快乐！

娱乐固然有许多作品本身的因素，但有一个特点却不可忽略，那就是接受者固有的倾向。娱乐信息的接受者有着自身固有倾向，这种倾向可以是理性的，可以是情感的，也可以是理性转化为情感的。这种固有倾向，成为娱乐信息接受者在接受娱乐信息时的一个出发点。

固有倾向包括政治立场、种族印象等理性认识，如一个描写抗日战争的影视剧，中国观众与日本观众可能会有完全不同的娱乐感觉。而对这个题材的娱乐感觉，即使是同一个人，也可能随着自己固有观点的变化而产生不同的娱乐感觉。比如一个与新中国同龄的观众，他会因为对过去时代的认识的变化，而对他童年时代的电影（20世纪50年代的中国电影）、青少年时代的电影（20世纪60年代的中国电影）产生不同的娱乐感觉。

固有的倾向也可能是完全感性化的，比如对一个明星或一个球队的喜爱，使得这个明星的作品和这个球队的比赛，无论是否精彩，都会让娱乐信息的接受者感到快乐。当今国际电影的营销推广中，都会在目标市场观众的固有印象方面大做文章。如果一个电影把中国当成是一个重要的目标市场，投资方就会选择中国观众喜欢的演员，或者干脆由中国演员来饰演角色，就是为了让观众在影片上映之前就对影片产生好感。这种对“固有倾向”的投资已经是当今国际电影营销的重要策略。

固有倾向是受众欣赏娱乐作品时的重要推力。这个现象在戏剧冲突中的表现十分明显，对此美国学者简宁斯·布赖恩特和多丽娜·迈伦在他们的《娱乐作为一种媒介效果》一文中指出：

所有的优秀戏剧的创作要点通常就在于展现原始的人类冲突。然而，相对于冲突的关注只是一个起点。对激烈冲突的戏剧性描绘本身并无任何规律性可言，当然也不一定会给观众带来乐趣。相对于冲突而言，乐趣更多地取决于冲突解决的方式，以及这种解决方式对冲突的各方意味着什么。它取决于在冲突中获胜的一方受人喜爱的程度以及输掉的一方被人厌恶与痛恨的程度。因此，戏剧的好坏取决于观众对冲突各方的正面的和负面的对冲突的解决方式的接受程度。对戏剧人物正面的和负面的情感倾向至关重要，因为如果一部戏剧要激发观众强烈的情绪反应（包括给其带来乐趣），就必须使观众产生某种情感倾向。戏剧中既需要受人爱戴的英雄，也需要遭人憎恨的恶棍。[①]

①[美]简宁斯・布莱恩特、[美]道尔夫・兹尔曼：《媒介效果：理论与研究前沿》，石义彬、彭彪 译，华夏出版社，2009年，422页。

同时，这篇论文还涉及了“正面情感”与“负面情感”的固有倾向与观众对戏剧角度的乐趣关系：

（1）由于看到某一方、某一角色或某一对象遭到贬损、遭遇失败或挫折而产生的乐趣随着对其负面情感的增强而增大，随着对其正面情感的增强而减少。

（2）由于看到某一方、某一角色或某一对象得到提升、获得成功或胜利而产生的乐趣随着对其负面情感的增强而减少，随着对其正面情感的增强而增大。

（3）由于看到某一方、某一角色或某一对象遭到贬损、遭遇失败或挫折而产生的烦恼随着对其负面情感的增强而减少，随着对其正面情感的增强而增多。

（4）由于看到某一方、某一角色或某一对象得到提升、获得成功或胜利而产生的烦恼随着对其负面情感的增强而增多，随着对其正面情感的增强而减少。[①]

于是我们看到，娱乐的感觉并不完全出自于娱乐作品本身，而固有的倾向是娱乐的前提。

对一个球队的好感，可以放大这个球队胜利而带来的快乐。

对一个影视明星的好感，可以放大他在一个作品中的“闪光点”。

对一个戏剧人物的好感，可以万分牵挂他在戏剧中的命运。

---

①[美]简宁斯·布莱恩特、[美]道尔夫·兹尔曼：《媒介效果：理论与研究前沿》，石义彬、彭彪 译，华夏出版社，2009年，424页。

对一个政党或国家的好感，可以愉快地接受这个政党或国家的执政理念。

三、娱乐传播规律

基于上述的论述，我们形成了对娱乐传播规律的一个总结图：

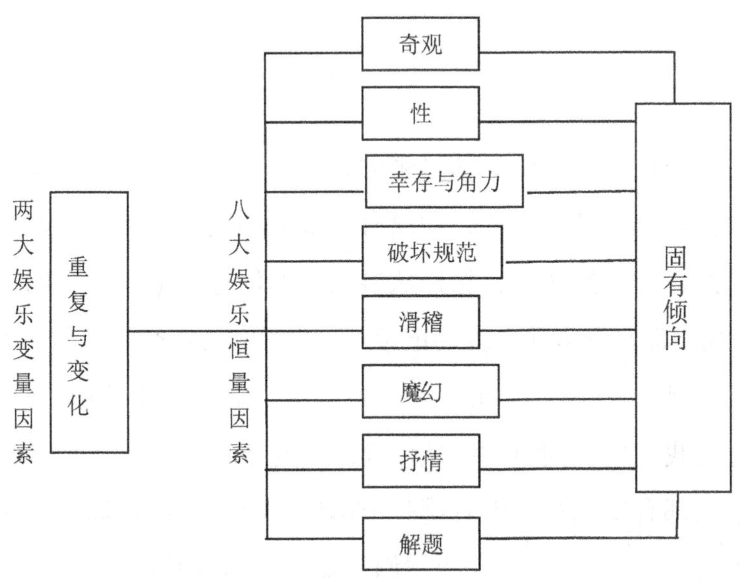

图 2.1　娱乐传播规律示意图

第三篇 人类是怎样玩过来的？

临淄甚富而实，其民无不吹竽鼓瑟，弹琴击筑，斗鸡走狗，六博踏鞠者。

——司马迁

关于我们人类是怎样活过来的，我们认真地记录下来了。但是我们人类是怎样玩过来的，却没有系统而翔实的记录。我们人类怎样与自然、与同类搏斗，怎样从事物质的创造、从事严肃的文化的创造，我们都有繁多而系统的记录。人类历史从它产生的那一天起，就自觉地担当了这个记录的任务。但是，从我们人类诞生的那一天起，娱乐也是我们生存同时的必然活动。可对于这种活动的记录，所有的史学家都有所忽视，没有哪一个历史学家认真而全面地描述过人类娱乐生活的历史。于是，当我们不知道人类是怎样“玩”过来的，不知道这个“不严肃”的历史时，今天我们对于娱乐的研究就显得困难重重。

历史是理论的诞生地。当我们对人类的娱乐现象进行必要的理性思考的时候，就不得不为娱乐理论寻找一个出生和成长的“家园”。本篇我们就对人类娱乐的历史，对这个“不严肃”的历史做一个粗略的梳理。

一、工作就是快乐

人类学家在研究毛利人文化的报告中说，毛利人在任何层面的经济生活中，都伴随着消遣娱乐的成分。不管他们是捕鱼、捉鸟、耕田，或是盖房子、造独木船，所有这些场合中都能够找到被认为是娱乐性活动的痕迹，最普遍的方式就是唱歌。

执“杭育杭育派”的人们认为，唱歌是劳动的结果，其实不然，原始人的唱歌、劳动及其他社会生活活动完全是一体的，而没有什么先后的因果关系。音乐作为一种最古老的艺术，已经给人们带来了欢乐。住在山洞里的人们可能从手里的两块石头发出的碰击听到一种悦耳的声音，住在河边的人们可能在苇荡里听到夜风吹过空枯的苇管的声音，追逐猎物的人们可能在成功后拨一拨手里的弯弓，听一听那美好的弦声。如果谈艺术起源的话，应该说，原始人的生活里，娱乐生活是其不可分割的一部分，而艺术只是他们娱乐生活的一个分支。原始人在劳动、繁衍、饮食、祭祀中都有着与其融于一体的娱乐因素，他们的歌声可以出现在狩猎和捕鱼等劳动中，也可以出现在各种各样的婚俗里，还可以成为宴饮后豪迈的酒歌和祭拜先祖和神灵时的吟唱。直到后来，人们还可以从贝多芬的《田园交响曲》和瓦格纳的《季格弗利》里听到鸟叫声。

在这一时期，娱乐和劳动一样，是所有人的行为，也是持续不断的行为，人们生活在劳动与娱乐相混沌的境况之中。原始的游戏由于人类繁重的生存任务，在其出现的时候，便与人类的物质生产行为保持着极密切的关系，许多自然物和生产工具直接成为游戏的工具。这就像今天许多生活在农村里的孩子一样，他们的玩具就是果实和农具。

这个时候，一个居住在洞穴中的人，当他狩猎归来，吃饱喝足的时候，可能他会把自己白天投掷猎物用的石头在空中抛玩。就一块石头来说,它可以成为打猎时的工具,也可以成为抵御外敌的武器。当一个人投掷一块石头时，除大小和重量外，选择一块球状的石块可以让他的投掷变得更远更准确。而这个更远而更准确的目标是人类兵器发展史的重要动因。在弓箭和投枪出现之前，球状的石块是原始人最精良的武器。而在弓箭和投枪出现后，球状的石头就成了人们的玩具。

许多玩具是从劳动工具、武器和自然物中蜕变而成的。这个现象在所有原始社会的后期已经普遍出现了。1976 年，考古学家在山西阳高县许家窑村的文化遗址中陆续发掘了 1500 多个石球。这是 10 万年前人类打制的，这是做什么的呢？专家们首先认为这可能是武器。但后来在半坡遗址中也发现了这类石球。被发现时石球藏于一个三岁小孩的墓葬之中，此时距今天有 7000 多年，这里的石球，显然不再是武器了。有人认为，石球在弓箭出现后，已经失去了武器的功能，变成了一种玩具。

这个提法在王其慧的《中外体育史》中也有其说明："在弓箭发明并得到普遍应用以后，石球便在母系氏族公社的全盛时期开始成为一种游戏工具。"在 20 世纪 80 年代四川和安徽的出土文物中，还有烧制得非常精美的陶球。现在，球类运动给人类带来了无数的快乐。它所具有的安全性、变化性、运动性都使其永远成为人类最重要的玩具之一。

原始的工作娱乐一体化至今仍然是一种理想的生活状态。今天有一种观点，叫“乐在不工作”，这实质上是一种无奈。在任何社会中，人获得的娱乐最好方式就是工作，而不是不工作。

二、教育之下的雅致

在告别原始氏族时代后，人类进入了文明时代，这个时代就是农业社会。与过去相比，农业革命带来了这样的变化：

> 确实，农业革命让人类的食物总量增加，但量的增加并不代表吃得更好，过得更悠闲，反而只是造成人口爆炸，而且产生一群养尊处优、娇生惯养的精英分子。普遍来说，农民的工作要比采集者更辛苦，而且到头来的饮食还要更糟。农业革命可说是史上最大的一桩骗局。①

应该说，农业社会的到来带来了两个变化，一个是劳动时间的增加，另一个是社会物质的相对盈余。《人类简史》的作者更多讲述的是前者的苦难，许多人类学者甚至认为原始人群的快乐感是超过现代人的。但是，社会物质生产的盈余，却形成了上述的“养尊处优、娇生惯养的精英分子”。在人类出现社会分工后，劳动集中于劳力者，而娱乐集中于劳心者。社会中的少数人可以远离劳动，而享受只能给予少数人的娱乐。比如一个皇帝就可以拥有“三宫六院”，而大多数男人却被严格要求遵守一夫一妻制度。

提供给社会少数人的教育，使他们具有了社会大多数人所没有

①[以]尤瓦尔·赫拉利：《人类简史》，林俊宏译，中信出版社，2015年，79页。

的文化，于是，娱乐就在属于少数人的文化内容中发展着，形成具有雅致特点的娱乐方式，称为“秀才四玩”的琴棋书画是这个时代的典型娱乐。

文字文化是这个时代文化的最高境界。以文字为主的娱乐就是这个时代的最高娱乐方式。中国的古代诗歌就是在这种娱乐观念下达到世界诗歌史的巅峰。

其他高雅的艺术形式也是这个时代的重要娱乐方式。古代希腊的娱乐生活强调一种“高贵”，这种娱乐思维认为，劳动是一种让人失去尊严的活动，是奴隶才做的事。

雅文化时代的娱乐表现为以下的内容：

1. 游戏类娱乐

（1）动物的饲养与角斗

在中国的春秋战国时期，物质生产的发展，已经使社会财富集中在少数人手中，同时，社会文化也出现了一个繁盛时期。王公贵族和越来越多的“士”的出现，开始成为游戏的群体。

中国的先秦时代，出现了许多有特色的游戏活动。司马迁在《史记》中写道：“临淄甚富而实，其民无不吹竽鼓瑟，弹琴击筑，斗鸡走狗，六博踏鞠者。”《战国策·齐策》中也有类似的说法：“临淄之中七万户……其民无不吹竽、鼓瑟、击筑、弹琴、斗鸡、走犬、六博、踏鞠者。”这些记载中所提到的“斗鸡”“走狗”“六博”“踏鞠”等活动，都是当时社会中非常盛行的游戏。

《左传》中有一个季氏斗鸡的故事。一方给鸡身上披上铁甲，另一方给鸡爪戴上金属的套子，这样两鸡争斗起来就更为凶猛，也更为有趣。这种斗鸡方式可以说明当时的斗鸡技术已经非常发达了。《庄子·达生篇》有一则讲述一个人饲养斗鸡的故事。里面谈到为了培养一只合格的斗鸡要经过长达40天的调教，一直把鸡驯得“望之似木鸡”时，这只鸡才具有超常的战斗力。这段故事反映了先秦时代斗鸡活动盛行的场面以及优秀斗鸡的条件。实际上，先秦时代的斗鸡游戏，不仅在王孙贵胄家中非常盛行，在民间也蔚然成风，说明这一游戏在社会各阶层都有着相当的吸引力。

在汉魏时期，斗禽十分盛行：斗鸡、斗鸭、斗鹅都风靡一时。曹植之《斗鸡诗》：

游目极妙伎，清听厌宫商。
主人寂无为，众宾进乐方。
长筵坐戏客，斗鸡间观房。
群雄正翕赫，双翘自飞扬。
挥羽邀清风，悍目发朱光。
觜落轻毛散，严距往往伤。
长鸣入青云，扇翼独翱翔。
愿蒙狸膏助，常得擅此场。

斗蟋蟀始于唐天宝年间。当时这种游戏主要流行于京师的宫廷、贵戚和豪富之家。到了南宋，斗蟋蟀风行朝野，市井平民乃至僧道尼姑都好此戏，还出现了专门买卖蟋蟀的职业。明代的宣宗皇帝对于斗蟋蟀十分痴迷，是个有名的“蟋蟀皇帝”。他曾迫令民间每年向皇廷进贡蟋蟀。在皇帝的“倡导”下，豪绅官吏、平民百姓无不以斗蟋蟀为乐，捕捉蟋蟀也成为当时一种风尚。

（2）智力游戏

在中国先秦时期，“六博”的出现，标志中国的竞技游戏达到了一个新的水平。这项智力游戏不同于动物的竞技，其更具有文明游戏的特点。

六博：双方各六子，六黑六红，又有骰子六枚，故称“六博”，是一项带有赌博性的棋类游戏。此游戏出现于夏商，盛行于战国，中国的古代文化典籍中，几乎都有关于“六博”活动的记载，内容涉及君王、诸侯、贵族、大夫、士和平民等各个阶层。例如《说文》云：“（六博）局戏也，六箸十二棋也。古者乌曹作薄。”乌曹是夏桀的臣子，说明六博这种游戏早在夏朝时就被创造出来。在《史记·殷本纪》有商帝武乙与天神玩六博的故事：“帝武乙无道，为偶人，谓之天神。与之博，令人为行。天神不胜，乃谬辱之。”

在这一时期，还出现了古老的棋类游戏——围棋。

《论语·阳货》中说：“饱食终日，无所用心，难矣哉！不有博弈乎？为之，犹贤乎已。”这里的“博”，指的是六博；“弈”，指的是围棋。写于春秋战国时期的《论语》将六博与围棋并称，说明围棋起源相当古老。在《孟子》中还提到了一个棋术非常高明的人叫“奕秋”。春秋战国时期是奴隶制开始衰亡、封建制刚刚兴起的社会大变革时期，也是中国古代史上文化大发展时期，数学、天文学、军事学以及体育艺术等都有了长足的发展。因此，围棋这种与数学和军事学相关的攻战布阵斗智的游戏形式，也很快成为当时社会上十分盛行的风尚。

汉代还有一种叫“弹棋”的游戏，其棋局的形状、棋子的数量和玩法都是模仿蹴鞠而制成的。这种游戏曾被曹操所禁止，但到了魏文帝的时候,这种游戏又在皇宫盛行,魏文帝曹丕自己就是一个“弹棋”迷。曾与王粲等人分别作有《弹棋赋》，称颂这种非常令人迷恋的游戏活动。

在世界各国的早期的棋类游戏中，往往都有着技术流派和运气流派两个分支。汉代的“格五”是棋类由运气向技术过渡的标志。“格五”取消了“六博”的掷骰子的方法，用技术来替代运气，这是棋类发展的一个重要突破。

象棋这种古老的中国传统游戏形式，也是在唐宋时期发展起来的。当时唐代相国牛僧儒曾在《玄怪录》一书中讲到，在唐代宝应元年发掘的一个古墓中发现一个棋局，棋子都是用金属制成，具有王、上将、军师、辎车、马、六甲等不同类型。这与现代象棋相比，在形制上极为相似，被称为“宝应象棋”。一般人们把“宝应象棋”看作是现代象棋的始祖。宋代象棋的形制已与现代完全相同。司马光和晁补之分别发明的“七国象棋”和“广象棋”在形制和方法上也与现代的象棋有许多相似之处。

始于唐宋时期的骰子戏和叶子戏等游戏形式在中国游戏史上占有相当重要的地位。骰子戏在唐代称为“投琼”或“彩战”，只要根据骰子的“彩”来决定胜负，玩法简单又可以用于赌博，很快流行起来。唐玄宗和杨贵妃就常在宫中以投琼为乐。叶子戏是中国最为古老的纸牌游戏，后来发展为影响力广泛的马吊牌。

尽管在明清思想保守禁锢的时代没有出现多少新形式的游戏，但明清时期是我国游戏史上棋牌类游戏大发展阶段，围棋、象棋等形式都已达到了巅峰阶段。清代乾隆时期还形成了九个象棋流派。一些围棋象棋的棋谱和书籍也被大量印发出来，它们对于后世的棋戏影响深远。

在牌类游戏方面，明清时期取得重大发展的主要是马吊牌和麻将牌。在《金瓶梅》第51回就有潘金莲和王潮儿斗马吊牌的描写。这种马吊牌变化繁多，娱乐性很强，深受当时人们的喜爱。马吊牌是麻将的前身，麻将大约诞生于清道光、咸丰年间，相传由太平军传入宁波，由江浙闽粤沿海地区再传到天津、北京，随即扩展到全国。由于它具有很强的娱乐性和刺激性，还可以用来赌博，所以很快成为我国最有影响的一种牌类游戏方式。

（3）体育竞技类游戏

体育从以军事训练为主的社会活动而蜕变为游戏，这使得体育这一概念至今仍然让今天的人们误视为一种旨在锻炼身体服务社会的实用活动。

实际上，从人类雅文化娱乐时代开始，体育竞技活动就完全成为了一种游戏。

古代中国的体育竞技中，最有名的游戏就是“踏鞠”。踏鞠，又叫蹴鞠，是我国最为原始的足球游戏。这种游戏活动早在3000多年前的殷商时代就已经出现，在殷商用来占卜的甲骨文中就有踏鞠的记载。蹴鞠是足球运动的最早源头和雏形，甚至在刘向的《别录》“寒食蹴鞠，黄帝所造，以练武士”中，把我国蹴鞠的起源一直追溯到了上古时代。但就现有资料考证，蹴鞠活动在商周时期已经开始出现，在春秋战国时期已经十分普及。西汉的汉武帝和霍去病都是蹴鞠爱好者，并专门设有挖于地下的“鞠城”。《汉书·艺文志》中有25篇蹴鞠经，描写皇帝贵族玩蹴鞠的情景。

汉魏时代是中国游戏史上一个承上启下的重要阶段。由于社会财富的进一步集中，门阀制度的形成，道家的无为思想的影响，使社会形成了一个游戏的热潮。此时的官家游戏异常火爆，主要有蹴鞠、棋戏、斗禽。

文学的个体活动特点，使其往往与社会经济的发展出现不同步的现象，但游戏不同，游戏是大众文化活动，伴随着经济而发展。闲暇的时间、富足的生活是游戏的社会条件和个体可以游戏的前提。于是，在中国最强盛的时期——唐宋，开始了中国游戏的一个成熟的时代。

中国现代的民间游戏几乎全部来自于唐代，而宋代的市民化和商品化，又使游戏得到了最广泛的开展。唐宋的游戏在形态上有着巨大的进步，这一时期对传统游戏形制和方法都做了必要的创新和改革，如蹴鞠在汉代是由毛发充于其中，而在唐代就变成了充气的"气球"。这种球踢起来又轻巧又富有弹性，比汉代的"鞠"要完美精致得多。另外，汉代的蹴鞠是在地下的"鞠城"中进行，到了唐代也改为在地上的球场中进行。马球在唐代时称为"击鞠"，玩马球时游戏者骑在马上，手执一柄头部弯曲的棍子，用棍子击打地上的球，最后用筹来计算胜负。这项游戏一是要求骑乘的马匹受过很好的训练，二是要求比赛者的骑术非常娴熟。由于当时盛行养马，精通马术的人也很多，因此马球游戏得以在唐代广泛开展。唐玄宗本人就是击鞠好手，他曾经参加过与吐蕃人进行的马球大赛，并且把吐蕃人打得大败。唐代的许多地方都修筑了马球场。宋代的马球游戏依然盛行，宋代文人创作的许多《宫词》中，就经常提到宫中嫔妃们玩耍马球时的情景。"步打"与马球相近，不同的是，步打游戏是一种在地面上徒步持杖打球的娱乐活动，类似现代的高尔夫球。

唐代时，玩步打游戏的主要是一些嫔妃，到了宋代，步打已经成为一种由皇帝亲自主持的大型游戏活动，直至金、元时期，步打游戏仍在社会上流行。

唐宋时代的游戏呈现出一种明显的普及化和通俗化特色。汉魏的门阀制度的消失，开明的政治，繁荣的经济，特别是商业经济，还有对外的文化交流，都使游戏在这个时代走出了皇宫官舍，来到民间。例如在宫廷中盛行的角抵、相扑在民间也广为流行。唐代时的平民百姓一到寒食节、清明节的时候，就纷纷玩起蹴鞠，宋代的民间蹴鞠活动更为普及，出现了许多专门从事蹴鞠活动的民间组织，如圆社、蹴鞠打球社等。

明清时期的游戏形式，基本上是唐宋时期的延续，这一时期游戏的总体特点是种类齐全但创新不多。在形式和种类上，明末时期堪称游戏的集大成者，凡是在古代流行过的诸多游戏活动到了明清都十分盛行。明代的蹴鞠活动不但在男子中广泛开展，而且也得到了广大妇女的喜爱。李渔《美人踢球诗》有云："蹴鞠当场二月天，香风吹下两婵娟，汗沾粉面花含露，尘拂蛾眉柳带烟……"诗中描绘了当时妇女玩耍蹴鞠游戏时那种娇柔多姿的情形。荡秋千、放风筝等一些技巧性较强的传统游戏形式在明清也广为盛行，特别是受到妇女和儿童的喜爱。小说《金瓶梅》中有一段关于吴月娘、李瓶儿、潘金莲、惠莲等几个女子一起打秋千的描写，惠莲荡秋千时，手挽丝绳，身子站得直直的，脚上踩定踏板，也不用人推送，那秋千飞起在半天云里，忽地又飞降下来，好像飞仙一般。放风筝也是明清时期的一项十分普及的传统活动。风筝起源十分古老，早在宋代时期，放风筝的习俗已经盛行于民间，到了明清，放风筝活动在妇女和儿童中广泛开展起来。清代文学家曹雪芹在《红楼梦》中，也曾写到过贾宝玉在神游太虚境，翻阅“金陵十二钗正册”时，看到册中画有两个人在放风筝的情节。曹雪芹还写过一部介绍风筝品种和制作技艺的专著，书中记载了各种风筝的品种并附有题咏和绘图。

2. 文学类娱乐

文学的基础是教育，中国人对于文学教育的重视程度从来都排在世界前列的。这种教育除了培养个人的社会管理能力外，也为丰富个人的娱乐生活提供了客观条件。文学的教育让中国这一时代的知识分子，不论是在官场还是在民间都拥有了通过文学而获得快乐的条件。

他们文学娱乐的方式如下：阅读、写诗歌、玩文字游戏。

中国的文人们在没有小说的时代，形成了自己独特的阅读娱乐的传统。诸子百家、春秋史记，中国的文人们以阅文为乐、阅史为乐，其影响一直到今天。

中国是诗歌的国度。尽管中国的科举考试一般都拒绝诗歌，但是不论科举考试的成功者和失败者，都喜欢从诗歌那里得到快乐。贤明的皇帝通常不会在政治上重用一个诗人，会写诗的皇帝大概也不是一个贤明的皇帝，但他们受到的教育都让他们喜欢诗歌，让他们中的许多人都有着当皇帝兼诗人的梦想。这种“兼职诗人”的身份，几乎是每一个受过文学教育而又不能或不肯充当职业诗人的知识分子向往的快乐目标。自皇帝开始，政治家、商人、教师、军人都愿意有一个诗人的身份，他们的创作诗歌固然不全是为了娱乐，但在创作过程中获得乐趣是不言而喻的。

中国诗歌的兴盛与中国长期处于封建社会，以及这种社会中知识分子特有的“雅文化”娱乐方式都具有一定的关系。古代文人经常以诗歌作为工具来进行各种各样的游戏，如隐字诗、嵌字诗、回文诗等都是较为典型的古代文字游戏方式。

对联实际是中国诗歌的一种特有的游戏方式。对联以一种提出难解问题的方式，带给中国人一种解题的乐趣。这种乐趣如同看一本侦探小说，所不同的是侦探小说的结局是固定且惟一的，但是对联中的下联却可以有许多种，是一种更开放性的结局。

字谜也是一种最为常见和通俗的文字娱乐方式，利用文字笔画和部首方面的不同组合方式及巧妙搭配来创制各种各样的游戏。同时利用文字书写上的特点也可创制出许多游戏形式，如我国传统的“一笔书”游戏，将几十个甚至上百个字的笔画连起来写，相互连缀没有间断。这种书写在表义上并没有什么新意，但在技巧上却显得十分新奇有趣，常被古人用来作为一种书法游戏方式。

3. 艺术类娱乐

由于物质与精神的盈余和文化水平较高，人们开始对使用艺术的方法进行娱乐产生了极浓厚的兴致，实际上这是一个最利于高雅艺术的产生与发展的时代。我们如今许多令人叹为观止的艺术几乎都是来自于古代。这些表现出雅文化特征的娱乐方式在东西方都出现于文字的使用与大众传播媒介的产生或兴盛之间。

古代希腊的富足可以养活一大批像毕达哥拉斯这样的学者。他在2500年前，就提出用数字来解释一切的主张，可以认为是“数字化传播”概念的鼻祖。同时他还是个音乐迷，在发现勾股定理的同时也找到了声音之间的数字关系，发明了音阶。

孔子一生勉强温饱，但也有自己的艺术追求。战国时代的农业经济可以养活越来越多的贵族和知识分子，同时王公贵族和知识分子对“艺”产生了兴趣。实际上，周朝时代就形成的礼乐制度，也正是娱乐生活等级化和雅致化的表现。以乐器为例，中国古代的乐器在战国时已经在周室礼乐制度的影响下趋于齐备。在弹弦乐器中有每弦发一个音的瑟和筝，有每弦发多音的琴；在吹管乐器中有每管吹一音的排箫、笙和竽，有单管吹多音的笛；还有陶制的埙、铜制的编钟、皮制的鼓、竹制的筑。

东汉蔡邕的《琴操》讲了先秦“伯牙摔琴谢知音”的故事，可以看出当时音乐雅致化的程度。《墨子·三辩》中有这样的描述：“昔诸侯倦于听治，息于钟鼓之乐；士大夫倦于听治，息于竽瑟之乐；农夫春耕耘，秋敛冬藏，息于瓴缶之乐。”这段话说明了社会等级和文化等级在音乐娱乐上的不同，难以具有雅文化娱乐能力的农夫，也不能使用属于雅文化的乐器，而只能敲一敲兼生活用具的瓦盆，仍然留在原始生活娱乐一体化的时代里。

研究先秦文化的学者发现，诸子百家虽各执一词，但是在他们的娱乐生活中崇“雅”黜“俗”的观点却大致相同。

在西方的艺术历史上，帝王的宫殿、贵族的宅子和宗教的寺院是长期的表演场所。这里的人们是艺术品的消费者，帝王、贵族和僧侣都是当时受教育程度最高的人群，同时他们用权势与金钱又庇护着许许多多合乎他们娱乐口味的艺术家。在娱乐产品被市民们购买之前，艺术家一直处于他们的恩主们的保护下，恩主们的保护措施如下：养活艺术家、培养有潜质的艺术人才、创办艺术团体、举行艺术活动。

这些恩主们在拥有权力、地位和金钱的同时，也通常具备着从小因艺术教育而培养起来的艺术修养。这使得许多帝王将相们不仅仅满足于一般意义上的声色犬马的乐趣，而追求在雅致的艺术气氛里的陶醉。有的恩主本身就是艺术家，如赵佶是一个书画家，李煜是一位诗人，印度的戒日王是诗人和剧作家，法国国王路易十四是一个优秀的芭蕾舞演员，18 世纪的奥地利皇帝约瑟夫二世会演奏古钢琴和大提琴而且是个男中音。

恩主们的文化使他们的娱乐表现出高雅的审美倾向。

法国戏剧史上在 17 世纪出现的“古典主义”就是描写“伟大人物的伟大事迹，堂皇典丽的排场，灿烂耀眼的服装，表现上层阶级的文化教养，高贵的语言，优雅精妙的笔调，有节制的适中的合礼的文雅风度”。①

中国 20 世纪中叶的艺术，特别是以“样板戏”为代表的戏剧，实质上也是这种贵族化的古典主义雅艺术变异的表现。

恩主制度下的娱乐生产在西方中世纪有另一种表现，就是游吟艺人现象。

在欧洲的中世纪，有着一群浪迹天涯的艺人，他们有的是乐师，有的是歌者，有的是小丑，有的是诗人，有的甚至拥有贵族身份。他们出入一个个封建宫廷，视王公贵族的喜好而表演各种娱乐节目，从而获得自己的温饱和几条日后可以成为娱乐题材的宫廷轶闻。游吟诗人不同于乡下的戏班子，他们混迹宫中的条件是他们必须提供

①朱光潜：《西方美学史》（上卷），人民文学出版社，1963年，197页。

给王公贵族较高品位的娱乐节目。他们可以表演魔术，可以吟咏史诗，可以唱歌，可以奏乐。

4. 酒食、收藏及旅游类娱乐

酒食、收藏及旅游等许多乐趣的大小，都是取决于某个人或者某个朝代物质与精神的盈余程度。

酒是粮食和水果盈余的产物。在丰收的年度里，人们发现了由于贮存不善而发酵的谷物和水果发出了迷人的香味。开始人们觉得酿造这种液体可以成为一种新的粮食与水果的贮存方法，但其后人们才知道，酒虽不能当饭吃，但它却可以制造一种精神上的愉快幻想。如曹操的《短歌行》："慨当以慷，忧思难忘，何以解忧，唯有杜康。"从此酒成为人们除却愁闷、寻找快乐的饮品。如果从中国江苏洪泽湖边发现的醉猿化石算起，酒已经是一种具有5万年历史的古老的娱乐工具了。而在雅文化时代里，酒给人们的快乐也往往与雅致的文化结合在一起。

雅文化时代里崇尚娱乐的人们，如诗人和帝王将相大多都是酒的崇拜者。

所谓诗酒风流。酒席间酒令一行，人们以酒助兴，才情勃发，赋诗当歌，即景联句，吟诗拆字，投壶掷骰，各逞其艺。盛酒的器皿也丰富雅致，十分考究。金庸小说中有此描写：

祖千秋见令狐冲递过酒碗，却不便接，说道："令狐兄虽有好酒，却无好器皿，可惜呀可惜。"令狐冲道："旅途之中，只有些粗碗粗盏，祖先生将就着喝些。"祖千秋摇头道："万万不可，万万不可。你对酒具如此马虎，于饮酒之道，显是未明其中三味，饮酒须得讲究酒具，喝什么酒，便用什么酒杯。喝汾酒当用玉杯，唐人有诗云：‘玉碗盛来琥珀光’，可见玉碗玉杯能增酒色。”令狐冲道：“正是。”

祖千秋指着一坛酒，说道：“这坛关外白酒，酒味是极好的，只可惜少了一股芳冽之气，最好是用犀角杯盛之而饮，那就醇美无比，须知玉杯增酒之色，犀角杯增酒之香，古人诚不欺我。”

“至于饮葡萄酒嘛，当然要用夜光杯了。古人诗云‘葡萄美酒夜光杯，欲引琵琶马上催’。要知葡萄美酒作鲜红之色，我辈须眉饮之，未免豪气不足，葡萄美酒盛入夜光杯之后，酒色便与鲜血一般无异，饮酒如饮血。岳武穆诗云‘壮志饥餐胡虏肉，笑谈渴饮匈奴血’，岂不壮哉！”

“至于这高粱美酒，乃是最古之酒，夏禹时仪狄作酒，禹饮而甘之，那便是高粱酒了。令狐兄，世人眼光短浅，只道大禹治水，造福后世，殊不知治水什么的，那也罢了，大禹真正的大功，你可知道吗？饮这高粱酒，须用青铜酒爵，始有古意。至于那米酒呢，上佳米酒，其味虽美，失之于甘，略稍淡薄，当用大斗饮之，方显气概。”

祖千秋指着一只写有“百草美酒”字样的酒坛，说道：“这百草酒，乃采集百草，浸入美酒，故酒气清香，如行春效，令人未饮先醉，饮这百草酒须用古藤杯，百年古藤雕而成杯，以饮百草酒则大增芳香之气。”

“饮这绍兴状元红须用古瓷杯。最好是北宋瓷杯，南宋瓷杯勉强可用，但已有衰败气象。至于元瓷则不免粗俗了。饮这坛梨花酒呢？那该当用翡翠杯。白乐天杭州春望诗云‘红袖织绫夸柿蒂，青旗沽酒衬梨花’，你想，杭州酒家卖这梨花酒，挂的是滴翠也似的青旗，映得那梨花酒分外精神，饮这梨花酒，自然也是翡翠杯了。这玉露酒，当用琉璃杯。玉露酒中有如珠细泡，盛在透明的琉璃杯中而饮，方可见其佳处。”[①]

美食并不是仅仅用来吃的，它必须是在满足自身生存热量需要后还可以给自己带来愉快的食品，是人们获得精神快乐的一个途径。

雅文化娱乐时代也处于一个无法让全社会解决温饱的时间段，此时对美食的追求，只可能是社会少部分人才能做到的。中国人在雅文化娱乐时代里，从来都重视美食的快乐和伴随这种快乐所能实现的社会实用价值。中国的气候和物产孕育了丰富多彩的美食资源。同时封建社会巨大的等级差距，又表现为精神和物质这两个方面——“衣分三色，食分九等”。雅文化内容很快进入了中国的食文化体系之中，同时中国的美食又早早地与中国的“礼”等社会交往和娱乐的价值结合在一起，两者相得益彰，成就了中国美食文化的极度丰富与雅致的特点。

收藏也是物质与精神盈余后的一个现象。

一个人对某种器物的喜好，往往并不是因为其实用价值。收藏家与文物商的不同就在于前者因为拥有藏品而感到愉悦，而后者更在乎出售藏品而获得的金钱。收藏者的行为积累的不是财富，而是快乐。几乎所有的物品都可能因收藏而不同凡响。一字一画、一金一石、一瓷一瓦，大到汽车机床，小到邮票火花，都会给拥有者一种独自赏玩的快乐。

---

①金庸：《笑傲江湖》，广州出版社、花城出版社，2002年，510页。

中国的古玩收藏者曾戏谑地把吕不韦立为其业界始祖。吕不韦买卖珠玉，充其量是一个珠宝贩子，他最成功的收藏也不是收藏珠宝，而是“收藏”了两个未来的帝王，最后“卖”了个大价钱。

旅游娱乐起始于雅文化娱乐时代而延续至今。人类进入农业社会之前，经常会为了寻找更合适的生存空间而迁徙。这种迁徙不可以视为旅游，因为其最终目的是生存而不是娱乐，具体说来就是因为生产资料匮乏，而不是因为生活富足。人类真正的旅游行为是在农业社会之后。当农业社会将人们的活动范围大致固定后，当农业社会开始让少数人获得经济和时间富足后，在外面的世界里得到新鲜的感觉才成为旅游形成的原因。这时的旅游者一般都是雅文化的拥有者，于是他们可以让诗歌、文字、绘画、酒食等与旅游有机地结合。在中国诗歌的形成中，旅游起到了特别重要的作用。

三、粗俗的市井

在农业社会的后期，由于商品经济的发展，城市的数量越来越多，城规模也越来越大，城市不仅仅是政治中心，还是经济中心。这里出现了一个与农民群体不同的市民群体。

市民群体的生活方式与农民有着极大的不同，他们的城市娱乐方式也与农民有着较大区别。在这个时候，农民的娱乐方式仍然呈现为工作娱乐一体化状态。帝王将相和官吏及知识分子的雅文化娱乐虽然在继续着，但在他们的城市里，有另外一群人悄悄地并且积极地寻找着属于自己的快乐。以城市市民为主体的娱乐人群，使娱乐方式发生了重大的变化，他们确定了城市娱乐的基本形态。这群市民很少看书，那时的书他们还看不太懂。他们于是就花上几个钱，去听艺人们的说书。

过去只在宫廷里表演的娱乐节目，过去只为迎合着恩主们的娱乐节目开始走向街头，走进更开放的剧场、酒吧或咖啡馆。“旧时王谢堂前燕，飞入寻常百姓家”，过去在宫廷里和受到恩主们呵护的艺人们，开始从市民的钱袋里看到了自己新的希望。

在欧洲，艺人们开始离开过去的宫廷和豪宅，进入一个个咖啡馆。在 18 世纪初的法国巴黎，出现了许多花钱就可以欣赏艺术表演的著名咖啡馆，如“普罗科普”“摄政”“洛林”“面包与干酪”等。

色情也是市井娱乐时代的重要特色。

无论是中国的封建时代还是欧洲中世纪，性的内容开始成为社会少数人的生活娱乐内容。

这时，当社会的多数人受到宗教和礼教的限制而谈性色变。但是，当市井娱乐时代到来的时候，有钱而少有道德约束感的市人，把曾经只属于王宫的妓院开到了城市里的大街小巷。这时，连卖油郎也可以“独占花魁”了。今天，我们还可以从中国的“三言”“二拍”和《金瓶梅》那里，看到中国宋元后的市井娱乐的色情特征。

市井娱乐对于普通百姓来说，与农村的娱乐生活有着巨大的不同。

美国的休闲学学者杰弗瑞 · 戈比在他的《你生命中的休闲》一书中列出了两个农村与城市的休闲方式的对比表（见表 3.1）。

表 3.1

农村娱乐	城市娱乐
户外 多有宽阔的场地，河流，户外游戏	室内 多在特殊的建筑和家里，室内游戏
参与 更多依靠自己的休闲，更多的谈话和交流	观察 更多依靠专业演员，更多大众传媒，更多阅读
非商业 很多在学校、家里和公共建筑中活动	商业 主动为娱乐场所、剧院、商业机构付钱
以群体为中心 家庭活动、教区	以个人为中心 尊重个性；家庭约束力小
选项有限 居民的兴趣范围相对很小	选项丰富 个人的兴趣爱好和休闲类型非常丰富
普及性活动 很少有机会发展或运用特殊的游戏技巧	专业化活动 需要更多的专业训练
源于实际生活 休闲是家庭生活和劳动技艺的派生物	源于文化 兴趣在艺术性的活动中迷失
自发性 几乎不需要对游戏活动的正式组织	组织性 依靠娱乐专家
以身体为主 从体力劳动中演化出来的体力游戏	以智力为主 更多的阅读和创造性活动
无阶级性 与阶级地位无关	阶级性 休闲是地位的标志
保守 游戏方式改变很慢	时尚 紧跟时尚

上述的归纳是传统农村和现代都市的休闲生活的比较，其中我们可以看到人类社会在商品经济促生下的城市，所出现的与传统的农业社会所不同的娱乐方式。

雅文化时代的农夫们的娱乐生活还难以和他们的现实生活区分的话，他们的具体娱乐方式当然更是难以和帝王将相、官员和知识分子相比。但是，市井娱乐时代却不同了，城市街头的娱乐是完全可以与宫廷和豪宅里的娱乐不分伯仲。并且最后还要让娱乐从宫室走向大街，让它不再成为少数人的特权而面向大众。

如果我们把两个时代的主体娱乐生活进行比较的话，我们看到了这样一些不同：

表 3.2

雅文化娱乐时代	市井娱乐时代
职业知识分子、官员及贵族王公	以城市居民为主的人群
自我组织的娱乐形式，许多娱乐都是通过自我娱乐而完成	商业化的娱乐形式，他人表演的形式成为主体
娱乐者具有较高的文化程度	娱乐者的文化可以在最低的水平

在这个时代里，娱乐表现出如下的特点：

1. 市民化：娱乐的对象已经不是乡村的农民，也不是官吏与知识分子，而是一群做小生意的商人和他们身边的人，包括家人、亲戚、朋友还有他们所雇的员工。这些人的人生目标、价值观念、生活方式都与传统的人们有着极大的不同，这使得他们的娱乐内容和方式都出现了一个全新的变化。

2. 商品化：娱乐在这个时候完全以商品的形式出现，娱乐产品的生产目标替代了艺术的单纯追求。艺术只是创造娱乐的手段。从戏剧到说书以至于青楼妇女，都是可以用钱购买的娱乐产品。

3. 表演化：这个时代的主体娱乐样式是表演艺术。中国的古代小说从这时的评书产生，而欧洲出现了莎士比亚和莫里哀的戏剧。

4. 通俗化：市民的教育水平和娱乐追求，使雅文化的娱乐方式受到了挑战。在此时，以性为主题和内容的娱乐成为这个时代的典型娱乐方式之一。在这个时代，世界各国都不约而同地出现了第一个色情艺术的高潮。

面对粗俗的市井文化，几乎所有的政府，都会在雅文化和社会安全的要求下，出台相应的治理方案。

四、收工之后

从欧洲中世纪的晚期到工业革命的到来，这段时期是资本主义工业化社会的前期。农民离开了自己的土地，走进了每天工作近20小时的工厂。美国社会学家葛拉亚齐有这样的描写：

> 他们一直过着闲散随意的生活。一个鞋匠早晨愿意什么时候起床就什么时候起床，愿意多会儿开始工作就多会儿工作。要是外面出了什么新鲜事，他会撂下手里的活计跑出去看热闹。要是哪天他在小酒店里又喝又聊花了太多的时间，他会工作到半夜作为补偿。①

---

①[美]杰弗瑞·戈比：《你生命中的休闲》，康筝、田松译，云南人民出版社，2000年，39页。

但是在资本主义的社会里，工作和娱乐已经有了严格的时间和地点的划分。

对于这样的生活，刚刚走进工厂的农民们有点不适应，于是出现了“卢德运动”那样的憎恨机器的现象。这个时候，工人们的“工余时间”（time off work）才开始受到重视。致力于为无产阶级争得休闲权的拉法格，在其1884年发表的《懒惰权》中指出：

无产阶级若要认识到自己的力量，就必须坚决摒弃基督教的、经济的和自由思想的道德偏见，就应当恢复他们的天然本性，就应该宣布他们有懒惰权——这一权利要比资产阶级革命的形而上学的辩护士所炮制的干巴巴的人权神圣高贵千万倍——他们应该每天只工作三小时，而在其余的时间里尽情地娱乐或者闲荡。[①]

从这时开始，休闲越来越成为一个重要的概念。也就是说，与娱乐相比，休闲并不是人类自由追求快乐的原始概念，休闲也只是一个历史概念。

在这一时代，资本家开始炫耀财富的同时，炫耀自己的娱乐时间。他们有的人继续享受着旧时代贵族的雅文化娱乐，有的则被市井娱乐时尚和通俗的方式所吸引。凡勃伦就在《有闲阶级论》中谴责这些人，要么花费时间，要么花费金钱：

根据以上关于明显有闲与明显消费发展情况的观察看来，两者

---

①《拉法格文选》，人民出版社，1985年，70页。

所以同样具有博取荣誉这个目的上的功用，是由于两者所共有的浪费这个因素。在前一情况下所浪费的是时间和精力，在后一情况下所浪费的是财物。两者都是表明拥有财富的方法，同时两者也习惯地被认为是一而二的。①

《我是猫》描述了日本一群知识分子的生活，其中“学术”已经成为雅文化娱乐。最早出现在《奥德赛》第22卷里12名侍女被绞死的内容，引起一场书中的知识分子们关于绞刑执行方式的议论，他们分别设想出像洗衣店晒衬衫一样横向的绞刑方式和挂红灯笼似的纵向的绞刑方式，并运用力学理论分析绳子与地面形成的角度，绳子各部分的受力情况，并推导出一个系列方程来论证怎样才能实现一次成功的绞刑。

这时，工人的娱乐只有在极可怜的时间里，以一种较低层次的娱乐来减轻自己生活的痛苦。赌博、酗酒和暴力成为资本主义时代，特别是前工业时代的工人们最主要的娱乐活动。高尔基在小说《母亲》中，这样描写他们的生活：

他们彼此见面时，讲工厂，谈机器，骂工头，——说的和想的都是与做工有关的事。在这千篇一律的枯燥日子里，呆板的、无能为力的思想不时也迸发出一些孤零零的火花。一回到家里，他们就和妻子吵闹，甚至常常挥舞拳头痛打她们。年轻人常下小酒馆，或

---

①[美]索尔斯坦·凡勃伦：《有闲阶级论》，蔡百受译，商务印书馆，1981年，65页。

者晚上轮流到各家聚会，拉手风琴，唱淫荡难听的小调，跳舞，说下流话，酗酒。疲惫不堪的人们，很快就喝醉了，郁积在心头的那股病态的无名火，瞬时发作起来，非得找个地方发泄不可。因此，只要一有发泄这种焦躁心情的机会，人们就从不放过，为了一些微不足道的小事，便会像疯狂的野兽一般相互厮打，往往打得头破血流，有时会打成残废，甚至把人打死。①

商业的冒险使赌博成为17世纪欧洲最崇尚的娱乐。美国的历史学家芬德里曾经把美国的西进运动与赌博视为相同的行为：

美国从17世纪兴盛到20世纪的赌博和西进运动，所崇尚的都是冒险、投机和变迁。赌博和西进促成了一种独特的文化，像赌徒一样，西部的拓荒者们不断地捕捉每一个空手套白狼的机会——抢占荒地、开发金矿、投机西部房地产。②

对于这种夸富和示勇的行为，社会对其消极的一面有着过度的批判，尽管这种批判不能消灭存在于国外的赌场和国内的麻将。而且有些政府对于赌博的态度也是模棱两可的。

饮酒从来就是一种重要的属于男人的娱乐。人们曾经把酒当成贮藏水果和粮食的手段，但是后来，酒却成了人们的娱乐饮品。在中国，它还成了艺术食品。饮酒是最省时、最简单、最便宜的娱乐方式。

---

①[苏]高尔基：《母亲》，夏衍译，人民文学出版社，1973年，4页。

②[美]凡勃伦：《有闲阶级论》，蔡百受译，商务印书馆，1981年，400页。

这种东西可以让工人忘记生活的不幸，产生快乐的幻想，刺激他们的另两种娱乐——性娱乐和暴力娱乐的欲望。

前工业娱乐时代的男性娱乐中充满了暴力的色彩，暴力本身就是男人的传统娱乐内容之一。雅文化用文明的替代物取代直接的暴力，但我们仍然可以发现角斗与幸存的因素，比如各种棋类游戏。但前工业娱乐时代的工人更喜欢的是斗牛、拳击、足球等运动。今天我们还可能看到几乎在每一个工业城市都有最狂热的足球球迷群体。体育比赛在的兴起，就是暴力与赌博成为社会娱乐的证明。这里所谓的“体育”从来没有健身的含义，而是一种角斗，而这里的“比赛”的实质就是输与赢。

西方社会像凡勃伦指责社会上层人士娱乐行为的不道德一样，也开始在这一时期批判社会下层娱乐的非道德性。妓院与酒成了首先受到攻击的目标。政府在这一时期开始重视大众的娱乐方式，并加强了管理。这种管理分成两个方面：一是政府提供了越来越多的公共娱乐设施，如兴建体育场馆和公园，扶持旅游业；另一方面，就是政府制定法律来制约社会的部分娱乐活动，如美国在20世纪20年代开始了长达10年的禁酒令。但是今天有观点认为，美国历史上对内政策的两大错误，一个是任由麦卡锡主义泛滥，另一个就是推行禁酒令。

五、大众传媒成为玩具

大众传播娱乐时代最重要的现象首先是小说的出版。

小说的出版本来是始于雅文化娱乐时代的末期。在雕版印刷时代，出版书籍是一项费用昂贵的事。人们很少为娱乐而出版书籍，重要的出版活动都是由国家来统一组成和完成的。书籍给予人们更多的是实用性的文化内容，而少有娱乐的内容。但中国的知识分子却可以从实用性文化书籍里得到阅读的快乐。比如从历史类的书籍里去寻找有趣的历史事件情节，就像是以后读小说那样。当时以个人名义出版一本书是非常艰难的，在欧洲中世纪许多书中都有“本书献给——”的字样，要献给的这个人往往就是资助此书出版的某位恩主。

当大众传播的水平达到可以用印刷机来印书的时候，文学变成了商品。这时，小说给人们带来了前所未有的乐趣。

1833 年，23 岁的美国小伙子本杰明·戴在纽约创办了《纽约太阳报》。这份只卖 1 美分的报纸，改变了以往注重政治信息的风格，开始刊登一些娱乐化的实用信息，第一年发行量就突破了一万份，成为美国第一家成功的廉价报纸。《美国新闻史》在论述这一章的时候，为这份近于黄色报纸的通俗小报做了一个辉煌的标题——太阳升起来了！从新闻史的角度看，《纽约太阳报》让报纸走上了一条康庄大道。它的成功不仅仅是因为价格便宜，而是因为它是一份大众化的报纸。在这份报纸里，充满了当时严肃报纸所没有的煽情的或耸人听闻的社会新闻，而社会新闻至今仍是公众从非实用性的新闻中获得娱乐的最主要的方式。这个印刷厂的小老板，虽然并没有提出什么新闻理论，但因他对金钱的渴望，让他最早了解到了读者大众最希望从报纸上看到什么、什么新闻能让读者感到快乐。

与此同时代的马克思把报纸划分成政治报刊、哲学报刊、宗教报刊和娱乐报刊。这种直接的划分方法却一直为许多研究马克思新闻思想的学者所忽视。实质上，对娱乐报纸的认同是寻找新闻规律极重要的视角。

从《纽约太阳报》开始，报纸、电影、电视、广播、杂志、书籍共同组成了一个庞大的大众传播的娱乐媒介群，快乐的阳光开始普照这个世界上的人。从19世纪末开始，电子传播媒体以其强大的娱乐功能，让人们看到了娱乐媒体族群的存在。施拉姆在他的《人类传播史》论及这一时期的时候，他给这一章的标题是“生动的声音与画面加入大众媒介”。

1982年，联合国教科文组织要求各国提交电视节目时间比例报表的时候，将新闻与其他节目分开，结果全世界的电视新闻平均大约时长仅占了电视节目的12%左右，每8分钟的电视节目中才有1分钟是电视新闻，而电视娱乐节目的时长却是电视新闻的4倍。

大众传播媒介使娱乐实现了社会化，成为社会行为甚至风俗的一部分。大众传播媒介在相当长的时间里都是以满足社会最大的人群为目的的：便士报让所有识字的人有了津津乐道的谈资、广播让进不起剧场的人们看到演出、一本畅销小说可能让所有的人都去阅读和谈论、一部热播中的电视剧会造成万人竞相观看的效果。大众传播让娱乐从少数人眼前走到大众的视野之中。

人类几乎所有的娱乐内容和方式都呈现在这个媒介群体中。同时，大众传播又创造了或者改造出许多属于自己的独有的娱乐样式。同时原有的娱乐内容和方式受到了媒介群体的特征的改造。NBA的“官方暂停”就是为了配合电视转播而特意设立的。这时，传统的游戏因媒介而改变了规则甚至样式，电影《红楼梦》就是一个100分钟左右描述贾宝玉与林黛玉爱情故事的作品，在电视剧里就可以延展扩大成一个长达数十小时的全景大戏。大众传播媒介群体同时还创造出许多独有的娱乐内容和方式。电视的速配节目，就是把生活中的长时间的恋爱过程浓缩成一个小时，同时把原本属于隐私的行为公开化而满足人们的偷窥乐趣。

大众传播媒介成就了发达的娱乐产业。在网络没有完全进入人们的娱乐生活之前，20世纪末的世界大众传播媒介成了全世界人民最重要的玩具之一，20世纪90年代如美国的娱乐类视听技术文化产品的出口额达600亿美元，取代了航空航天工业的位置，成为美国出口总额最高的行业。

六、快乐的网络

进入20世纪的最后10年，网络让电脑和手机终于由单一的工作和通信工具变成了玩具。

《数字化成长——网络世代的崛起》的作者，美国人唐·泰普斯科特讲过一句名言：电脑其实是个价值3000多美元的玩具。

N世代觉得应该寓工作于娱乐，两者之间没有明确的界限，在最喜欢勤奋员工的公司眼里，这简直不可理喻，按老规矩，工作的时候就要工作，放松娱乐有另外的时间。现在这两部分融为了一体，因为N世代觉得人应当尽量享受自己的生活，希望工作的本质能让人得到感情上的满足。在他们看来，工作的时候休息一下，看看自己的个人社交媒体的主页，或者去玩玩线上游戏，没什么不好。80%的青少年都会玩线上游戏，他们工作了以后会把玩线上游戏当作发泄的一种方式……他们觉得没有什么必要，在生活的不同方面之间划定界限，只要能把工作做完，不如让他们在各方面之间自由切换吧。[①]

与大众传播媒介的娱乐现象相比，网络娱乐具有如下特点：

1. 娱乐的同一性

在网络媒介出现之前，人类的各种传播方式以各自独立的媒介形态传播信息，然而在网络时代，人类各种信息传播方式却在一种媒介形态统一起来。人们在茶馆和咖啡馆聊天，在剧场和沙龙里看艺术表演，躲在家里看电视，坐在影院看电影……今天，网络媒介让人类的所有传播行为融合在一起，也同时让人类的所有的分散于各自传播方式中的娱乐传播行为汇集到了一个媒介之中，这是前所未有的信息传播现象，也是前所未有的媒介娱乐现象。

2. 虚拟的而又互动的游戏世界

网络游戏最可以体现虚拟与互动的娱乐特征，这里有最浪漫的想象，但由于游戏玩家的互动，使得这种最具有幻想的世界里充满了现实的真实感。中国互联网学者王冠雄这样赞美网络游戏：

古语说，人生如戏，现在看人生更像游戏，在未来世界里，一切行业都是娱乐业，一切遭遇都是打游戏，虚拟游戏和真实生活的边界更模糊，水乳交融，也许我们不得不拥抱现实，以游戏的心态去享受，以侠客的风度去驾驭。[②]

---

①[美]唐·泰普斯科特：《数字化成长3.0版》，云帆译，中国人民大学出版社，2009年，83页。

②[美]简·麦戈尼格尔：《游戏改变世界》，闾佳译，北京联合出版社，2016年，2页。

3. 娱乐者身份的变化

社会的全体成员都可以成为媒介产品的生产者。网络兴起之初，麻省理工学院的教授尼古拉斯·尼葛洛庞帝提出“每个孩子一台笔记本电脑”的目标已经基本实现。娱乐产品的生产者不再仅仅是作家、导演、演员，而是全体社会成员。民间文学更是借助互联网形成了“网络文学”现象，甚至改变了许多业余文学爱好者们的生活。网络文学作家邢育森描述过自己的创作心态：

在上网之前，我一直就以为我这一辈子就会做一个电信行业的工程师或者科研人员了，我的所有时间和精力，也都是在为了这个目的积累和做准备。是网络，是这个能自由创作和发挥的天地，激励了我本已熄灭的热情，重新找到了旧日那个本来的自我。我还想说的是，我不是一个专业作家，我不用靠写文章养活自己，也无意在文坛成名成腕如何如何。[1]

4. 个性化的娱乐

大众传播媒介从诞生的那一天起，就一直面临“雅俗共赏”的矛盾。大众化和俗文化的传播成为大众传播受到批判的重要缘由，普遍看法认为，19 世纪之前的个性文化产品在电视与电影时代已经消失了，而取而代之的是批量化、非个性的文化工厂流水线上的通俗文化商品。

网络时代里，“长尾理论”下的娱乐产品真正有了生存的空间。

---

①欧阳友权：《网络文学概论》，北京大学出版社，2008年，136页。

网络时代里，许多娱乐信息本身就是非商品。许多娱乐信息并不需要花钱购买获得，比如下载免费的音乐、图片，或者把文章转载到自己的网络空间里。

许多娱乐信息仅仅属于个人、朋友之间以及组织之间的娱乐，如在社交平台上聊天、在组织网络上戏谑一下上司等。这种个性化的娱乐行为也许从传统的认识角度，会被视为质量低劣的、民间化的娱乐产品，但这些属于传播者个人的隐私或某个特定的范围内分享的内容，制造者和参与者并没有向全社会传播的目的，所以这种娱乐行为并不值得进行道德批判。

5. 快乐意愿下的选择

海量的信息，让娱乐者具有了最大的选择空间。美国学者凯斯·桑斯坦在他的《网络共和国》一书的开头描述了这样一个状态：

也许你只想看运动节目，讨厌商业或政治节目，这容易极了，你可以选择傍晚回放的橄榄球赛，晚上在纽约现场直播的棒球赛和周末的大学篮球赛。如果你讨厌运动节目，想在晚上学些与中东有关的事，在深夜看点喜剧老片，这同样不费吹灰之力。如果你只关心美国发生的事，对国际事务完全不感兴趣，你也可以设定只看与美国相关的节目，或是只报道纽约、芝加哥、加州或长岛的消息。

如果你对新闻节目没兴趣，觉得那很无聊，你可以跳过，只看音乐节目和天气预报。你还可以深入地选择歌剧、贝多芬、滚石合唱团或现代舞，甚至在里头选择分类更细的节目。如果你对政治感兴趣，或只喜欢某些人的观点，只要简单选择一下，你就可以设计自己喜欢的报纸。它可以是保守的、中间路线的、自由派的、偏素食主义者的、带宗教色彩的，也可以是具有社会主义倾向的。里头没有你讨厌的那些人，只有喜欢的专栏作家，又如果你对某些主题特别感兴趣，你也可以在枪支管制、全球温室效应或肺癌这些议题上多花些时间。[①]

6. 我的时间

从广播时代开始，“黄金时间”就是广播与电视的一个重要概念，但这个概念在网络时代开始被颠覆了。网络打破了广播电视线性传播的特点，或者是完全兼容了广播电视固有的线性播出规律。

广播电视编排的顺序要符合受众的作息时间表。传统电视的“黄金时间”，指的是早间一个小时、午间的一个小时、晚上的四个小时，此外受到关注的只有重要突发事件。但是今天，人们开始把黄金时间的节目放在了自己最适合的时间里欣赏，黄金时间的电视剧和娱乐节目已经不能成为观众们按时坐在电视机前的因素。

7. 低价格的娱乐产品

大众传播媒介提供娱乐的最重要特点，就是其价格的低廉。这种低廉一方面源于大众传播生产的巨大的复制能力，另一方面是因为大众传播的技术让娱乐商品的生产变得越来越简单。

数字娱乐产品的低成本，继承了大众传播媒介所开启的，特别是电子娱乐产品低成本的传统。人们买来一台收音机或电视机，似

①[美]凯斯·桑斯坦：《网络共和国》，黄维明译，上海人民出版社，2003年，1页。

乎就把之后的娱乐产品都买回家里，如果他们不考虑广告问题，他们就认为后续的节目产品都是免费的了。电子时代技术发展的重要目标就是让产品变得更便宜，于是就有了从胶片到磁带到数字载体的飞跃。动画电影从堆积如山的画稿，到现在可浓缩进一个小硬盘，数字技术让原本令人生畏的工作变得越来越简单，越来越便宜。20世纪30年代制作的《白雪公主》用每秒24幅彩色手绘画稿组成的，是数百名画家长达一年之久的劳动，而今天绝大部分的工作都可以交给专业的软件。

下面是有关大众传媒娱乐与网络娱乐的对比：

表 3.3

大众传媒娱乐	网络娱乐
娱乐的控制权在媒介人手中	娱乐的控制权在自己手中
把关人有至高的权力	把关人的权力弱化
受文化与法律的强化约束	只受法律的弱化约束
观察	参与
通俗的娱乐产品	不同层次的娱乐产品共存
多媒介使用	由多媒介使用向单一媒介过渡
娱乐产品的生产者是专家和企业	娱乐产品的生产者由专家企业扩大到了个人，娱乐产品生产的全民化
娱乐产品的虚拟化程度不高	娱乐产品的虚拟化程度提高
娱乐过程的互动化程度不高	娱乐过程的互动化程度提高
娱乐的时空选择有限	娱乐具有的时空选择在扩大
娱乐者存在着地域的阻隔	娱乐者可以实现全球一体化
娱乐内容重视同一性，忽视个性	娱乐内容在个性扩大同时，同一性也在扩大

第四篇　小说家（上）

忧来无方，窗外下雨，坐沙发，吃巧克力，读狄更斯，心情又会好起来，和世界妥协。

——列夫·托尔斯泰

一、实用的书与娱乐的书

书籍记录下的信息内容与人类用语言等其他方式记录信息内容一样，就其使用的功效来说，一是理性的认识，二是娱乐的满足。前者也称为实用性信息，后者也称为消遣性信息。图书因此可分为：实用类图书和娱乐类图书两大类别。

首先我们必须承认，在大众传播媒介形成之前，人类书籍出版的活动主要是满足实用性信息的传播。人类对自然与社会的认识，通过书籍得到记录和传承，这是人类文明历史记录的重要线索。自然科学与社会科学都是人类认识的结晶。由于认识的目的是理性的结论，因而科学的记录总是体现着认识的严肃性。于是，书籍的历史中，有相当多的内容都是人类严肃的理性认识的记录。20 世纪 70 年代，在叙利亚出土了公元前 2400 年前的 1.7 万块泥板，这其中，包括金融、经济等行政材料占了绝大部分。

实用类图书是图书史前 500 年出版史的主体。实用类图书在一定历史时期内重要价值的突出，是有其社会根源的，人类在漫长的历史中，认识世界对于其生存与发展具有绝对重要的意义。科学技术的进步、经济繁荣的需要都使社会政治、经济和文化中的实用信息在书籍出版时得到重视。而具有娱乐作用的书籍，则长期无法进入书籍出版的主流地位。

实用性书籍包括宗教经典、教材、科学专著三个类别。直到19世纪，随着社会教育的普及和人本文明的确立，通俗文学书籍才挑开始取代宗教书籍成为重要的出版物。

二、历史、宗教下的真实或虚构

历史与宗教是两个最重要的文学之源，也是实用信息向娱乐信息转化最重要的过渡。

历史给予了文学现实主义的素材，宗教提供了文学浪漫主义的想象；历史给文学提供了人物和故事，宗教给文学提供了虚构与幻想。于是，在历史与宗教的横纵坐标的交会处，提供娱乐的文学诞生了。

宗教是书籍发展的主要推动力。几乎所有的出版史都记录了这样一个事实，那就是宗教人员是最早的读书人，庙堂是最早的图书馆。在欧洲，教堂里还产生了大学教育的雏形。欧洲人在漫长的没有小说的时代里，阅读以《圣经》为代表的宗教文学作为自己的消遣。

美国电影剧作理论大师罗伯特·麦基在《故事》一书中写道：

人类对故事的胃口是不可餍足的。设想在地球上的普通一日，有多少故事在以各种形式传送着：翻阅的散文书页、表演的戏剧、放映的电影、源源不断的电视喜剧和正剧、二十四小时的报刊和广播新闻、孩子们的睡前故事、酒吧内的自吹自擂、网上的闲聊。故事不仅是人类最多产的艺术形式，而且在和人类的一切活动——工作、玩乐、吃饭、锻炼——争夺着人们每一刻醒着的时间。我们讲述和倾听故事的时间可以和睡觉时间相提并论——即使在睡着以后我们还会做梦，为什么？我们人生的如此之多的时间为什么会在故事中度过？[①]

故事是人类永恒的需要，是人类娱乐的最古老的内容之一。在没有小说的时候，神话、历史、民间传说都在提供着让人类着迷的故事。故事可以源于真实事件，也可以是虚构的。在今天，故事可以是一篇新闻报道，也可是一部神话小说，但是故事有着共同的内容，那就是人的命运。

故事是好莱坞战胜欧洲电影的法宝。美国作家协会每年要把35万个剧本登记下来供好莱坞挑选，每年投资数亿美元用于剧本的开发。于是，好看的故事最终战胜了深刻的思想、新颖的视听语言，使得欧洲电影最终把世界电影的市场让给好莱坞。

直到19世纪，欧洲的天主教思想中，仍然存在着对想象与虚构的否定。

19世纪的传统礼教似乎继承了这一观点，对读者跨入虚幻的殿堂始终难以释然。埃德蒙·威廉·高斯(1849—1928)在其自传《父与子》(Father and Son)中生动记述了这种残存的反感，事情发生在高斯母

①[美]罗伯特·麦基：《故事—材质、结构、风格和银幕剧作的原理》，周铁东译，中国电影出版社，2001年，13页。

亲身上。19 世纪初，当她还是个孩子的时候，曾喜欢无拘无束地读书、编故事，但是在严格的加尔文教家庭教师的教育下，她开始相信这种“娱乐”是有罪的。29 岁时，她在日记中写道：“从那时起，我认识到编造任何故事都是有罪的。”后来，她和丈夫开始用加尔文主义教育儿子，孩子没有听说过海盗，只听说过传教士，没有听说过仙女，只听说过有蜂鸟。[①]

故事可以是真实的，但虚构却给故事插上了自由的翅膀。

三、古希腊与古罗马的诵读

古希腊人直到亚里士多德和亚力山大大帝的时代才开始重视书籍。在此之前，苏格拉底鄙视文本而崇尚口语，柏拉图在《理想国》里不肯接纳诗人，表明了他对虚构和娱乐的文字抱有一定的敌视。公元前 4 世纪，希腊与埃及的联盟，来自尼罗河的纸草，给希腊带来了书面文化。亚里士多德有了自己的个人藏书，而亚力山大的继承人之一托勒密则建立了亚历山大图书馆。在这个图书馆里，我们从图书的分类看出了娱乐书籍已经成为人们阅读的重要部分。在馆藏 120 书卷的目录里，书籍分成八类：戏剧、讲演、抒情诗、历史、立法、医学、哲学和其他。亚力山大大帝也曾感受到了阅读历史故事的乐趣：

据《亚历山大大帝传记》的作者、希腊哲学家普鲁塔克 (46–120)

①[新西兰]史蒂芬·罗杰·费希尔：《阅读的历史》，李瑞林译，商务印书馆，2009年，50页。

称，在亚里士多德的教导下，亚历山大大帝最终成长为“一个酷爱各类学识的人”。无论走到哪里，他总是随身携带着荷马的《伊利亚特》和《奥德赛》两部书卷。公元前323年，在巴比伦逝世的时候，他的手中还紧握着《伊利亚特》的一个卷本。[①]

此时，读书成为古希腊人的时尚，他们让识字的奴隶为家人读书。古希腊医生甚至把一个书目当成药方交给病人。“希腊小说”也在这个时候出现了，这种纯粹的虚构故事在欧洲和阿拉伯世界娱乐阅读史中有着重要的意义：

完整保存下来的最早的一部小说大概出自公元2世纪，开头这样写道：“我是阿弗罗迪斯亚斯，是阿忒纳哥拉斯律师的书记员。我给你讲述一个发生在锡拉库扎的爱情故事……”[②]

古希腊小说的题材主要是冒险与爱情。男人更喜欢史诗和戏剧，而小说更多的读者是女性。

罗马帝国的兴起到基督教的盛行，古罗马人经历了一个前所未有的读书时代。版图庞大的帝国使文字代替口语，成为最重要的传播信息工具。家庭藏书与沙龙式的诵读成为时尚，这个习俗直到公元6世纪随着日耳曼人的入侵才衰落下来。下面的引文描

①[新西兰]史蒂芬·罗杰·费希尔：《阅读的历史》，李瑞林译，商务印书馆，2009年，50页。

②[新西兰]史蒂芬·罗杰·费希尔：《阅读的历史》，李瑞林译，商务印书馆，2009年，53页。

述了古罗马人读书生活的情景，也从中看到了他们完全进入了娱乐阅读的状态：

餐时，我（小普林尼）当着妻子和朋友的面，捧起一本书诵读。餐后，我们一起欣赏喜剧，或者听人弹奏竖琴。之余，我们一起散步，其中不乏博学的朋友。傍晚，大家谈天说地，不拘一格。即使是最长的一天，也过得很快，饶有兴味。[①]

像希腊一样，公开诵读在整个罗马帝国同样时尚风行。奥古斯都本人也友好地、耐心地参加过罗马的朗诵会，朗诵会上，作家介绍自己新作的诗文、史话和故事，参加的人有懂读写的朋友、同行的学者或诗人，还有他们的家人、家族中的支持者以及普通听众。观众或喊出声表示赞同，或在诵读的间隙鼓掌，听到特别令人激动的片段还会一跃而起为之喝彩。[②]

许多富有的贵族专门为了诵读会而在自家的宅地布置了观众席。[③]

与希腊不同的是，罗马的榻卧款式更为多样，有一款就是专门为读书设计的。[④]

马提雅尔提到过有人打猎时还用网兜提着书卷的事情。贺拉斯

①[新西兰]史蒂芬・罗杰・费希尔：《阅读的历史》，李瑞林译，商务印书馆，2009年，45页。

②[新西兰]史蒂芬・罗杰・费希尔：《阅读的历史》，李瑞林译，商务印书馆，2009年，66页。

③[新西兰]史蒂芬・罗杰・费希尔：《阅读的历史》，李瑞林译，商务印书馆，2009年，66页。

④[新西兰]史蒂芬・罗杰・费希尔：《阅读的历史》，李瑞林译，商务印书馆，2009年，70页。

到乡下别墅去的时候总会带上要读的书卷……像现代人一样，许多罗马人喜欢在旅途中读点东西，书商们甚至还专门造出了一种旅行卷轴。①

公元1世纪，塞内加疾言反对当时的炫耀家藏卷轴之风。他如是说："许多人没有受过教育，没有把书当作学习的工具，而是当作餐厅的装饰。"他进而指责卷轴收藏者说："他们喜欢的是书的装帧和标签。"在他们的家里，他生气地说道："你可以看到，书架上摆满了演说者和历史学家的整套著作，一直摞到了天花板。对于富裕家庭来说，图书馆已成了一种装饰，就像盥洗室一样不可或缺。"②

中世纪的黑暗在于教会控制了文字和书籍，欧洲各民族的语言统一于拉丁文，所有的书籍归于教堂，人们在众多的集体活动中，只能用耳朵去"读"书。游吟诗人开始还可以用民族语言把爱情和冒险的传说讲给众人，但他们的权利又为教士所剥夺，教士们用拉丁语乏味地解读着教义的故事。直到中世纪的后期，人们才开始恢复了读书的习惯。诗人乔叟在他的《悼公爵夫人》一诗中写道：

又一晚，夜色深沉，
我难以入眠，端坐在床。

---

①[新西兰]史蒂芬·罗杰·费希尔：《阅读的历史》，李瑞林译，商务印书馆，2009年，70页。

②[新西兰]史蒂芬·罗杰·费希尔：《阅读的历史》，李瑞林译，商务印书馆，2009年，71页。

有本书伸手可及，
随手取来，是浪漫传奇。
读书驱走了漫漫长夜。
读书之于我，
胜过下棋或打牌。

四、小说的诞生

第一种真正体现大众传播娱乐的是小说。

欧洲在17世纪不再使用拉丁文出版学术书籍，开始使用民族语言出版书籍，小说开始复兴。由于书籍价格较高和识字率较低，17世纪的人们还喜欢听人诵读小说。听书的人们虽然不是小说的购买者，但却成为了小说的第一批爱好者，他们的喜好影响到了之后小说家们的创造方向。不识字的人们也感受到了小说的魅力，一个小旅馆的老板这样说：

每到收获季节，这里都会聚集很多来收割的人，其中总有个把识字的。他手里拿着一本这样的书，有30多人围着他。我们都认真地听他念，仿佛觉得自己也年轻了。至少，当我听到骑士们激烈地拼杀时，我也想来那么几下。哪怕让我不分昼夜地听，我都愿意。①

经过近一个世纪的教育普及，欧洲在18世纪进入了由这种“精读”到“泛读”的时代，在《小说的兴起》一书中，有这样的描述：

---

①[新西兰]史蒂芬·罗杰·费希尔：《阅读的历史》，李瑞林译，商务印书馆，2009年，222页。

1724年，一个叫塞缪尔·尼格斯的印刷商抱怨说，伦敦的印刷机数量已增加到70台了，但到了1757年，另一位叫斯特拉恩的印刷商，则估测有150–200台印刷机“在不停地被使用”。一个每年出版新书的平均数目的现代估测，表明100年间的出版量——包括小册子——几乎增加了四倍；1666年到1756年，平均每年出书不到100种，而1792年到1802年，每年达到372种。[①]

然而，早期的书本价格让社会底层读者望而生畏。但是，小说依旧通过两种方式出现在欧洲读者面前：一是廉价报刊，二是公共图书馆。

公共图书馆被人们称为“文学上的廉价书店”，工业革命也为劳动者带来了更多的闲暇时间。

有权利享受这种闲暇的首先是女人，小说的最早读者群体有相当多的人是女人。因为她们比男人有着更多的闲暇时间。当时社会的政治、商业活动，甚至包括打猎、钓鱼、饮酒、咖啡馆等娱乐活动也往往把女人排除在外，工业和商业化的城市里，女人也不必忙于织布、酿酒和烤面包，因此，识字的女人就把阅读当成了最重要的娱乐活动。在高尔基的小说《在人间》中，我们看到他借书的对象，多半是邻家的女人。这里有每周去两次图书馆的裁缝太太，有藏书很多的寡妇：

①[美]伊恩·P.瓦特：《小说的兴起》，高原、董红钧译，生活·读书·新知三联书店，1992年，35页。

这院子里住着一个在城中高等服装店里做工的裁缝。他很沉默，很和气，不是俄罗斯人。他的妻子长得很娇小，没有孩子，一天到晚光在那儿读书。住在这样吵闹的、满是酒徒的院子里，这两人毫不引起人瞩目，没声没响过着日子。他们不接待客人，自己也不到人家串门，只是节日的时候到戏院去听听戏。

丈夫一早出去干活，晚上很迟回来。妻子跟一个小姑娘似的，每星期上两次图书馆。我时常望见她摇着身体，跟一个跛子似的，在堤上一瘸一瘸地小步走着。她跟女学生似的抱着一捆用皮带束着的书，小小的手上戴着手表，显出朴质、快活、整洁、英爽的样子。①

当有一天，借书的裁缝太太搬家后，主人公感到十分悲伤。

春天她忽然到什么地方去了。过了几天，她的丈夫也搬走了。

那屋子空着还没有新房客搬进来的时候，我跑去张望了一下，只见光秃秃的墙上，留着挂过画的四方形的痕迹，一些弯曲的钉子和钉过钉子的伤痕。漆过的地板上，乱堆着五颜六色的碎布头、纸片、破的药盒子、空的香水瓶，一枚大铜饰针闪着光。

我心里难过了。我想再见一见娇小太太，我要告诉她，我是多么感激她……②

一些喜欢小说的女人则开始尝试着去写小说。9世纪的时候，“物

---

①[苏]高尔基：《在人间》，楼适夷译，人民文学出版社，1956年，145页。

②[苏]高尔基：《在人间》，楼适夷译，人民文学出版社，1956年，172页。

语”流传于日本。日本的宫廷妇女为这种记录着传说、故事和历史的文学做出了最大的贡献。深宫中日本妇女不肯用儒家或佛家的经典去排遣时光，她们从开始寻找可以愉快阅读的东西，到自己动笔，从书信进而写作“物语”。10世纪，号称“日本《红楼梦》”的《源氏物语》就在一个宫中女人的笔下诞生了。

人们的阅读失去了以往的实用目的或宗教的神圣感，而变成了完全追求愉悦的行为。有人曾在报纸上抨击这种追求娱乐的阅读：

……这种不踏实的阅读方法……它很自然地诱使我们堕落成为思维方式缺乏判断力的人……被称作文体的词语的集合艺术品被完全消灭了……这些人常用的辩护词是，他们没有阅读计划，只是为了愉悦。我认为这种愉悦应该得自于对所读书的反省和在心中留下的记忆，而非得自于倏忽之间得到的满足，我们的欣喜应该与我们得到的事实相称。①

对于欧洲的书商来说，在印刷时代的前200年，他们靠宗教书籍与学校教材来获得利润，而在18世纪后，他们把出版小说视为重要的赚钱方式。正是他们使文学从恩主那里获得了解放，而解放的途径就是低俗小说。书商更愿意鼓励出版那些较长的故事，而不是较短的诗歌。诗人想赚钱维持生计，就得去当小说家。

---

①[美]伊恩·P.瓦特：《小说的兴起》，高原、董红钧译，生活·读书·新知三联书店，1992年，47页。

五、19世纪的小说嘉年华

人类通过阅读书籍获得了巨大的快乐。这个以读书为乐的时代其标志就是小说出版现象的到来。木心说，19世纪是音乐与文学的嘉年华，这个欢乐的文学时代是小说带来的，而威尔伯·施拉姆在《人类传播史》一书中有这样的描述：

19世纪可说是娱乐媒介发展的转折点，原因不只是由于电子媒介与影像媒介均在19世纪末出现，当时的印刷媒介非常重视娱乐素材也是一项重要因素，尤其是书籍与报纸。19世纪是文学的辉煌时代，当时著名的作家有英国的狄更斯、萨克莱、哈代，法国的雨果、福楼拜、巴尔扎克，俄国的托尔斯泰、陀思妥耶夫斯基，德国的托马斯·曼，美国的马克·吐温等。这些如泉水般涌出的天才，不仅促使小说成为当时文学的主流，更像强力的磁石般吸引着读者。当我们看看当时纽约的狄更斯迷对其作品渴望的殷切程度，就知道这块磁石的吸引力有多强。在那个时代，狄更斯的小说通常是分期出版，每两个星期出版一两章，再由邮轮带到纽约，可是纽约狄更斯迷等不及到书店去买书，他们在来自英国的邮轮进船坞前，就划着小船去会合，邮轮上的水手和乘客有的已经看过这个礼拜的故事了，那些小船上的狄更斯迷便会对着邮轮大声问："小尼尔怎么样了？"由此看来，似乎很难找出其他事物比得上大家对小说的兴趣和喜爱，更别想有什么能够超过小说的力量了。①

①[美]韦伯·施拉姆：《人类传播史》，游梓翔、吴韵仪译，远流出版公司，1994年，381页。

狄更斯从25岁开始写小说，写一部轰动一部，他喜欢善报因果，喜欢大团圆。尽管文学史认为他的小说太通俗，但电影和电视剧却时不时地想起他，把他的《远大前程》《大卫·科波菲尔》《双城记》《雾都孤儿》《老古玩店》翻来覆去地拍摄。托尔斯泰说："忧来无方，窗外下雨，坐沙发，吃巧克力，读狄更斯……"

世界文学史中的两个高峰，一个是中国唐代的诗歌，另一个就是欧美19世纪的小说。

19世纪中叶，欧洲各国人口的识字率迅速上升。瑞典人以90%的识字率成为欧洲之冠。早在17世纪末，瑞典的路德教会就推出一项苛刻的扫盲计划：禁止文盲参加宗教活动和结婚。同时，出版印花税的消除，大大降低了出版成本，小说与小报开始走向大众。这时，出版商面对大众的需要，开始有意识降低图书出版的成本与价格。他们把羊皮封面替换为布皮封面，然后又大量印制平装书。

在19世纪小说的热潮里，有一种非常能够体现娱乐阅读的现象，这就是"旅行阅读"。1848年欧洲第一家火车站书店——史密斯父子书店开业。旅行阅读给大众娱乐小说和刊载小说的小报、期刊都带来巨大的生存空间。1935年，伦敦出版的"企鹅丛书"，这套丛书在三年间销售了2500多万册，获得了巨大的成功，从此开启了"口袋书"时代。

包括书籍在内的大众传播媒介使全世界走进了俗文化时代，无数学者已经从这个角度分析与批判了这个现象，但是与电影、电视、广播和报纸相比，书籍在充分满足着大众娱乐的同时，还保留着更多的高雅娱乐的因素。书籍作为以文字为主要内容的载体，文字表达理性的本质属性，使得社会成员中受到教育并具有理性思考能力的人群聚合在书籍面前。他们作为社会人员中较为智识的群体，也对出版业提出了较高层次的文化娱乐要求。

还有一个令人遗憾的现象是，一本小说拍摄成电影或电视剧，必须会自觉地丢弃许多小说原来的理性与批判内容。一部伟大的文学作品，拍摄成电影特别是电视剧时，多半都要把其中最伟大的部分删去许多。所以，许多经典作品的主题难以在电影或电视剧里原汁原味地表现或升华。

第五篇　小说家（下）

意取其浅，言取其俚，使农工商贾妇女竖子，皆得以观之。

——李伯元

享受读书快乐的人首先是有文化的人。书籍在相当长的历史中，都只是少数文化人的娱乐工具。宋人杨应之题壁："有竹百竿，有香一炉，有书千卷，有酒一壶，如是足矣。"

同时，书籍在相当长的历史中，其娱乐价值是远远小于社会实用价值。但是，从历史上书籍带给人的快乐是巨大的，而且在人类的文化教育普及化的时代，书籍作为一种娱乐媒介所起到的作用也越来越大。

中国人钟爱书籍，爱书的原因有许多，但书籍给了中国人，特别是中国的文化人带来了极大的快乐。中国书籍的历史，是文化认识的历史，也是文化娱乐的历史。本篇的文学史资料和观点主要借助陈平原的《中华文化通志散文小说卷》来梳理中国书籍中的娱乐现象。

一、阅史为乐

清人认为中国的文章来自于《尚书》，"五四运动"之后学者们则认为甲骨文为中国文章之源，那么刻着卜辞的龟甲，就是中国最早的书籍。其中的问凶求吉的只言片语自然谈不上有什么娱乐的价值，也谈不上是一篇完整的文章。明显地体现“从言辞到文章”这一发展趋向的是《尚书》《国语》等历史著作。《汉书·艺文志》称：“古之王者世有史官，君举必书，所以慎言行、昭法式也。左史记言，右史记事，事为《春秋》，言为《尚书》，帝王靡不同之。”

中国人从书籍里获得的娱乐最早是从“史”中获得的，而且形成了长期以来阅史为乐的传统。

第一部因其生动的故事而具有相当娱乐价值的史书是《战国策》。今本《战国策》三十三卷，为汉代刘向整理编次并定名。其中“荆轲刺秦王”的故事几乎被司马迁全文录于《史记》，也成为戏剧、小说和影视经久不息的题材。另一部具有一定娱乐价值的史书是《左传》。陈平原认为，《左传》标志着中国文学从直书到叙事的完成，叙事是故事性的基础，而故事性正是娱乐文字的重要因素。《左传》有关军事行动的描述多达三四百处，其中的晋楚城濮之战等五大战役，叙事手法曲折生动。

史传文字中最有历史学价值和文学价值的是《史记》。史家以其为宗，文家以其为祖，唐宋以下至晚清的古文家，皆以太史公之笔法相号召。中国的小说家也以其为中国小说之本。应该说，《史记》是中国史传文字中娱乐价值的极品之作。中国的文人们日后之所以从史传文字中得到愉悦，直至中国当代的“纪实文学”勃兴，都可以从《史记》清楚地看到其源宗。

古人和今人对《史记》的热爱，实质上并不因其“良史之直笔”的史学态度，而是把《史记》视为一部精彩的故事集。陈平原说：

《史记》写人物栩栩如生，历来为古文家与小说家所共同赞赏。《项羽本纪》之以鸿门宴和乌江兵败为中心，除其戏剧性冲突强烈，更因其最能体现项羽的英雄盖世及粗豪爽快。如此以“性格”而不是以事件来决定篇幅的长短、叙述的轻重与节奏的快慢，与后世诸多正史相比，明显地“法不拘章”。[①]

司马迁在《史记》中的许多笔触，如韩信的胯下之辱、张良的为圯上老人进履、廉颇蔺相如的将相和等，或取材于民间传说，或为作者本人的描写，都经不起史学的考证。因此读者看到的是故事而不是史实。

《汉书》也是中国史书中一部较有娱乐价值的作品。其中的《苏武传》等成为与小说相似的精彩故事。《汉书》之后由于史书的历史价值大于文学价值，整体的娱乐性不足。

史传文字是中国文人在没有小说的时代里，从书籍获得娱乐的重要途径。史传文字因记事而形成了文学的描写和叙述，成为不是小说的故事。此外，“文”也包含着一定的娱乐内容。

史记事，文说理。

说理本没有多少娱乐色彩，只能提供一种认识上的乐趣。中国古代的文章，大都不具备文学的娱乐意义，而以理性论述治国安邦之道，也就是多为实用性文章。特别是科举制度后，中国古代文章的娱乐价值几近于零。实际上，说理的文章也可能具有一定的娱乐价值，因为说理之文需要生动的论述方式和精彩的论述内容。这样

---

①娄义华：《中华文化通志（散文小说卷）》，上海人民出版社，2010年，35页。

说理的文章便有了美学的价值。当具有独立美学意义的散文体裁出现时，文章的娱乐性也相对独立了。

中国人的文章源于“子”。诸子文章，以说理见长，但其中的寓言就具有丰富的娱乐价值。《庄子》“寓言十九”中的“鲲鹏”和“井蛙”与“梦蝶”、《孟子》的“揠苗助长”、《列子》“愚公移山”、《吕氏春秋》的“刻舟求剑”、《韩非子》录寓言二百则，都具有超越文章本意且独立满足娱乐阅读需求的价值。

两汉辞赋，开始具有一定的相对独立的娱乐色彩。赋，非诗非文，亦诗亦文。两汉之赋，就其实用价值论，谓之“劝百讽一”。实质上，与赋靡丽的特点相比，其讽谏的作用实在微乎。就像宫廷中的侏儒与优伶，创造欢乐是他们的职业，劝诫帝王只是一时的勇气和灵感。而汉赋行文的华丽、声律的讲究、对偶的工整、抒情的意味都使赋的创作与欣赏在美学价值上几近于诗，成为当时文化界和政治界人物们的一种娱乐方式。

从汉代起，中国的文人还形成了另一种文字娱乐的内容，那就是山水游记文字。钱锺书在《管锥篇》里，将山水文字归为三个阶段：“始则陈其形势产品，继乃山水依傍田园，终则附庸蔚成大国。”从对山水的外貌的描写，到把自己的情绪附之山水，最后是融自己、世界和山水共一处，中国文人在创作与阅读山水文字里，得到精神上的巨大愉悦。

明清两代，以八股取士。文章不仅仅趣味全无，且实用价值也荡然无存。只有晚明小品，在李贽等人的倡导下，一反“高文大册”，转为“小文小说”，尚有品味之趣。

二、杂史与笔记

小说的出现，是书籍娱乐的真正实现。因为在此之前，书籍所具备的认识论的价值超越了娱乐的价值，娱乐只是认识过程中的一种伴随物。诗固然娱乐价值突出，但其个性化的特点，决定了只有极少数人可以创作和欣赏它。

小说是作为娱乐的阅读而存在的，它让书籍的娱乐单纯化而且大众化。

但是，中国的小说产生于什么时期？这是中国学术界一直在探讨的话题。一般认为，班固的《汉书·艺文志》收录小说 15 种，并加以界定："小说家者流，盖出于稗官，街谈巷语，道听途说之所造也。"

中国小说的出现与中国的史学研究有一定的关系。鲁迅的《中国小说史略》中第一篇"史家对于小说之著录及论述"，便总结了中国史学家长期以来的观点。而在《四库全书总目》中，小说与史传很难分清。其中的"杂史"与"小说"长期被归于一类。后人利用"虚—实""文—史""雅—俗"的分类，力图将小说与历史相区别。

中国的小说在汉魏时期由"杂史"演变为文人们的"笔记"。从汉朝到晋朝期间，"博物小说"又演变成了"志怪小说"，对奇禽异兽、巫术神仙的描写让魏晋文人们沉溺于其中。魏文帝曹丕的《列异传》被认为开创了"志怪小说"的先河，"宋定伯捉鬼卖钱"的故事就出于其中，而《搜神记》则代表了中国志怪小说的最高成就。在这一时期，汉武帝、东方朔、西王母成为志怪小说的三大人物。志怪小说还包含了如《董永传说》等人神相恋的故事。其中对神魔、爱情与滑稽的描写，构成了其基本的娱乐内容。这说明了中国的古代小说从开始便具备了书籍娱乐的基本特征。

笔记而化为文言小说，故而让中国小说区别于其他文体。

唐人选择了女人和侠客作为其小说的最主要题材，这是对小说的娱乐因素的发展。陈平原选择了7部唐人小说来描述唐传奇的演进过程。此7部唐人小说为：《离魂记》《任氏传》《李娃传》《莺莺传》《霍小玉传》《柳氏传》《柳毅传》。陈平原是这样评论的："前两则犹带志怪遗风，末两则兼及侠义故事，中间三篇最能体现唐人之'小小情事，凄艳欲绝'。"

性是人类娱乐的重要因素,男性也愿意探讨与女性有关的话题。唐人首先以前无古人后无来者的姿态，大胆恣意地描写女性。这是一个中国文化最为开放的时代的缩影，同时，也标志着中国小说成为书籍娱乐的一个重大突破。

除了女人外，唐人小说的另一个娱乐内容就是侠客的故事。侠客本来就是世界性的娱乐话题。从美国的西部小说与电影到中国的武侠小说与功夫片，侠客的故事以角力为特点的娱乐，让人们迷恋不已。从《史记》到唐人小说，文人们用笔墨创造了一个侠客的幻象世界。这对中国武侠娱乐小说日后的发展及中国电影功夫片的创作，都有着深远的影响，如唐人小说中的侠客往往出自于真实的历史事件或来源于真实的历史人物。这种创作方式借鉴了《史记》，而又成为如金庸等后人创作武侠作品的惯用写法。与此同时，文人们还创造出一个"第二社会"——"江湖"。侠客们也被虚拟为"职业化"了。这样一个超现实的"江湖"和无数的超现实的"侠客"为一个个武侠娱乐小说与电影提供了角力素材，也让读者和观众们感到快乐。

郑振铎先生给“传奇文”以极高的评价：

唐代“传奇文”是古文运动的一支附庸，却由附庸而蔚成大国，其在我们文学史上的地位，反远较萧、李、韩、柳的散文更为重要。他们是我们的许多最美丽的故事的渊薮，他们是后来的许多小说戏曲所从汲取原料的宝库。其重要有若希腊神话之对于欧洲文学的作用，而他们的自身又是那样晶莹可爱，如碧玉似的隽洁，如水晶似的透明，如海珠似的圆润，有一部分简直已是具备了近代的最完美的短篇小说的条件。若将六朝的许多故事集置之于它们之前，诚然要如爝火之见朝日似的黯然无颜色。他们是中国文学史上有意识的写作小说的开始。他们是中国短篇小说上的最高的成就之一部分。他们把散文的作用挥施于另一个最有希望的一方面去。总之，他们乃是古文运动中最有成就的东西——虽然后来的古文运动者们未必便引他们为同道。[①]

三、话本小说与章回小说

宋代的街市评书演化为白话小说，让中国小说走向成熟，并成为世俗娱乐工具。

中国人的实用主义态度，对小说的兴衰大有影响。严肃而非娱乐的实用主义态度让中国的知识分子长期把论述治国之道的经文子集视为正统，而小说，特别是白话小说则长期无法登上大雅之堂。因而白话小说则藏于知识分子们的书斋密室，而躲过元明清三代的

①郑振铎：《插图本中国文学史》（上），上海人民出版社，2005年，400页。

无数次毁禁。“雪夜闭门读禁书”成了中国知识分子特有的读书娱乐方式。雍正帝曾经因一大臣上奏时，援引小说《三国演义》而将其定罪。小说只可私下阅读，不可以成文援引。娱乐书籍在封建时代的地位可见一斑。

但是，宋代城市在工商业的繁荣下，市民阶层迅速壮大，同时又取消了自古以来的宵禁制度。这使得中国的娱乐业，特别是表演类的娱乐得到了发展的机会。这时，一批卖艺为生的说书人，把“小说”和“讲史”呈现在观众面前。如冯梦龙所说，“一人一事足资谈笑者”，而“讲史”为“巨观”。“小说”的代表作为《简帖和尚》《快嘴李翠莲记》等，“讲史”的代表作为《三国志平话》《大宋宣和遗事》。这里，中国渊源的历史再次为中国的娱乐书籍提供了重要的资源。

宋元产生的话本，经明代文人的加工与出版，从话本迅速发展为小说。以市民阶层为拟想读者，题材以“风月”“公案”的“惊奇”居多。这一时期性内容达到了中国小说的第一个高峰，解题娱乐因素也在“公案”里得到充分的体现，而对“奇中奇”的追求，更是对奇观娱乐因素最成功的把握。

但是，文人对说书人的替代，虽然让小说的艺术性得到提高，同时又是小说发展的一个灾难。为了赚钱，说书人让作品的娱乐性特征非常明显，而文人则把说教带入了小说。从冯梦龙和凌濛初的“意存劝诫”开始，因果报应、忠孝节义，以“醒心”替代了“娱目”。大段的有诗为证和说教议论，使文人们意图达到一种沉重的“隐寓于惊魂眩魄之内，俾阅者渐入于圣贤之域而不自知”的境界。于是，陈腐的说教替代了生动的情节，笨拙的说理替代了快乐的感觉，这使得中国白话小说、短篇小说在清代出现了断代。

明清两代出现的章回小说，是中国古代娱乐书籍历史的最高峰。

自《三国演义》始，中国的书籍娱乐达到一个全新的境界。

在明代小说中，以《三国演义》《水浒传》《西游记》《金瓶梅》为“四大奇书”。此四部小说和后来的《红楼梦》，形成中国小说艺术之巅，同时，它们又不仅仅辉煌于艺术史之中，而且成为中国娱乐书籍的永恒作品。许多小说可能因艺术价值而存在于小说史中，但此五部书则兼备艺术价值与娱乐价值。

《三国演义》与《水浒传》一样，是以“英雄传奇”而吸引读者的。实质上，正是“英雄传奇”让中国人读史为乐。《三国演义》的魅力不是演义历史，而是展示英雄。正是由于这个原因，《三国演义》上卷完成了刘关张等英雄传奇后，下卷的历史演义就缺了不少趣味。由于同样的原因，《水浒传》的前半部分，写完了宋江、武松、鲁达、林冲、李逵等人的英雄传奇，排完座次后，就没什么大看头了，难怪金圣叹“腰斩水浒”。从另一个方面来看，中国相当多的历史演义，正因为只顾演义历史，如民国的蔡东藩作品，只有史之奇、而无人之奇，其娱乐价值就大打折扣。

“英雄传奇”的娱乐价值在于其包含着人的行为奇观和人性两个方面的双重娱乐价值。英雄行为是那些平常人想做而不敢做或是做不了的事，其可以是智慧的奇观，也可以是勇气和力量的奇观。前者是火烧赤壁、草船借箭、空城计、智取生辰纲；后者是温酒斩华雄、过五关斩六将、景阳冈打虎、拳打镇关西。人性方面则表现为性格的魅力，这也是娱乐的重要因素，其价值有的时候甚至超越了情节的娱乐价值。《三国演义》和《水浒传》都有许多性格迷人的人物，在读者的脑海里留下了深刻的印象。

《西游记》挖掘了中国小说娱乐的另一个重要因素：魔幻因素。魔幻是书籍娱乐的重要因素。魔幻是将虚构极致化的艺术方式，这种方式在相当长的时间里，都是以书籍媒介为主要形式。同时，《西游记》的娱乐色彩还来自孙悟空的英雄传奇和猪八戒富有喜剧特色的滑稽行为。

《金瓶梅》是一部文人独立创作而成的作品，因其大量性描写的内容而存在争议。郑振铎在《中国俗文学史》中用的句式多为“如果除去淫秽的描写，此书会如何如何有价值。”但《金瓶梅》的“洁本”不可替代原作。陈平原对《金瓶梅》有15个字的成就概括：真实的生活、琐碎的笔墨、完整的结构。这三句话实质是《金瓶梅》对于《三国演义》《水浒传》和《西游记》突破成就的概括，但是并不是此书为人们所欣赏的理由。

《金瓶梅》实质是一部以性娱乐为中心因素的巅峰之作，它开辟了中国娱乐文学的一个全新领域。明代万历年间，在中国思想界对理学与道学的否定下，中国社会一度出现了一种追求世俗享受的风气，这在李贽、李渔等人的作品中也多有体现。尽管中国小说中也有《金主亮荒淫》《绣榻野史》等类似作品，但是《金瓶梅》却以陈平原的15字概括与性娱乐因素的结合，使之娱乐性达到了一个前所未有的高度。

明清之际，中国小说史上出现了黄色小说高潮，引起了当权者的警惕：

《国色天香》，明·万历年间禁。遭禁原因：展示各种偷香窃玉手段；

《剪灯新话》，明·正德年间禁。遭禁原因：扭曲的情欲表现；

《醋葫芦》，清·嘉庆年间禁。遭禁原因：婚外性行为的集中描写；

《隔帘花影》，清·康熙、嘉庆年间禁。遭禁原因：压抑中的性幻想；

《飞花艳享》，清·道光年间禁。遭禁原因："女偷男"的新香艳情节；

《空空幻》，清·道光年间禁。遭禁原因：压抑中的性幻想；

《玉楼春》，清·嘉庆年间禁。遭禁原因：房中术、性虐待情节；

《红楼春梦》，清·嘉庆年间禁。遭禁原因：格调低下、色情；

《品花宝鉴》，清·道光年间禁。遭禁原因：同性恋生活揭秘；

《九尾龟》，清·同治年间禁。遭禁原因：妓院生活。

现在不论在实际生活中，还是在信息的消遣中，大众普遍认同性快乐的合理性。但是在文学层面上，都有着对性快乐内容的警惕与敌视，但是大家几乎都承认，没有性的内容，小说的精彩程度一定会大打折扣。由此可见，性娱乐在小说娱乐中起到了巨大作用。从《金瓶梅》到《红楼梦》，中国小说的性娱乐因素得到充分的认识。同时《红楼梦》又达到认识成就、艺术成就和娱乐成就三峰并耸的境界。

从《三国演义》到《红楼梦》，中国的小说家完成了从奇观、性、魔幻、角力、人情、解题、滑稽等诸多娱乐因素的认识。

魏晋志怪、宋人话本、明人演义，构成了中国古代小说的初长史。章学诚称中国小说的三变：汉魏之事杂鬼神、唐人之情钟男女、宋元之广为演义。近两千年的中国小说史，自然有许多作为小说艺术史的研究成果，但本节描述的是小说作为娱乐书籍的成长脉络和小说娱乐内容的成长脉络。

四、“小说革命”的成果

中国的书籍娱乐在近现代仍以小说娱乐为主流，但小说创作的方法和创作环境与明清相比，却发生了许多变化。

变化之一是外国小说的引入。从梁启超倡导翻译政治小说、林纾翻译的《巴黎茶花女遗事》到周氏兄弟的《域外小说集》，代表了当时小说翻译的三大倾向。既有为政治与科学的实用而翻译的小说，又有为消遣娱乐而翻译的小说、为艺术借鉴而翻译的小说。三类小说一种是给政治家看的，一种是给老百姓看的，一种是给艺术家看的。

给政治家看的小说，包括政治小说，除法国启蒙主义的作品外，影响都很小。给艺术家看的小说，数量更是寥寥无几。给老百姓看的小说，却大受欢迎。尽管梁启超呼吁多译政治小说和科学小说，但是翻译数量最多的却是侦探小说。其中在1896年至1916年的20年间，翻译数量第一的作家是柯南道尔（32种），第二是哈葛德（25种），第三是凡尔纳和大仲马（17种）。

变化之二是小说的创作观念出现了分流现象。1902年，梁启超在《论小说与群治之关系》中正式提出“小说界革命”的口号。实际上，梁氏对小说的倡导，与中国古代对小说的贬斥一样，都是出于一种实用主义的态度。他们认为“小说是文学之最上层”，“宜作史读”，“宜作子读”，“宜作志读”，“宜作经读”，“可作风俗通读”，“可作兵法志读”，“可作唐宋遗事读”，“可作齐梁乐府读”。

如果要小说实现这样的功能，那就会使艺术创作失去了一种娱乐态度，而这是艺术本身所不能承受的。在20世纪，中国人自强图存的政治焦灼感，与中国文化的实用主义态度相结合，使得中国人没有心情去在小说中得到娱乐。

以中国现代文学的一个“不合时宜者”梁实秋为例，在文学史上，他一直是作为鲁迅文中的被批判对象而存在，他最有名的称号，就是“丧家的资本家的乏走狗”。他倡导的是写雅舍小品，包括音乐、孩子、男人、女人、美食、理发、下棋等内容，都是出于娱乐目的。梁实秋曾经推出一个“菜刀说”，他说菜刀是用来切菜的，但是强盗来了也可以杀强盗，但是不能说，菜刀就是为了杀强盗而生产的。对此，老舍的一段话，倒是可以解释梁及当时许多作家艺术家的“不合时宜”：

> 在太平岁月，可以“莫谈国事”，无论什么一点点细微的感情与趣味，都能引起读者的欣赏，及至到了战时，即使批评者高抬贵手，一声不响，即使有些个读者还需要那细微的感情与趣味，作为一种无害的消遣，可是作者这颗心不能真像以前那样，安坦闲适了。炮火和血肉使他愤怒，使他要挺起脊梁，喊出更重大的粗壮的声音，他必须写战争。①

所以正是这样的原因，林语堂的幽默和梁实秋的雅致，只有在20世纪80年代后开始安定富足的中国，才受到人们普遍的认可。

①向阳：《经典躺着读》，广西师范大学出版社，2010年，277页。

同样的原因，让鲁迅在他的后十年没有写出长篇小说甚至是更好的短篇小说，而只有“匕首投枪”。于是，中国的小说在“五四运动”后，出现了观念上的分流。其中，以社会革命为目的的小说和以消遣娱乐为目的的小说泾渭分明，成为两个不同的阵营，而以社会革命为目的的文学流派的形成，就是以批判消遣娱乐的文学现象而树立起自己的旗帜。

新文学运动中成立最早、影响和贡献最大的文学社团之一文学研究会在宣言中说：“将文艺当作高兴时的游戏或失意时的消遣的时候，现在已经过去了。我们相信文学是一种工作，而且又是人生很切要的一种工作：治文学的人也当以这事为他终身的事业，正同劳农一样。”文学研究会倡导的文学功能，实质只是文学的功能之一，并不是全部功能，也不是本质功能。作为文学的本质功能，鲁迅先生在研究中国古典小说的时候，总结其小说的功能是“娱心悦目”，“主要是娱心，而杂以惩劝”。尽管存在着一定的合理性，如反帝反封建和自强图存，实质上中国现代文学的正统文艺思想，是中国古代文人的“文以载道”的延续，后者的“惩劝”曾经断送了中国古代短篇小说。

但是，当中国文学批评的主流怒斥中国娱乐文学的时候，朱自清却谈了自己的看法。

朱自清在《论严肃》一文中写到：“鸳鸯蝴蝶派的小说意在供人们茶余酒后消遣，倒是中国小说的正宗。”朱自清的观点，清醒地看到了小说发展的本质，那就是娱乐性是小说的主干。

中国近现代娱乐小说有言情小说、社会小说、武侠小说、侦探小说四大派别。

中国近现代言情小说的开山作品是1848年邗上蒙人的小说《风月梦》，这部小说写的是义结金兰的五兄弟和五个妓女之间的故事。由此建立了中国近现代娱乐小说的重要分支：倡门小说。

倡门小说在鲁迅的《中国小说史略》里被称之为“狭邪小说”。并概括了早期倡门小说的流变过程：“作者对于妓家的写法凡三变，先是溢美，中是近真，临末又溢恶。”溢美就是把嫖妓行为，写成才子佳人美好的风流故事，代表作是俞达的《青楼梦》。全书写的是主人公金挹香对三十六个妓女的“痴情”。近真是对嫖妓较为真实的描写，代表作是韩邦庆的《海上花列传》。鲁迅认为此书“平淡而近自然”，“记载如实，绝少夸张”。刘半农、胡适和张爱玲都对此书有着极高的评价。溢恶是把嫖妓行为描写成一种下流行为，代表作是张春帆的《九尾龟》。鲁迅对这类作品的评价是：“一到光绪末年，《九尾龟》之类出，则所写的妓女都是坏人，狎客也象了无赖。……才子佳人的书盛行了好几年，后一辈才子的心思就渐渐改变了。他们发现佳人并非因为爱才若渴而做婊子的，佳人只为的是钱。……才子于是想了种种制服婊子的妙法，不但不上当，还占了她们的便宜。……因为可以做嫖学教科书去读。”

倡门小说在早期经历上述的三变后，在民国初年发生了又一次变化，那就是把人道主义思想贯穿其中，代表作是：何海鸣的《十丈京尘》、毕倚虹的《人间地狱》、周天籁的《亭子间嫂嫂》。这个变化标志着中国妓女题材小说从娱乐价值上，已经从性娱乐走向了人情娱乐的一个更高的境界。作品本身认识价值提高的同时，娱乐价值也有所增加。

中国近现代的社会小说是从谴责小说、讽刺小说和黑幕小说开始的。

在《中国小说史略》中，鲁迅把《官场现形记》《二十年目睹之怪现状》《老残游记》和《孽海花》称之为“四大谴责小说”。同时，在这部书里，鲁迅又把这种暴露社会问题的小说，分为三个档次：最上者为“讽刺小说”，居中者为“谴责小说”，其下者为“黑幕小说”。对此分类，鲁迅并不是以小说的艺术水准或娱乐水准为标准，而是以社会认识的水准为标准的。讽刺小说和谴责小说都带有较强的社会批判价值，因而被鲁迅列于黑幕小说之前。

但实际上，以此分类确有不妥之处。这三个档次的分类标准是含糊的，前两者都是小说表现的主观特征，后者却是小说的故事题材。如鲁迅分出的黑幕小说中，也有着强烈的批判色彩，甚至在当时就有人称之为“谩骂小说”。因而从小说的主观特征或是故事题材的角度来划分小说的档次是不够科学的。

近代中国社会小说都有批判的成分，也都有再现黑幕的成分。批判有剖析、责问、讽刺和谩骂的不同层次；黑幕的种类则更加丰富了，这里有政界黑幕、军界黑幕、学界黑幕、商界黑幕、报界黑幕、家庭黑幕、会党黑幕、匪类黑幕、江湖黑幕等。总之是一个社会领域给人们带来神秘和惊愕的快乐。

社会小说从来都是世界娱乐小说的重要分支。批判现实主义小说，从认识的角度，其价值是“现实”，而从娱乐的角度，其价值却是“批判”。在娱乐因素中，惩恶是一个重要的因素，由于惩恶因素的存在，人们才会欣赏“讽刺小说”中的“讽刺”、“谴责小说”中的“谴责”以及“黑幕小说”里的“谩骂”。社会小说的娱乐因素的主体是由惩恶与奇观两大因素组成的。宣泄对社会现实的不满和窥视社会某一领域的奇观现象并进行谴责成了这类小说的娱乐要素。

中国晚清的公案小说其娱乐本质的因素原是解题，但由于江湖人物的出现，许多娱乐因素也随之出现了。“侠”类之主题，无论是主旨精神、故事结构和人物特点，都是角力因素的充分体现。

民国的武侠小说的出现，就社会因素说，与中国人的近代屡挫于外敌的民族心态是不可分开的。梁启超在1904年就出版了《中国之武士道》，鲁迅也写过《斯巴达之魂》，都是在倡导一种民族尚武精神。这种时代的气氛，客观上催生了武侠小说，但这并不是武侠小说存在的根本原因。

武侠小说核心的娱乐因素是角力，这是武侠小说最受欢迎的原因。这个娱乐因素原本在《史记》的“游侠列传”中显露出来，并在近代武侠小说那里发扬光大，近代武侠小说在角力的同时，开始创造一种“精神奇观”。这种侠之“精神奇观”被梁启超概括为：“国家重于生命，朋友重于生命，职守重于生命，然诺重于生命，恩仇重于生命，名誉重于生命，道义重于生命。”

范伯群主编的《中国近代通俗文学史》，把民国武侠小说的发展可分为三个阶段：

1912年至1922年为萌芽期。这是一个倡言革命的时代，反抗列强的民族意识、反对专制的民主意识都明显地表现在这一时期的所有文学作品中，在这一时期的武侠小说里，这种政治意识也非常明显。其代表作品是叶小凤（叶楚伧）的《古戌寒笳记》，此小说的题材为明末清初的抗清斗争，作者又具有相当高的政治地位（曾为同盟会员，后曾任国民党中央宣传部长）。叶小凤有着明确的武侠小说的创作观念，称小说应“有志于移风易俗”。

1923 年至 1931 年为繁荣期。五四的新文化运动打击了中国的旧文学的所有样式，新文学在表现当代意识和政治意识的方面，不论在语言上，还是在创作方法上，都有着强大的优势。此时，武侠小说和其他通俗小说都无法表现新小说的革命特征。于是，这一时期的通俗小说，特别是武侠小说便把倡言革命的任务交给了新小说，而自己则退却于娱乐小说的单纯位置上。这样反倒使武侠小说回归于娱乐小说的本体上，带来了武侠小说的一个繁荣。这一时期的代表作品是平江不肖生（向恺然）的《江湖奇侠传》。

1932 年至 1949 年为成熟期。这一时期，武侠小说的数量并不如前一个时期多，但却形成了不同的风格和流派，如还珠楼主（李寿民）的“仙魔派”、郑证因的“技击派”和朱贞木和“奇情派”。不同的流派实质是对不同的娱乐因素挖掘，使武侠小说在角力和奇观的主体娱乐因素下，揉入了魔幻因素（仙魔派）、性与情感因素（奇情派）等，这使得中国武侠小说的娱乐因素得到了全面的挖掘。这一时期的代表作品是还珠楼主的《蜀山剑侠传》。

中国侦探小说的源头是中国古代的公案小说。中国的公案小说原本具有社会小说的性质，其最重要的娱乐因素是惩恶，而在西方小说观念的影响下，中国公案小说娱乐因素中的惩恶让位于解题。按《中国近现代通俗文学史》的说法，就是“包公让位于福尔摩斯了”。

自晚清开始，翻译作品大量出现，而侦探小说则为数最多。阿英在《晚清小说史》做过总结：“如果当时翻译的小说有千种，翻译侦探小说要占 500 部以上。”早在 1896 年，《时务报》的英文编辑张坤德就翻译了 4 篇柯南道尔的小说。之后几年里，柯南道尔的小说有 311 件次被翻译。继柯南道尔后，法国作家勒白朗的作品又引起轰动。他的作品塑造了一个侠盗——亚森·罗宾。从福尔摩斯到罗宾、从抓人的变成被抓的，又出现了一个反侦探小说的新类别。

中国作家们受到启发也开始尝试着创作中国的侦探小说，并取得了不俗的成就。如程小青的《霍桑探案》和孙了红的“侠盗鲁平系列”。同时，各种侦探推理小说的模式也日益成熟，出现了不同的风格，如侦探言情小说、侦探公案小说、侦探武侠小说、侦探滑稽小说等。这里，解题与性、角力、惩恶、滑稽等因素相结合，丰富了侦探小说的娱乐因素。

但是，与武侠小说相比，中国的侦探小说的发展没有达到一种完美境界。这里固然有许多社会心理原因，如当时社会的非法制化的特点，使侠客比侦探更具有解决社会矛盾合理方式。可是，就中国侦探小说本身而言，其娱乐性也没有达到外国侦探小说的程度。就娱乐因素而言，中国侦探小说在解题因素和奇观因素上与外国侦探小说多有差距。中国的侦探小说由于在科学手段和推理的逻辑上的原因，让读者感到“题”解得不巧妙；在写作用法上，中国的作家刚从外国侦探小说中学会“倒叙”等写法，还没达到得心应手的程度。这就使得中国侦探小说在悬念的制造上，不如外国侦探小说那样引人入胜，这也使解题的趣味性大打折扣。同时，中国侦探小说的背景多为平民社会与家庭，而外国侦探小说的背景则多为上层社会、荒岛城堡，奇观性就更强。

第六篇　看报啦

报纸（新闻）是我们日常生活中必然接触的东西，每天早上送到家门的各式各样消息以及边吃早餐边看经济版和体育版的父亲，应该是许多人脑海里对报纸的共同记忆。

——吉见俊哉

一、新闻，还是娱乐？

吉见俊哉在《媒介文化论》一书中论述了报纸信息与娱乐的两个脉络：

循着以上所理解的发展，或许可以追溯出报纸作为现代媒介的两个系谱。第一个是以政治评论、政府批判、经济情势为基础而发展的新闻事业，主要读者层是新兴的布尔乔亚市民阶级。这种报纸是建立在书写文化而非口语文化之上，其系谱也就位于知识人与经纪人交换最新政治及市场情报的传播延长线上。

第二个报纸的系谱位于中世纪以来古老民间口耳相传的传播延长线上，而后随着印刷术发达、书写文化取代口语文化而出现。这种报纸的读者层不只限定于布尔乔亚，更被广大劳动阶层之类的庶民接受。第一种报纸讲究最新消息的正确报道，强调对国家政治的精辟评论；第二种报纸则贴近庶民生活感觉的形式，将新闻加以故事化，使一般人能用他们的日常会话进行消费。①

马克思曾经把报刊分类为政治报刊、哲学报刊、宗教报刊和娱乐报刊。陈力丹的《精神交往论》提及了马恩对娱乐报刊的喜好：

马克思和恩格斯都很喜欢讽刺幽默类的报刊，其中一些人物形象经常被他们在文章中借用。他们提到的有：英国的《笨拙》，法国的《喧声》《撒旦》，德国的《喧声》《飞行传单》，西班牙的《闲谈》，瑞士的《全景》，德国社会民主党的幽默刊物《实话》，奥地利社会民主党的《白炽光》和美国的社会主义周刊《穷鬼》……恩格斯对马克思的女儿劳拉说："我将寄给你几份美国的幽默报刊，现在先得给这里的人看看。"②

1957年3月10日，毛泽东在接见《文汇报》总编辑徐铸成时曾赞扬说："你们《文汇报》实在办得好，琴棋书画、花鸟虫鱼，真是应有尽有……"

新闻的核心功能是告知，而今天的大众传播媒介正用娱乐来侵蚀这个核心功能，即"新闻娱乐化"的现象，这是"娱乐至死"观点的重要依据。大众传播媒介具有娱乐功能是不争的事实，媒介中的娱乐性表现在文化与游戏方面，它们已经受到了"低俗化"和"无个性文化"的诸多质疑，但只有娱乐的触角伸至新闻领域的时候，

---

①[日]吉见俊哉：《媒介文化论》，苏硕斌译，群学出版有限公司，2009年，122页。

②陈力丹：《精神交往论》，中国人民大学出版社，2008年，251页。

有关媒介生死存亡的警觉才成为一个普遍的话题。

尽管“娱乐至死”的警告主要针对的是电子新闻时代的问题，但实质上，新闻与娱乐的混同与新闻与广告的混同一样，从现代报业出现后，就一直困扰着传播理论的研究者。

一张报纸有新闻，也有广告。现代报业引入广告后，人们一直警觉着新闻与广告的关系。实际上，无论报纸还是广播电视，现代新闻业的一个重要伦理，就是规定着新闻与政治宣传，新闻与商业广告必须有着明确的分界。经过一百年之后，西方新闻界总体上厘清了新闻与宣传的分界线，但是新闻与娱乐的分界线不仅没有厘清，而且随着电子媒介的兴盛，大众媒介的告知功能受到了其娱乐功能的大肆侵蚀，于是才有了“娱乐至死”的悲鸣。

二、大幅歌谣纸

有人说，中世纪的游吟诗人们才是最早的“新闻人”。他们周游往来欧洲列国宫廷之间，相互交换交流新曲调诗句与传递消息。在印刷成本下降的15世纪，英国人把歌谣与消息印在纸上来贩卖，人们把这种印刷品叫“大幅歌谣纸”：

> “大幅歌谣纸”是一种约略报纸大小、单面印刷、单张发送的印刷物，通常是印上民间歌谣、杂文以及一些图绘。这些歌文的作者多是成天窝在小酒馆的穷酸作家，但是他们笔下杀人犯罪之流的作品，例如《断头台歌谣》，却是19世纪阅读量最庞大的文类。[①]

①[日]吉见俊哉：《媒介文化论》，苏硕斌译，群学出版有限公司，2009年，122页。

这种东西应该说与各个国家的娱乐型小报极为相似。

三、小报与煽情主义

1833年9月3日，一张号称“开创了新闻事业的新纪元”的小报——《纽约太阳报》(New York Sun)与读者见面了。本杰明·戴的这份要为人人发光的报纸，所发出的不是传统的信息之光，而是前所未有的煽情主义之光。人情味和警事新闻、暴力与情色开创了世界娱乐小报的成功先河。

工业革命所必需的普及教育，培养了一代识字的无产阶级，他们对政党报纸的党同伐异毫无兴趣，相反更喜欢煽情故事。也就是从这时开始，小报新闻与“大报”新闻分庭抗礼，小报以煽情的内容、生动的故事取得了巨大的成功。

这两个新闻事业的发展系谱，分别是“大报”(大新闻 Quality paper)和“小报”(小新闻 Tabloid)两种文类。在日本的明治时代，这两种报纸文类也是泾渭分明，所谓的“大报”是在明治初期发刊的《横滨每日新闻》《东京日日新闻》《朝野新闻》《邮便报知新闻》等报纸，新闻写作都以具备汉文汉语的文学素养为前提，谈论主题也以国家政治为中心，读者层则是明治时代担当国家及政治重任的知识分子及富裕阶层。而相对的，所谓的“小报”则大略是指1874年发刊的《读卖新闻》，因为拥有多数读者而逐渐扩张，主要读者层就是缺乏汉字素养的一般庶民。性质类似“小报”的媒体，还有一种在各地发行的各种“锦绘新闻”。锦绘新闻是用彩绘图解的方式在木版上描述新闻题材，并在空白位置加上文字解说，新闻题材也以社会新闻（三面记事）为多。[①]

这种小报、锦绘新闻的传统，在日本江户时代发展为“瓦版”的媒介形式。所谓的“瓦版”其实是单张的木版印刷物，最早是作为地震、火灾、祭典、仇杀等紧急事件的临时报道，后来则变成刊登护符、广告、八卦等内容的媒体，在19世纪的日本大量普及。这种瓦版、小报、锦绘新闻，其实都与前述的英国大幅歌谣纸类似，都具有将新闻事件故事化、娱乐化、消费化的特质。因此，日本从近代到现代这段时间，不只出现“大报”的评论性新闻事业，也同时发展出“瓦版”“小报”“锦绘新闻”之流的庶民娱乐性新闻媒体。

四、黄孩子——大报小报化

小报的煽情故事，很快让大报也自叹弗如，本杰明·戴的娱乐报纸精髓，即使像普利策那样的伟大报人也不得不效仿。

尽管约瑟夫·普利策主张报纸要“讲一些令社会上有知识、有教养、有独立见解的人们敬重的话”，但是他开创的“新式新闻事业”却强调煽情主义是高发行量的前提，并与赫斯特一起迎来了“黄色新闻年代”。普利策喜欢更刺激的标题，如《孩子们是怎么样被烤死的》《小棺材成排》《暴风过后死人无数》《尖叫饶命》等。

普利策提倡报纸参与社会改革活动，却也策划了大量的噱头报道：

①[日]吉见俊哉：《媒介文化论》，苏硕斌译，群学出版有限公司，2009年，123页。

在这方面，最大胆的尝试是1889年派内利·布莱(Nellie Bly)周游世界，看她能否用少于儒勒·凡尔纳(Jules Verne)在他的小说《80天环游地球》中建议的时间做一次环球旅行。内利·布莱是女记者伊丽莎白·科克兰的笔名。她曾以招引男性无赖，然后写文章加以揭露，或伪装成精神病患者混入纽约的精神病院采访消息等花招，来活跃《世界报》的版面。当内利乘船、乘火车、骑马、坐舢板周游世界各地时，《世界报》举办了猜谜比赛，吸引了将近100万人参加此项活动，猜测她到达各地所需的时间。内利没有让她的报纸失望。最终，她以72天的时间完成了周游世界的旅行，在举国上下一片欢呼声中，乘坐旗帜飘扬的专车从旧金山回到了纽约。[①]

普利策是周末版报纸的倡导者，他的“黄孩子”就在这里诞生。普利策创立的《星期日世界报》是报刊娱乐化的一个重要例证。这种周末报集中了大量的娱乐版，包括提供给青年、妇女和体育爱好者的特稿。这张报纸的特点就是图片：

《世界报》从1889年起出版定期连环画组，是美国最早着色的报纸(杂志在19世纪70年代已开始这么做)。最成功的连环画家是理查德·F·奥特考尔特(Richald F. Outcault)，他的《霍根小巷》描写廉租公寓的生活。每张画的中心人物是一个穿着肥大衣服、没有牙齿、咧嘴而笑的孩童。当《世界报》印刷工人给孩子的衣服涂上

①[美]迈克尔·埃默里、[美]埃德温·埃默里：《美国新闻史》，展江、殷文译，新华出版社，2001年，206页。

一抹黄颜色时，他就成了不朽的“黄孩子”(Yellow Kid)。[①]

从19世纪开始至今，报纸的娱乐特征可以在一张张图片上得到最大程度的展现。

五、讲故事的特稿与爵士新闻

在西方新闻史上，特稿是和专栏共生的。特稿在固定的专栏里诞生，它让人们可以每天读到“新闻故事”。直到今天，世界上所有新闻特稿的写手，都是按文学家的素质来培养的，学习写特稿，就是学习写故事，除了虚构，可以使用一切文学写作技巧。美国特稿的第一批写手基本上都是作家，如马克·吐温、杰克·伦敦等。从他们那个时期开始，一种“非虚构写作”逐渐成为报刊的重要实践内容，人们称之为“特稿”“特写”“通讯”“报告文学”等。但这一切的核心都是“故事”，是提供给读者的娱乐故事。

从美洲的黑人音乐，到新奥尔良的民间乐，一种不同于传统音乐的爵士乐开始在20世纪20年代的美国兴起，并成为20世纪最有影响力的音乐。与爵士乐的反抗权威、追求奇异的特点相同，美国的报纸把对娱乐性的追求，堂而皇之地表现在报纸上。如果说，在黄色新闻时代，煽情主义是招徕读者的一种方法，那么在“爵士新闻”时代，煽情已经成为新闻的合理内容。在那个时期，性、犯罪、演艺和体育方面的新闻成了报纸内容的主流。与之相配合的，就是

---

①[美]迈克尔·埃默里、[美]埃德温·埃默里：《美国新闻史》，展江、殷文译，新华出版社，2001年，228页。

各类图像对煽情的渲染。

六、“花”与“骂”两大主题下的中国小报

在中国，“小报”一词来源于宋代，也叫“新闻”。宋代小报因为“新闻”而区别于官报。但宋代小报的“新闻”，不是今天所说的新闻，而更像道听途说的“小道消息”。

中国现代小报始于清末，成为民国时期中国报业的独到风景，也是中国重要的娱乐媒体。秦绍德概括了小报的如下特点：

> 小报，顾名思义，首先在其篇幅小。戈公振有言：“与大报副张相颉颃者，以其篇幅小故名。”但篇幅小不是小报的唯一特征。既然称之为“报”，那么也就是说，小报仍然以新闻为主干，或者说依托新闻而存在。不过，在刊载新闻与其他文字方面，自有其特点，有人将这些特点归结为：“大报用正面或直视的方法观察社会，小报用侧面或透视的方法来观察社会”；“大报多硬性新闻”，“小报以软新闻居多”；“大报新闻重时间性，小报的新闻偏重趣味性。”根据上面的阐述，我们大体可以给小报勾画出一个轮廓，这就是：小报是一类篇幅小、刊载趣味性消遣性内容(包括新闻、轶事、随笔小品、文艺小说等)为主的报纸。①

中国现代小报的历史，通常认为开始于李伯元的《游戏报》。关于李伯元的《游戏报》，在有关的论著中，学者们引用得最多的是《游

①秦绍德：《上海近代报刊史论》，复旦大学出版社，1993年，134页。

戏报》第63期的《论〈游戏报〉之本意》。但从这份报纸的风格来看，这篇文章大谈其道德目的，确有些虚伪之意：

《游戏报》之命名仿自泰西，岂真好为游戏哉？盖有不得已之深意存焉者也……故不得不假游戏之说，以隐寓劝惩，亦觉世之一道也。[①]

实质是，李伯元的《游戏报》在揭露讽刺方面的力度比不上他创作的《官场现形记》等谴责小说。但从《游戏报》开始，在50多年的时间里中国出现了多种多样的小报。梁秋实把小报比作风情万种的"姨太太"："我们平常看大报，像是和太太谈天，她老是板着脸，不是告诉你家里钱不够用，就是告诉你家里兄弟吵架，使你听得腻而且烦。偏是翻翻小报看看，她会嬉皮笑脸地逗着你玩。姨太太逗着你玩，使你笑眯眯地开心，我羡慕你；姨太太稍微不规矩一些，出言稍微欠庄重一点，我原谅她。"

七、新中国的晚报

新华社原社长穆青曾有过这样的一段论述，一定程度上可以代表官方对晚报的要求："中国的晚报有自己的特色，它定位于市民，贴近生活，服务群众。在过去五十年尤其是近二十年来，晚报在'替政府分忧，为百姓办事'方面做了许多工作，赢得了广大读者。如今，'下班后买一张晚报'已经成了许多市民的习惯。一张晚报在手，

①范伯群：《中国现代通俗文学史》，北京大学出版社，2007年，51页。

既可了解重大时事，又能知晓各行各业的最新动态，给自己的学习、工作、生活带来了很大方便。这种引导、参谋和生活指南作用，过去是，现在是，将来也必须是晚报坚持的方向。”

中华人民共和国成立后，在20世纪50年代后期和60年代初期，出现过一次创办晚报的热潮。但是，对晚报功能的官方认识还停留在“引导、参谋和生活指南作用”这三个方面。从晚报到都市报，应该说是中国读者看到了最接近“新闻纸”的报刊。党报从本质上说，并不是“新闻纸”，而是“观点纸”，这是党报的属性所决定的。

中国的晚报曾经有三个独特的现象：

一个是许多晚报都担当过党的机关报。先后成为机关报的晚报有：长沙晚报（1961年）、羊城晚报（1961年）、西安晚报（1961年）、南宁晚报（1961年）、成都晚报（1961年）、武汉晚报（1961年）、合肥晚报（1961年）、哈尔滨晚报（1961年）、南昌晚报（1961年）、郑州晚报（1963年）、太原晚报（1965年）、福州晚报（1982年）、新乡晚报（1983年）、乌鲁木齐晚报（1984年）、兰州晚报（1985年）、泉州晚报（1985年）、拉萨晚报（1985年）、岳阳晚报（1986年）、遵义晚报（1987年）、银川晚报（1988年）、海口晚报（1988年）、西宁晚报（1989年）、呼和浩特晚报（1992年）。

由此可见，在20世纪60年代初和20世纪80年代，大量的地方党报以晚报的名头创刊，成为一种现象。

二是当代中国晚报都有着断刊10年的历史。1966年7月21日，《北京晚报》停刊，至1967年1月《哈尔滨晚报》改名《哈尔滨战报》，全国晚报全部停刊，中国晚报出现了长达12年的空白阶段。中国当代政治变化，报刊命运受其影响实属正常，但以《人民日报》

为代表的党报却几乎无一日之停刊。中国晚报十年空白，正是对中国晚报功能的一个证明，那就是中国晚报的本质功能已经不是政治宣传，而是文化报刊、生活报刊和娱乐报刊。

三是改革开放的前二十年，也几乎就是晚报发展的20年。20年里，晚报受到了极大的市场认可。1980年2月15日，停刊14年之久的《北京晚报》复刊，当天发行36万。1988年3月1日，《新民晚报》发行量达到1843274份，达到中国晚报发行量之最。中国晚报在半个世纪的文化与娱乐资源枯竭的时代里，受到了读者的广泛欢迎。

关于中国晚报的定位，最有影响的是“分工说”或“互补说”。夏衍在1950年6月《在新民报的讲话》中讲道：

> 日报的读者，主要的是要了解昨天所发生的国家、社会、世界大事，他们要看社论、看文件，是在一天工作之前，精神饱满时看的。晚报的读者是在一天工作之后，精神疲倦，茶余饭后看的，所以内容必须要轻松，即使要讲大道理，也要用各种不同的轻松的深入浅出的方式来讲。①

尽管中国晚报的定位一直在“分工说”与“互补说”上，这种分工与补充给晚报娱乐功能的体现提供了一定的生存空间。与西方日报与晚报的发行时间概念不同，中国晚报毕竟是一种接近新闻纸并可以为读者带来更多快乐的媒体。

---

①中国晚报工作者协会：《新中国晚报五十年鉴》，文汇出版社，2000年，347页。

中国晚报为半个世纪里的中国人提供了重要的娱乐资源。其表现为：

1. 刊登社会新闻与文艺体育新闻

中国的晚报要不要刊登社会新闻，夏衍《在新民报的讲话》中这样说：

有人认为现在社会新闻不应该登，在某一点上说是对的，在苏联就没有社会新闻，但是在新民主主义的国家里，从古老的旧社会走向新社会，落后的阶层所占很大的成分，社会问题仍旧存在，如新婚姻法颁布还不久，婚姻纠纷仍旧有，所以社会新闻还可以写。所不同的，在于写作的观点和方法的改变，过去的黄色新闻每每欺侮弱者，伤害弱者，现在要为弱者讲话。①

社会新闻是晚报以及后来的都市报借以立命的新闻类别，也是晚报新闻最受争议的地方。

2. 举办娱乐活动

新中国成立以来，许多重要而有影响的娱乐活动，是以晚报的名义举办的。特别是在20世纪80年代，许多文艺演出和体育比赛都是由晚报举办的。

1980年9月，《北京晚报》在首都体育馆举办“新星音乐会”，推出了朱明瑛、苏小明等一批唱通俗歌曲的新星，在社会上引起轰

①中国晚报工作者协会：《新中国晚报五十年鉴》，文汇出版社，2000年，347页。

动。这是“文化大革命”后北京举办的第一个大型演唱会。

1980 年 12 月，北京晚报连续举办了 7 场由中国戏曲学院首批大专毕业生演出的京剧《四郎探母》。这是该剧在“文化大革命”中被禁后第一次大规模演出，造成巨大轰动的同时并对京剧的复兴起到很大的推动作用。

1981 年 1 月，《羊城晚报》与《新体育》杂志社联合举办了全国第一次象棋杯赛“五羊杯”象棋冠军赛。以后每年举行一次，成为中国水平最高、历时最长、影响最大、观众最多的一项象棋邀请赛。

1986 年 5 月，《新民晚报》与上海市体委联合主办的“新民晚报杯国际女排邀请赛”在上海举行，中国、古巴、日本的国家队和上海联队参加了比赛。

3. 设立富于情趣的文化专栏与副刊

关于晚报的趣味性，赵超构在 1957 年 5 月 31 日新民报全社大会上的发言说：

趣味大致有三类，有益的趣味，健康的趣味，落后的趣味。有益的趣味本身就有思想性，例如英雄模范事迹、学者的科学成就、艺术家的艺术创作，很可以写得生动有趣，它本身就有趣且有教育意义。

有的东西虽不能从本身硬找出一些思想性来，例如马戏团杂技演员表演总要贴上一些社会主义标签，那是可笑的，下一局棋，打一局桥牌，就不必找社会主义的政治意义。但是这些文娱活动是社会主义生活中的必需品，可以使我们身心愉快，更好地去工作。有利于社会主义的我们就干，这就是健康的趣味。落后趣味，指的是诲淫诲盗、幸灾乐祸、庸俗丑恶的东西，它对社会主义不利，我们不干。[①]

20世纪90年代开始，中国报业迎来了20余年的晚报与都市报的兴盛时期，直至网络媒体的兴起。

①中国晚报工作者协会：《新中国晚报五十年鉴》，文汇出版社，2000年，350页。

第七篇　书与报之间

作工到老倦之时，拿本《良友》看了一趟，包你气力勃发，作工还要好；常在电影院里，音乐未奏，银幕未开之时，拿本《良友》看了一趟，比较四面顾盼还要好；坐在家里没事干，拿本《良友》看了一趟，比较拍麻雀还要好；窝在床上，眼睛还没有倦，拿本《良友》看了一趟，比较眼睁睁卧床上胡思乱想还要好。

——《良友》1926 年 3 月第 2 期

期刊介于书与报之间，是装订成册的报纸，又是定期出版的书籍，英语“期刊”一词来源于阿拉伯语“makhazin”，即“仓库、货仓”。书籍通常是可以用来收藏的，所以世界上有无数藏书家，但报纸通常是阅后即弃的。期刊如果跟仓库的含义相近，是不是意味着它们是不能扔的但又摆不上书架的东西？

期刊在于书与报之间，有两个现象说明这一特点。

一是从时间上看最有报纸特点的期刊是周刊，报纸研究者和期刊研究者经常把周刊视为共同的研究目标。二是中国期刊界长期存在着一种“以书代刊”的现象，由于期刊的新闻宣传特征，刊物出版人无法获得合法的发行资格，选择管控相对松弛的出版界，用出版书籍的方式，定期出版某种期刊。“以书代刊”现象说明了书籍与期刊之间界限的邻近。

期刊与报纸相比，是一种专业化和雅致化的阅读媒介，期刊与书籍相比，又是一种新闻性和碎片性的东西。

书籍——期刊——报纸，表现了“雅俗共存”——“分众”——“雅俗共赏”这样一个谱系，如果对总体文化水平列出一个谱系，它的一端是文化经典，而另一端则是市井小报，从读者的社会地位的谱系上看，中产阶级是其阅读主体。以美国为例，19 世纪 60 年代的自行车风靡，曾促使了一批新期刊的产生，而美国期刊在 100 年后的最后一个期刊热潮是 20 世纪 90 年代的自助装修热。

美国学者沃斯力和查里斯将期刊分为两组：

1. 消费者类（consumer）；

2. 专业、行业类（specialized business or trade）。

沃斯力将以上消费和行业类两大期刊又进一步划分。

第一大类，即消费类期刊被细分为以下：

1. 女性类；2. 男性类；3. 文艺类；4. 质量产品宣传类；5. 忏悔、道德类；6. 新闻类；7. 体育类；8. 旅游类；9. 探索类；10. 幽默类；11. 家居类。

第二大类——专业、行业类期刊细分为以下：

1. 青少年类；2. 连环画类；3. 儿童文学类；4. 文学类；5. 学术类；6. 教育类；7. 商业类；8. 宗教类；9. 行业类；10. 农业类；11. 运输类；12. 科学类；13. 论坛类。①

①陈凤兰：《美国期刊理论研究（1949—1999）》，中国传媒大学出版社，2009 年，6–7页。

表 7.1 杂志发展趋势

<table>
<tr><th></th><th>1741–1800</th><th>1801–1865</th><th>1866–1889</th><th>1890–1920</th><th>1921–1959</th><th>1960–1979</th><th>1980–2000</th></tr>
<tr><td>生存寿命</td><td>少于18个月</td><td colspan="6">几十年</td></tr>
<tr><td>数量</td><td>很少</td><td colspan="3">几千份
繁荣时期</td><td>一些高级杂志关门</td><td>出现一些新杂志，同时另一些突然消失</td><td>继续增长</td></tr>
<tr><td rowspan="4">受众</td><td>很少</td><td>教育水平提高</td><td>义务教育</td><td>高中教育</td><td colspan="2">识字</td><td>将读者视为消费者</td></tr>
<tr><td>男性读者</td><td colspan="6">男女读者</td></tr>
<tr><td>受过高等教育的精英人士</td><td>正在形成的中产阶级</td><td>中产阶级</td><td>大众</td><td colspan="2">目标读者以人口统计学属性进行分类</td><td>分众化</td></tr>
<tr><td>高收入</td><td></td><td></td><td>更加倾向休闲化</td><td>高收入</td><td colspan="2">任何收入的人群</td></tr>
<tr><td rowspan="3">内容</td><td>各种杂志</td><td>各种文章</td><td>传记</td><td>普遍兴趣</td><td>短文章</td><td></td><td></td></tr>
<tr><td>很少署名文章</td><td colspan="3">署名文章</td><td>栏目</td><td>专栏</td><td>消费出版物</td></tr>
<tr><td>转载英国的文章</td><td>美国文学
特殊商业新闻</td><td>长篇连载
短篇小说
长文章</td><td>揭露性报道、建议性文章</td><td>写作紧凑
小说内容增加</td><td>特殊题材</td><td>更多服务性文章
小说减少</td></tr>
<tr><td rowspan="2">形式</td><td>没有装饰
很少配图</td><td>手绘和木雕配图</td><td>照片</td><td>图片质量提高、颜色增多</td><td>图片篇幅增大</td><td>颜色丰富</td><td>任何形式、没有技术限制</td></tr>
<tr><td>字体很小</td><td>铜版纸</td><td></td><td>篇幅增大</td><td></td><td>篇幅缩小</td><td></td></tr>
<tr><td rowspan="2">发行运送</td><td>邮政局局长负责运送</td><td>普通邮寄</td><td>二等邮寄</td><td>农村免费邮寄</td><td>邮资降低</td><td>邮局改制</td><td>邮资增长</td></tr>
<tr><td>读者付邮资</td><td colspan="4">出版商付邮资</td><td colspan="2">邮资提升</td></tr>
</table>

续表

	1741–1800	1801–1865	1866–1889	1890–1920	1921–1959	1960–1979	1980–2000
发行运送	大多数东北部城市	覆盖各个地区	向西跨过密西西比河	海岸线以内的整个地区			
	以费城为中心	以纽约为中心					
	人力、马力、马车	道路状况改善	铁路				尝试替代性的运送发行系统
生产和科技	手工排版	机器生产					电脑技术减少成本电脑出版
	人工排活字	机械活字		机械式的中间色			光滑的、可循环利用的纸张
生产和科技	手工制纸		便宜的木浆纸	四色印刷	光滑的蜡纸		
	生产成本提高			生产成本降低、速度提高			数字制作
发行量	很小，约500份	达到4万份	超过10万份	达到100万份	以百万计算	有意地缩减	不定
	订阅			报摊零售	报摊加订阅		
成本	很高	负担得起	负担得起	廉价	不贵	价格上涨	负担得起

（引自《杂志产业》，中国人民大学出版社2007年版，第77页。）

以实用——娱乐的谱系划分，期刊可以分成三个大类：

1. 实用类期刊；

2. 实用——娱乐类期刊；

3. 娱乐类期刊。

所以，专业、行业类期刊的主体是实用性质的，消费类期刊的主体是娱乐性质的，但其中娱乐和实用的边界有时很模糊。

一、文学、文艺、文摘

现代文学是在期刊中成长起来的，文学同时也是期刊家族中最重要的门类。从最早的期刊内容统计中可以看出，除新闻、政论之外，小说和诗歌从来都是最多的内容。

《瀛寰琐记》是中国近代最早的文学期刊之一，创刊于1872年。在其刊载的笔名为“海上蠡勺居士”的一篇《叙》的文章中，谈到了这本杂志的办刊方针：

> 尊闻阁主人慨然有远志焉。思穷薄海内外，寰宇上下惊奇骇怪之谜，沈博艳丽之作，或可以助测星度地之方，或可以参济世安民之务，或可以益致知格物之神，或可以开弄月吟风之趣。[①]

从其表述上，我们看到中国早期期刊在追求杂志之“杂”时，没有忘记那些“弄月吟风”的文字是其重要的内容。

1897年，美国的双月刊《星期六晚邮报》创刊，而后这个期刊成为美国最有影响力的中产阶级的消遣刊物。此刊注重小说、非虚构文学与漫画，杰克·伦敦的小说《野性的呼唤》和阿加莎·克里斯蒂的小说《东方快车谋杀案》都发表在这个刊物上。文学与漫画后来成为世界大众期刊的常规内容。1914年，中国一份号称追随《星

---

①宋应离：《中国期刊发展史》，河南大学出版社，2000年，53页。

期六晚邮报》的期刊《礼拜六》问世，并成为中国近代文学的代表流派之一的“鸳鸯蝴蝶派”的主阵地。《礼拜六》的主编之一周瘦鹃回忆这个刊物曾经的盛况时说：

每逢星期六清早，发行《礼拜六》的中华图书馆门前，就有许多读者在等候着。门一开，就争先恐后地涌进去购买。这情况倒像清早争买大饼油条一样。[1]

下面是《礼拜六》创刊词的摘录：

或问子为小说周刊，何以不名礼拜一礼拜二礼拜三礼拜四礼拜五而必名礼拜六也。余曰：礼拜一礼拜二礼拜三礼拜四礼拜五人皆人事于职业，惟礼拜六与礼拜日乃得休暇而读小说也。然则何以不名礼拜日而必名礼拜六也，余曰：礼拜日多停业交易，故以礼拜六下午发行之，使人亢睹为快也。或又曰礼拜六下午之乐事多矣，人岂不欲往戏园顾曲、往酒楼觅醉、往平康买笑，而宁寂寞寡欢、踽踽然来购读汝之小说耶？余曰：不然，买笑耗金钱、觅醉碍卫生、顾曲苦喧嚣，不若读小说之省俭而安乐也。品买笑觅醉顾曲，其为乐转瞬即逝，不能继续以至明日也。读小说则以小银元一枚，换得新奇小说数十篇，游倦归斋，挑灯展卷，或与良友抵掌评论，或伴爱妻并肩互读。意兴稍阑，则以其余留于明日读之。晴曦照窗，花

①周瘦鹃：《闲话礼拜六》，转引自郑逸梅《关于〈礼拜六〉周刊》，《书报话旧》，书林出版社，1983年，第164页。

香入坐，一编在手，万虑都忘，劳瘁一周，安闲此日，不亦快哉。故人有不爱买笑、不爱觅醉、不爱顾曲，而未有不爱读小说者，况小说之轻便有趣如礼拜六者乎。礼拜六名作如林，皆承诸小说家之惠，诸小说家夙负盛名于社会，礼拜六之风行可操券也。若余则滥芋编辑，为读者诸君传书递简而已。①

中国近代小说发展的重要原因，就是近代中国出现了宏大而长久的文学期刊热，几乎所有的文学思潮、文学思想、文学流派都有相对应的文学期刊，而每一次文学热潮的兴起，都会伴随这一时期文学期刊的风行。

从晚清开始，中国文学最重要的现象之一就是中国现代小说的出现。期刊和报纸的副刊、小报共同为之作出了贡献。其中被阿英称为“清末文艺杂志四大权威”的《绣像小说》《月月小说》《小说林》《新小说》体现了文学期刊的广泛影响力。1933 年到 1934 年曾被称为“杂志年”，仅 1933 年的上海就出版了至少 200 种杂志。到 1935 年全国期刊已经由 1932 年的 200 多种增加到 1500 多种，其中文学杂志和文艺杂志成为主体。其间较有影响的文学期刊包括：

1.《论语》1932 年创刊，主编林语堂；

2.《文学》1933 年创刊，主编傅东华；

3.《现代》1933 年创刊，主编施蛰存；

4.《文学季刊》1934 年创刊，主编郑振铎；

5.《小说》半月刊 1934 年创刊，主编梁得所；

---

①古敏：《头版头条——中国创刊词》，时事出版社，2015年，96页。

6.《人世间》1934 年创刊，主编林语堂；

7.《学文》1934 年创刊，主编叶公超；

8.《太白》1934 年创刊，主编陈望道；

9.《水星》1934 年创刊，主编靳以、卞之琳。

在中国近现代的文学杂志中，社会批判文学与娱乐文学的关系十分微妙。

晚清小说，本意倡导社会批判文学，也就是梁启超提倡的政治小说，在诸多娱乐特征明显的文学杂志创刊号的发刊词里，也时常把严肃的文学目的写入其中。而在理论和实践上公开倡导文学娱乐性的人在获得市场认可的同时，却受到严肃的批评，其根本原因在于他们的不合时宜。对此，虽然朱自清认为“鸳鸯蝴蝶派”是中国现代文学的主流，梁实秋用“菜刀虽然可以砍强盗，但其实是做菜的工具”来解释他小品文的文学理念，可总体说来娱乐文学在那个时代并没有受到主流舆论的认可。

林语堂、梁实秋、张恨水、张资平等人的作品在当时的娱乐文学期刊市场上很受欢迎，比如张恨水在期刊上连载小说的稿酬可以达到每千字 6 元，跟鲁迅一样。但他们都曾经受到左翼文人的贬斥，在文学史中的地位也非常边缘。鲁迅对张资平的小说用了一个“三角讽刺”，黎烈文突然终止张资平小说在《自由谈》上的连载，也都是在批判这种爱情小说的不合时宜。

同时，社会批判文学期刊也受到读者的喜欢，在一定意义上说，也是娱乐文学。社会批判的娱乐价值主要体现在“抒愤”和“解题”两个因素上。一方面要通过小说诗歌表达对社会的不满，另一方面提出社会问题寻求解答。因此，大量的“左翼文学”如同“左翼电影”，不仅仅是社会革命的宣传品，对于苦闷之中的大众则是痛快淋漓的娱乐品。这一时期，许多作家在“文学”与“革命”之间时常是模糊的。对此，鲁迅在《上海文艺之一瞥》有一段话表达对张资平的嘲讽：

“革命”和“文学”，若断若续，好像两只靠近的船，一只是“革命”，一只是“文学”，而作者的每一只脚就站在每一只船上面。当形势好的时候，作者就在革命这一只船上踏得重一点，分明是革命者，待到革命一被压迫，则在文学的船上踏得重一点，他变了不过是文学家了。[①]

鲁迅从作家的角度谈文学与革命，但如果从读者的角度看，文学和革命可能都是他们不可缺少的精神需求。

改革开放前后，中国文学的“新时期文学”现象中，文学期刊出现一次中国期刊史上的“井喷”现象。除中央一级文学期刊外，全国每一省、每一大城市甚至是许多中小城市，都出现了一种文学期刊，包括可以刊登长篇小说的大型文学期刊。这时期较有影响的包括以刊载短篇小说为主的《人民文学》《小说月报》《小说选刊》，刊载中长篇小说为主的《十月》《当代》《收获》《花城》及刊载外国文学的《译林》。

如果说上述文学期刊的总体倾向是“纯文学”，娱乐性特征并不明显的话，那么这一时期出现的大批通俗文学期刊，则是面对市场，满足广大受众的娱乐需求。在80年代中期，大批故事报刊与刚刚普

①李勇军：《再见，老杂志》，北京工业大学出版社，2010年，162页。

及的电视机中播出的电视剧，构成了当时中国受众的主要娱乐来源。这些故事报刊一度以猎奇、色情、暴力等元素为主，一时占据了中国街头报摊、车站报亭。

这时期较有影响的通俗文学刊物是《故事会》《龙门阵》《今古传奇》，其中的《故事会》1985 年的第 6 期，印数高达 760 万册，创造了中国出版史文艺书刊发行数的最高纪录。1998 年，它在世界综合类期刊中发行量排名第五，传阅率曾经达到 8%。

《故事会》栏目包括：笑话、百姓话题、名人讲故事、我的故事、智慧小屋、东方夜谈、16 岁故事、故事传递、外国文学故事鉴赏、战争故事、阿 P 系列幽默故事、民间故事全库、历险故事、谈古说今、幽默世界、社会故事。

《故事会》的栏目，在“三性”（情感性、幽默性、传奇性）的办刊追求下，几乎就是各种娱乐要素的分类集合，以至于后期出版了大量的分类别单行本，继续成为市民及农村读者和旅行文学的热门书。

期刊也是为其它艺术形式提供了展示平台，不再局限于学术和欣赏两个方面。美术、摄影、戏剧、电影等一切视觉和表演艺术都在期刊里找到了自己的展示空间，同时这些类别的期刊也成为期刊市场上的热门商品。

1932 年，程砚秋主办了《剧学月刊》（实务由徐凌霄负责），栏目内容包括：剧种研究、戏剧界人物、戏剧史料、剧本新作、西方戏剧述评。

京剧是中国 20 世纪非常重要的娱乐样式，身为京剧表演大师的程砚秋把自己对戏剧的热爱扩展到了舞台以外。在《剧学月刊》的第 1 期，他发表了《致梨园公益会同人书》，并在随后赴欧考察，其一年之后带回的2000种剧本、5000张图片和近千种戏剧文化书籍，成了《剧学月刊》的重要资源。

新中国成立以来，文艺期刊是意识形态宣传的重要阵地，同时也是大众的娱乐读物。在"文化大革命"这一特殊时期，军方主办的《解放军文艺》一时成为最受大众欢迎的中国文艺期刊。《解放军文艺》创刊于 1951 年，以刊登军事题材的小说、报告文学、散文、革命斗争回忆录、诗歌等文学作品为主，兼及戏剧、曲艺等其他文艺形式的作品和文艺评论，同时，以一定的篇幅发表地方题材的作品。电影《牧马人》中，还有身处塞外的主人公在土坯炕上读这本杂志的镜头。"文化大革命"期间，大量文学、文艺期刊停刊。《解放军文艺》是"文化大革命"期间里唯一的主流文化期刊，可谓文化沙漠里的一片绿洲。1968 年 6 月《解放军文艺》停刊后，全国再无一份公开发行的文艺类期刊。1972 年复刊的《解放军文艺》是"文化大革命"期间内停刊时间最短的文艺类期刊，也是新中国成立至今发行时间最长的期刊。

文摘是期刊史上具有现代意义的样式，体现了整合、摘录等现代信息传播的特点。在内容方面，以文学和新闻为主。1922 年，在纽约格林威治村一家地下酒吧的房间里，华莱士夫妇创办了《读者文摘》(Reader's Digest)。一开始，编辑人员从其他杂志收集文章，摘要后汇集成册，最后通过邮购方式发给读者。后来该杂志成为直接邮寄销售的先驱之一，并发展成世界上最大出版商之一，曾经以 50 个版本，19 种语言，在世界 160 多个国家销售。该杂志被形象地称作"曾是候诊室及中产阶级床头历史悠久的必备之选"。

中国最具代表性的文摘类杂志《读者》由甘肃人民出版社创刊于1981年1月，是甘肃人民出版社主办的一份综合类文摘杂志。《读者》杂志发掘人性中的真、善、美，体现人文关怀。《读者》在刊物内容及形式方面与时俱进，追求高品位、高质量，力求精品，并以其形式和内容的丰富性及多样性，赢得了各个年龄段和不同阶层读者的喜爱与拥护。发行量稳居中国期刊排名第一，亚洲期刊排名第一，世界综合性期刊排名第四。被誉为“中国人的心灵读本”“中国期刊第一品牌”。

二、画家与摄影师

工业革命完成后，人类暂时进入了因为物质生产成果剧增所带来的娱乐时代，同时由于技术的发展，人们开始追求感官的全面体验。摄影技术、图片印刷、绘图制作和电影产业都让世人越来越喜欢传播媒介中文字之外的东西，那就是“影像”。电子传播媒介改变了人们以阅读为主的媒介接受方式，而以声音和画像直接触及人们的视听感官，因此电子传播媒介所具备的媒介娱乐特质则十分明显。“媒介感官主义”成为批判者常用的一个概念。实质上，纸质媒介中的图画开了媒介感官主义时代的先河。

文字与图画一直并存于人类的印刷过程，活字印刷之前的雕版印刷，使图画印刷大量出现在印刷品中。报刊时代的漫画和后来的摄影图片，成了报刊的重要娱乐内容，而以图画和摄影为主体的画报，使得报刊娱乐的特点得到了充分的展现。期刊从一开始，就在图片形象上表现出与书籍的不同。早期期刊的画家与之后的摄影师都在这里有了用武之地。

画刊的主体不再是文字,这是人类印刷品的一个创举,标志着"读图时代"的开始。

1884年创刊的《点石斋画报》为中国最早的旬刊画报,由上海《申报》附送,每期画页八幅。在1898年停刊前,共发表了4000余幅作品。这里,一群苏州年画的画师,临摹外国报纸上的照片,将新闻与美术结合起来,向读者展示着现代社会的种种奇观。在《点石斋画报》里,有齐柏林飞艇、双翼飞机、埃菲尔铁塔、纽约摩天大楼,成为中国市民看世界的一个"西洋镜"。

1888年,美国《国家地理》创刊,其后一个世纪以来,这本期刊以最精美的自然和人文景观图片风靡于世。1889年,吉尔伯特·格罗夫纳画了一张赴南极路线的地图刊登在杂志上,从此,《国家地理》走上了视觉期刊的道路。约翰·维维安在他的《大众传播媒介》一书中记录了《国家地理》的几张划时代的图片:

1903年,一张裸胸的菲律宾女工的照片,使某些《国家地理》的读者感到震惊,但是格罗夫纳坚决反对维多利亚时期的敏感主义,坚持要给读者展示一个人们实际生活着的世界。

俄罗斯探险家拍摄的第一批西藏照片,于1905年首次用长达11页的篇幅发表——在那个摄影新闻的作用刚开始得到肯定的年代,这是一次非凡的视觉报道。

1911年,有关加拿大落基山脉的全景图片以17页、长达8英尺的篇幅发表,表明摄影新闻不需要格式限制。

1988年,杂志的百年纪念封面是一张首次发布的全息图——三维图片——这在大众杂志上前所未有。它是一份有重大意义的作品。[1]

1926年，在《少年良友》画报里做编辑的伍连德，推出了他的新型画报《良友》。之后《良友》在民国期间发行了近20年，被称为“民国第一画报”。《良友》画报的成功主要体现在摄影作品上。在其全部172期中，共刊登3.2万张照片，彩色照片达400余幅，伍连德首先使用了当时成本昂贵的影写凸版印刷，而且每期还有三页彩色插图，内容涉及了中国近现代社会的人物、社会风貌、文化艺术、建筑古迹等内容。1932年10月，《良友》组织了摄影团，4位摄影师携带了14箱拍摄器材，历时9个月，行程5万余里，拍摄了中国当时可以到达的23个省市的风土人情、历史古迹、山川美景、农工物产等珍贵照片1万余张，陆续在画报上刊发，并举办全国巡回展。之后他们出版了大型画册《中华景象》《中国建筑美》《中国雕刻美》《中国风景美》《全国猎影展》《桂林山水》《颐和园》《泰山胜迹》等，受到了读者的广泛好评。

从《点石斋画报》开始到《良友》的巨大成功，时尚生活画报、电影画报、儿童画报、社会新闻画报等民国画报成为当时人们消遣娱乐的一个重要媒介。

图画，特别是漫画的使用，也是近代中外期刊的重要娱乐因素，报纸和期刊出现之后，随着纸张质量和印刷水平的提升，漫画在报刊中的地位越来越重要。漫画一词来源于意大利语“caricare”，词

①[美]约翰·维维安：《大众传播媒介》，顾宜凡译，北京大学出版社，2010年，62页。

面的意思是增加重量，引申为增加重量而产生了变化，漫画表现为一种喜剧似的夸张：

我们将要带领你们进入一个奇异的王国，在这个王国里，现实生活中的一切概念都被颠倒，一切规则似乎都失去了效用，动物获得了人的形象，无生命的物拥有了生命计数装置成了人身上的器官，鼻子变成了一支火枪，一杆旗杆变成了长长的胳膊，甚至整个人变成了一只巨大的糖罐儿。在这个王国里，一切都杂乱无章，疯狂迷乱。瞎子目光敏锐，学子翩翩起舞，聋子耳听八方，哑巴口出狂言。在这里，现实世界逻辑完全失效，一切都陷入了混乱，而各种各样幻想的产物，妖怪神灵、魔鬼则大行其道，封建领主和神圣家族的特权等级制度，甚至出身门第都被取消，王公贵族上师的身份，连天上的绳子也跌落到尘埃之中。千百年来，天剑像雾气一样烟消云散，不可逾越的高墙被推翻，难以克服的障碍被超越，最棘手的问题迎刃而解，人们在爱着恨着诅咒在巢湖，然而首先在笑。

人们在笑，但笑声如此千差万别，就像在生活中，这儿有会心的笑，苦涩的笑，开怀的笑，讥讽的笑，痛苦的笑，无奈地笑，愤怒的笑，形形色色的笑，表露出形形色色的内心情感，犹如狂欢节上的一次假面舞会，在千奇百怪的面具之后，隐藏着千奇百怪的面孔。总而言之，这里展示的是一个狂欢的王国，而狂欢既没有开端，也没有尽头。[①]

①[德]爱德华·福克斯：《欧洲漫画史（1848—1900年）》，王泰智、沈惠珠译，上海世纪出版集团，2005年，7页。

中国民国时代的漫画取得了极大的成就，有人说民国是杂文与漫画的时代，甚至有学者戏谑地把民国漫画与唐诗、宋词、元曲、明清小说相提并论，认为是这个时代具有特色的艺术种类。

漫画的喜剧式的夸张，在报刊上呈现在两个方向，一个是讽刺，一个是幽默。

在中国民国时代，这两个方向代表人物，一个是张乐平，一个是叶浅予。以张乐平的《三毛流浪记》为代表的讽刺漫画是民国漫画的主要代表。中国近现代多灾多难的社会生活，便使讽刺为特征的社会批判成为漫画最主要的表现形式，从娱乐角度则表现为抒情特征，通过讽刺一抒对社会的悲愤之情。

中国近代保存下来的第一张漫画，是谢缵泰的“时局全图”，图中以熊、狗、鹰、蛙等代表正在瓜分中国的帝国主义列强。之后的张聿光、马星驰、钱病鹤、但社宇、黄文农、鲁少飞、张光宇都以政治讽刺漫画而闻名。

叶浅予为代表的幽默漫画流派是民国报刊漫画的一个分支。对于民国漫画的这一分支，历来评价较低，作者甚至长期背负着政治包袱。叶浅予在1981年为毕克官的《中国漫画史话》作序时，论述了报刊漫画的两个方向，同时仍对自己20世纪30年代的作品噤若寒蝉：

漫画艺术有生以来便具有批判的锋芒，讽刺就是批判，英国人提倡的幽默，是笑中带刺的批判漫画家的作品，需要鲜明地表达他对政治和社会形态的态度和立场，想隐瞒和模棱两可是不可能的……各国流行一种无意义的漫画，我们现在称之为幽默画，画家编造情节，想入非非，逗人一笑，其实仍然反映了一定的社会生活矛盾，否则就不可笑了，画家在生活中发掘这一类矛盾，制造笑料，不可能不反映他对生活的态度，嘲笑就是讽刺，就是否定读者在一笑娱乐之中会得出自己的结论，画家有时把自己扮成丑角，借自我来嘲讽社会，可见所谓无意义或幽默之类的漫画，并非真无意义……我把自己在30年代创造的王先生和小陈两个丑角抛进了垃圾箱。①

叶浅予清楚知道漫画的两个分支，同时他也在为自己的幽默漫画辩解，力图把他的幽默漫画归为讽刺漫画之中，以求得肯定。叶浅予的长篇连环漫画《王先生》和《小陈留京外史》是民国报刊幽默漫画的代表。从1928年到1937年整整十年里，“王先生”和“小陈”成为上海滩家喻户晓的漫画人物。“王先生”在几乎所有的民国漫画刊物上都出现过，并由汤杰导演拍摄为系列喜剧电影，其中《王先生》《王先生过年》《王先生到农村去》大获成功。

成熟的中国漫画期刊从沈伯尘在1918年创办的《上海泼克》开始，到20世纪30年代“杂志年”中的漫画期刊热，成为中国期刊娱乐一道独特的景观。民国漫画的代表期刊是1934年1月创刊的《时代漫画》，曾被誉为“中国漫画大本营”，其内容有嘲讽现实的政治漫画，也有供人一笑的幽默漫画。主编鲁少飞因为刊登针砭时弊的漫画经常受到当局的传讯甚至拘禁，而同时，他也不反对刊登一些纯粹搞笑或情色的作品：

①毕克官：《中国漫画史话》，百花文艺出版社，2005年，5页。

漫画对一般劳动者的生趣上有很多的贡献，因为工作疲劳后失去了一种慰藉，是会感到苦闷的，要弥补这个缺陷，那要算许多引人发笑的漫画了。有的说这种笑有时会很浅薄的，但是人民或者多数是仅仅需要这一点也很满足了。①

在讽刺与幽默两大民国漫画体系之间，丰子恺则独树一帜。1925 年，郑振铎主编的《文学周报》刊登了丰子恺的作品，并标明为“漫画”，从此产生了漫画一词。丰子恺的漫画，既有儿童生活、古诗新意这样的幽默漫画，又有社会见闻、政治讽刺这样的讽刺漫画，同时又有《护生画集》这样充满禅意和爱心的漫画。丰子恺漫画在中国民国期刊漫画，甚至世界漫画史上彰显出一种中国文化的特殊风格。

1934 年麾下拥有《论语》《时代画报》《时代漫画》《时代电影》的民国娱乐期刊巨头邵洵美写过一篇《画报在文化界的地位》，谈到了他对画报的市场追求：

以群众为对象的普罗文学，他所得到的主顾，恐怕比贵族文学更少数，但是画报是走到了他们所走不到的地方，所以普罗文学刊物销售一千，非普罗文学的销数有一万，而画报，如《时代》《大众》及《良友》之内，便到过六七万。人家也许要误会我，把销数来定价值，其实我是把群众欢迎的程度来证明它存在的理由。②

①李勇军：《再见，老杂志》，北京工业大学出版社，2010年，33页。
②李勇军：《再见，老杂志》，北京工业大学出版社，2010年，152页。

三、小幽默

在杂志发展历史上，幽默内容和以幽默为主题的杂志，一直是一个重要的娱乐现象。

1841 年，英国幽默杂志《笨拙》是期刊幽默现象的典范，其后成为百年期刊。美国杂志历史学家弗兰克·鲁瑟·莫特在他的《美国杂志史》中，总结了在美国早期杂志中所出现的“城市笑话”这一现象，他整理了一份 19 世纪经典的“城市笑话”目录，列举了一些笑话，戏称为“城市戏剧”。他认为，尽管笑话材料可能不尽相同，但这些主题大都具有长久的生命力：

洞房之夜趣事 / 暴发户趣事 / 讨厌的求婚者的笑话 / 老姑娘的笑话 / 醉汉回家的笑话 / 害羞的求婚者的笑话 / 警察瞌睡虫趣事 / 名誉的笑话 / 小贩幽默 / 情书笑话[①]

20 世纪 30 年代，林语堂将英文的“humor”译成幽默，他也把幽默的风格充分显现在他所创办的杂志上。幽默体现在他北京创办的《语丝》，更体现在上海创办的《论语》和《人世间》。1932 年，林语堂模仿英国老牌幽默杂志《笨拙》而创办了《论语》。幽默的《论语》立即风靡了上海滩，销量达三四万份，创了中国杂志史上的一个纪录。《论语》倡导幽默，甚至上升为“幽默主义”。对此，阿英在《现

①[美]萨梅尔·约翰逊、[美]帕特里夏·普里杰特尔：《杂志产业》，王海译，中国人民大学出版社，2006年，98页。

代十六家小品·林语堂序》中对其幽默主义作了如下批评：

在一个社会的变革期中，由于黑暗现实的压迫，文学家大概有三条路可走，一种是“打硬仗主义”，对黑暗的现实迎头痛击，不把任何危险放在心头，在新文学中，鲁迅可算是这一派的代表……二是“逃避主义”，这一班作家因为对现实失望，感觉无事可为，事不可说，倒不如“沉默”起来，“闭门读书”，即使肚里也有愤慨。这一派可以“草木虫鱼”时代的周作人为代表。第三就是“幽默主义”了。这些作家打硬仗没有这样勇敢，实行逃避又心所不甘，讽刺未免露骨，说无意思的笑话会感到无聊，其结果，就走进了“幽默”一途，这种文学的流行也可以说是“不得已而为之”。[①]

阿英的评述似有不当之处，如果如他所说，把《论语》所倡导的幽默主义归为对现实政治的恐惧，是难以解释林语堂对幽默期刊的理解和追求。中国近现代的文学，一直为政治气氛所笼罩，一直是文以载道传统的延续。这在鲁迅所说的“风沙扑面”“虎狼成群”的时代里，是非常适宜的，因为文学必须与政治相关联。但是与此同时，文学仍会以一种非主流的姿态，保持其娱乐的本质。所以，在20世纪30年代左翼文学受到欢迎的同时，包括杂志上的通俗小说、周作人的闲适散文、林语堂的幽默小品文作为一种非功利的娱乐的文学，也受到了读者的欢迎。

正如林语堂在《生活的艺术》一书和《论幽默》一文中，所谈

①吕若涵：《“论语”派论》，三联书店上海分店，2002年，2页。

到的艺术的本质和他对幽默的尊重：

艺术是创造，也是消遣，这两个概念中，我以为以艺术为消遣，或以艺术为人类精神的一种游戏是更为重要的，我虽然最喜欢各式不朽的创作，不论它是图书建筑和文学，但我相信只有在许多一般的人民都喜欢艺术为消遣，而不一定希望有不朽的成就时，真正艺术精神方能成为普遍面弥漫于社会之中。[①]

我很怀疑世人是否曾体验过幽默的重要性，或幽默对于改变我们整个文化生活的可能性——幽默在政治上、在学术上、在生活上的地位。当我们的统治者没有笑容时，这是非常严重的事，他们有的是枪炮啊。在另一方面，只有当我们冥想这个世界有一个嬉笑的统治者去管理时，我们才能体味出幽默在政治上的重要性。[②]

幽默本是人生之一部分，所以一国文化到了相当程度，必有幽默的文字出现，人之智慧已启，对付各种问题之外，尚有余力，从容出之，遂有幽默。[③]

应该说《论语》对幽默的追求，不是无奈，而是严肃的自觉。

四、男女的身体和故事

期刊是所有大众传播媒介中，最早体现出性别特征的媒体。

1828 年，萨拉·约瑟法·黑尔创办了《妇女杂志》，后改名为

①林语堂：《生活的艺术》，湖南文艺出版社，2016年，326页。
②林语堂：《生活的艺术》，湖南文艺出版社，2016年，79页。
③林语堂：《论幽默》，《论语》，1934年第33期。

《高蒂名媛书册》，以刊登时尚、家庭伦理、生活品位及缝纫和厨艺吸引了大量的女性读者，其传统对后来著名的女性期刊产生深远的影响，并与另外6种美国的女性期刊《美好家园》《家居管理》《妇女家庭杂志》《萝西》《红书》《妇女日》合称“七姐妹”。1933年，最早的男性杂志《时尚先生》创刊，1953年《时尚先生》的一个小职员休·赫夫纳推出了风靡世界的男性期刊《花花公子》。他谈到创办的起因：

当时最流行的男性杂志是那些户外探险杂志……他们喜欢胸毛茂盛的上身，文章也多为狩猎钓鱼，在世界屋脊追逐荒山雪人之类的。我承认我更都市化些，我喜欢待在屋子里，也有那种不可治愈的浪漫情结，所以我决定要打造一本传达我感兴趣的主题的杂志，当时的红酒、女人、歌曲等，当然不一定要按照那个顺序。《绅士》在二战后改变了他们的编辑方针，他们去掉了很多更轻松的内容，比如女人啊，卡通啊，幽默啊，等等，所以这片空出来的领域就等着我的那本杂志来填补。①

赫夫纳的《花花公子》创刊号得益于他花了500美元从芝加哥的一家日历公司买到了几张玛丽莲·梦露的裸照。《花花公子》也刊登许多文学作品，甚至也经常宣称自己积极向上的一面，赫夫纳认为自己能够成功是把性欲和美国社会向上流动的趋势的成功结合。

①师永刚、贝小戎：《兔子先生〈花花公子〉：一个世纪的性态度史》，山东画报出版社，2010年，10页。

但不能否定的是，性的图片毕竟是《花花公子》的核心，赫夫纳在论及自己编辑路线的时候说了一句赤裸裸的话：乳房说了算！《花花公子》之后，性与图片的结合，成为世界上许多大众期刊的营销法宝。

1926年中国的《良友》在创刊后相当长的时间里面，其封面的三分之二版面都是名媛的照片：

> 民国时期的《良友》画报，共办172期，在172张封面图像中，有161张女性图像，11张男性图像，女性所占比例达94.3%，男性所占比例仅5.7%……良友画报的封面人物，都是现实生活中的知名人物，统计起来，共得到119个名字，除去重复的和男性的名字，女性的名字为111个，其中，严月娴、陈云裳、李琦年平均出现三次，紫罗兰、黄柳霜、胡蝶、罗罗少女、黎明晖、阮玲玉、胡萍、梁玉珍、白杨均两次出现，因此《良友》画报真正有名字可考的封面女郎共96个。[①]

①吴果中：《〈良友〉画报与上海都市文化》，湖南师范大学出版社，2007年，224页。

第八篇　梦工厂（上）

许多国家发现由喜剧起步是开展电影事业比较简单的途径，卢米埃尔兄弟就是很好的例子。

——威尔伯·施拉姆

与其他所有媒介相比，电影是一种彻头彻尾的娱乐媒介。尽管纪录片、科教片、新闻片一直存在，但这只是电影这道大餐的几个“围碟”。电视产生之后，这几个“围碟”也渐渐被电视收走了。剩下的剧情片，或叫长故事片，成为电影的主体。

一、吸引好奇心的时代

人们对电影最早的娱乐心理是对光影技术产生的奇，而现在日新月异的电影拍摄技术也是吸引观众走进电影院的原因之一。拍摄电影的必备工具——摄影机的诞生因为1872年美国加州前州长、富商利兰德·斯坦福(Leland Stanford)与人打的赌，为了证明飞奔的马是四蹄离地的（有人认为总有一只马蹄是留在地面上的）。他雇用了摄影师爱德华·慕布里奇(Edward Muybridge)为他拍下了马跑的全过程。所以连续摄影的出现仅仅是源于“打赌”。

19世纪的末期，由于人们对这种新奇的渴求才把他们从歌剧院和戏园子里请了出来：

在19世纪90年代中期电影刚出现时，电影还是一个让人感到新鲜迷人的玩意儿，它无疑是处于维多利亚时代广泛多样的休闲活动背景之下的产物。

在19世纪晚期，很多家庭都拥有走马灯这样的视觉玩具。家庭中也常会有望远镜或是手提视镜，这种手提视镜通过印制有照片的一种长方形的卡，能够制造出三维空间的视觉效果。一套卡常描绘异国风光或讲述经过安排的故事。许多中产阶级家庭还有钢琴，全家人可以围着钢琴唱歌。文化水平的不断提高也使廉价的通俗小说广为传播。新开发的照片印制能力也使得可以带着读者神游海外的旅游书籍大量出版。

广泛而多样的大众娱乐也随处可见。除了很小的市镇，几乎各地都有戏院，巡回演出的剧团也走遍全国。这些剧团上演话剧，或用魔幻灯片展现他们的演讲，或用新发明的留声机把大城市管弦乐团音乐会的音乐带给广大民众。歌舞剧团为中产阶级的观众表演多姿多彩的节目，如动物表演、掷盘特技和打闹喜剧。低俗滑稽剧提供了相似的杂耍把戏，但是因为它们粗俗的大闹和偶尔的暴露，不太适合于家庭观赏。居住在大都市里的人们，也可以在游乐场玩乐。①

美国电影史家汤姆·根宁认为电影最初十年是“吸引好奇心”的时代。1895年12月28日，法国卢米埃尔兄弟在巴黎大咖啡馆的“印度沙龙”上给众多观众放映了第一次电影之后，电影这种新的媒介

①[美]大卫·波德维尔，[美]克莉丝汀·汤普森：《世界电影史》，陈旭光、何一薇译，北京大学出版社，2004年，3页。

就诞生了。

卢米埃尔兄弟早期的影片最著名的有《水浇园丁》《火车进站》等。在《火车进站》中，火车头冲着镜头呼啸而来，观看影片的观众情不自禁地躲避迎面而来的火车，在100多年前，火车头冲向观众在那时确实是一种“奇观”。《水浇园丁》则更充分地体现出了电影中的娱乐性，一个小男孩跟一个拿着水管的园丁所制造的笑料，成为银幕上的第一部滑稽影片。

二、尝试各种故事

卢米埃尔兄弟之后，另一个对早期电影娱乐事业做出贡献的人是乔治·梅里爱。乔治·梅里爱是一个与电影娱乐性极度契合的人。与钟爱技术的爱迪生不同，剧院老板、魔术师、木偶制造商和木偶戏专家的身份，使得梅里爱更乐意在电影中讲故事，讲那些观众更爱看的故事。他最著名的电影《月球旅行记》（1902年）开创了新的电影表现形式，即科幻电影。这部16分钟的电影取材自凡尔纳的科幻小说《从地球到月球》，描述的是一群科学家飞向地球卫星——月球的旅行经历，他们乘坐由一门大炮发射的火箭着陆在月球的一只眼睛上，这个星球上的昆虫居民就把这些入侵者给俘虏了，但由于那些月球居民触碰了一把雨伞的尖头后纷纷爆炸，使得这些科学家得以获救并安全回到地球。

在这部电影中，他开创性地并主动自觉地将诸如奇观、滑稽、幸存、魔幻等娱乐因素加入其中。至此，人们发现电影除了可以记录客观事实外，还具有“魔术”般的特质，然后就开始展开想象的翅膀，最大限度地将自己的幻想以近乎夸张的方式表现出来，于是就产生了以“科幻”为特征的一系列梅氏影片，如《不可思议的旅行》《魔鬼的恶作剧》《运河下的隧道》和《征服极地》等。这也是电影从“纪录”转向“叙事”的开始。他创造的“停机再拍”“特写”等特技手段极大地丰富了早期影片的娱乐性。

1903年，在美国的幻灯片和连环画报上，最热门的题材是火警、西部旷野上的抢劫案和正在进行的美西战争。趁着这股风潮，埃德温·鲍特拍摄了第一部西部片——《火车大劫案》。这部电影包含了此类片子所有重要的元素：奔马、追捕、铁路、舞厅和草原。比如：一群强盗把一名报务员绑在了他的办公室里，然后在火车站坐上了一列火车，并且在火车到达下一站前劫持了它，抢劫了旅客的财物及邮车后逃之夭夭。此时，报务员被他的女儿救出，并发出了警报，于是一场大追捕就这样展开了。最终的结果是城市人在火拼中战胜了强盗并把他们全部消灭。影片的最后一个镜头是个特写：一名强盗举着手枪瞄准了镜头。

西部片向来都是最具娱乐因素的类型片之一。虽然《火车大劫案》还只是初具西部片的样式，但它在电影娱乐发展史上的地位却是不可小觑的。绑架、抢劫、追捕、营救、正义战胜邪恶，都明明白白地展现着奇观、魔幻、破坏规范、幸存与角力等娱乐要素。尤其是最后一个镜头，强盗举着手枪瞄准镜头给观众带来的心理与感官上的震撼不亚于向着镜头呼啸而来的火车头。

1914年3月18日，在都灵举行了《卡比利亚》的首映式。这部布景真实、服装华丽的历史片长达3个小时，讲述的是在公元前3世纪罗马与迦太基之间的第二次战争中的一个关于勇敢、营救、复仇和爱情的故事，情节曲折感人，影片一上映就引起了轰动。

首先，这种巨型影片的吸引力主要在于群众场面、豪华布景以及在事件原发生地进行的外景拍摄。同样是奇观，随着欣赏水平的提高，观众已经不再满足于迎面而来的火车以及瞄准镜头的手枪，同样是角力，简单的警匪追逐打斗，似乎也不能够再吸引住他们，他们需要看到像《卡比利亚》这样的巨型史诗影片。其次，它在长度上有了极大的突破，早期的默片通常只有十几分钟，甚至几分钟而已，影片长度的保证使得故事更加曲折，情节的设置更加完善，对于各种娱乐因素的阐释更加透彻，娱乐性也更强。

意大利“明星制度”展现了娱乐传播的一个重要原因，那就是重复。1914 年，意大利成为第一个开始对著名的电影女演员狂热崇拜的国家。明星们各自代表不同的性格特点：勃莱利柔弱细腻、贝尔蒂尼充满活力、曼尼谢丽代表有魅力和诱惑力的女人。对女明星的狂热崇拜促使许多导演按照女演员的意愿来拍摄电影。在观众眼里，这些女演员的演技被风格化了，作为一个个识辨度很高的荧幕形象将观众引入电影院。明星制度刚刚兴起之时，就已经出现了为明星“量身定做”的电影，这大概是类型电影产生的原因之一。

“明星制度”与之后发达的“类型电影”，也是娱乐传播中重复原则的最好体现。

文化上的幽默传统，成就了法国的喜剧电影。滑稽演员麦克斯·林戴在 100 多部影片中扮演了一个富有魅力的年轻人，他穿着讲究，拥有豪华住宅。他的主要工作就是向女人们献殷勤，因此总是笑话百出。林戴创造了许多成功的喜剧桥段：跟踪追捕、误会、恶作剧，并善于利用名人的传闻轶事在影片里制造出一些特殊的效果。他开创了在所有喜剧片中一以贯之的形象，即所谓的系列喜剧片。后来卓别林的流浪汉夏尔洛、英国的憨豆等都受到了他的影响。

“美国电影之父”格利菲斯对于电影的娱乐性没有任何的认识，他更观注政治和人类这样的宏大主题，但是格里菲斯却开创了一系列可以增强电影娱乐性的手法。比如，他把狄更斯小说的叙事手法运用到电影拍摄中创造了“平行剪辑”的手法。这种叙事和剪辑方式后来成为好莱坞剧情片的金科玉律，被西部片、警匪片、黑帮片甚至是喜剧片、科幻片争相效仿。正如希区柯克所说，现在任何一部电影中都可以看到格利菲斯的影响。

世界早期电影的早期发展，体现了电影从业者们对诸多娱乐因素的可贵尝试。相比较而言，他们对喜剧片更有成功的信心。

三、先找到喜剧

早期的喜剧电影片长多半在一分钟左右，其内容非常像报纸上只有一个笑点的四格漫画。随着电影时长的增加，四格漫画渐渐变成了连环漫画。

1912年，喜剧片已占美国全国影片的三分之一，而到了第一次世界大战后，喜剧片成了美国无声电影时期最具特色、最具竞争力的片种。换句话说，喜剧片是最适宜于默片的剧种，而默片时代也成就了喜剧片的黄金时代。法国的百代公司旗下云集了大量喜剧特别是哑剧的导演与演员，风格也偏优雅。而喜剧片的诞生地美国更倾向于拍闹剧。这一时期的美国喜剧，有两个重要的人物：一个是马克·塞纳特，另一个是查理·卓别林。

塞纳特是美国喜剧片的奠基人和开拓者，他的“基石”喜剧片场的建立，开始为美国电影提供高质量的喜剧片：

> 基石的明星和电影来自于歌舞杂耍场所、马戏团、连环漫画，同时也来自于20世纪早期美国的现实生活。基石的影片展现的是一个宽广的世界，尘土飞扬的街道上的单层的护墙板房，五金店和杂货铺，牙医诊所和理发店，小丑们经常出没在我们熟悉的世界当中，厨房和客厅，肮脏的旅馆大堂，有铁架床的卧室和摇摇晃晃的盥洗台，长长的黑礼帽和古怪的胡子，皮帽和伊斯兰女式裙，T形福特车和轻便马车。基石的喜剧，具有一种狂野的漫画风格……[①]

塞纳特从一开始就抓住了喜剧片的娱乐本质，他认为喜剧就是制造笑料和噱头。喜剧是最适合默片的片种，默片回避了语言和自然音响的逻辑限制，为演员的表演提供了最充分的条件和最好的创作空间，是最容易获得国际化认同的电影。默片时期是喜剧片的黄金时代，更是喜剧演员的黄金时代。

与格里菲斯不同，“娱乐”才是塞纳特的创作目的。他的影片里充分强调了夸张的形体动作。除了即兴和非理性的动作和表情之外，一连串无伤大雅的打斗、破坏、冲撞所产生的快意，在轻松喜剧的效果中能够讽喻虚伪和荒谬。他常常把警察作为讽刺的对象：汽车乱开混成一团，摩托车撞人，建筑物爆炸，警察在出事故时做着杂技动作等等。塞纳特模仿梅里爱的“追逐片”和格利菲斯的“平行剪辑”的手法，以急速的动作交叉剪辑，荒唐的场面、夸张的动

①[英]杰弗里·诺维尔·史密斯：《世界电影史》（第一卷），焦晓菊译，复旦大学出版社，2015年，163页。

作与令人喘不过气来的运动频率相结合产生喜剧效果。今天在香港片中盛行的“无厘头”喜剧就像是塞纳特的当代翻版。

卓别林曾说他拍摄喜剧需要的场景仅仅是一座公园和一个警察，外加一位漂亮姑娘。短短一句话，就包含了许多娱乐要素。

滑稽加解题，这是卓别林喜剧电影的核心要素。

卓别林的喜剧影片是主题性的，是与美国20世纪20年代资本主义社会环境紧密相连的，是喜剧和社会批判的结合。《寻子遇仙记》中的5岁小孩为了让自己卖玻璃的养父能有生意，故意打碎别人家的窗子。《摩登时代》中那组工厂流水线拧螺丝的镜头，都成为许多批判资本主义的学者所引述的例证。

卓别林的影片综合了那个时代的愤怒无奈和闹剧式的喜剧动作。卓别林电影通常是：先呈现一个社会问题，然后让卓别林介入进来与之展开喜剧化和浪漫感伤式的角力。以1925年的《淘金记》为例，该片讲述的是19世纪阿拉斯加的淘金者的生活。卓别林饰演一个外乡人，他忠厚质朴，但是不得不忍受贫困。这个流浪汉来到阿拉斯加碰碰运气，却不断遇上霉运。比如他被一场暴风雪袭击，于是不得不和同事们一起忍饥挨饿。在毫不知情的情况下，他追求了一个妓女。最后他和朋友们发现了金矿，成了百万富翁返回家乡，并娶了那个从良的妓女为妻。这部电影是卓别林默片表演形式的最高峰。在影片中，他把鞋底吃光，把鞋带当面条绕在叉子上，把鞋钉当骨头吃，还有当他追求的那个少女在圣诞夜失约时他跳舞的画面，都是无法逾越的经典。

四、类型片的阳光

美国电影理论家尼克·布朗在他的《电影理论史评》中说：

> 美国电影从一开始就明确表明了自己的发展方向，即制作一门大众的、民主的艺术。一门不是面向精英分子，甚至也不是面向知识分子观众的艺术。①

这句话道出了美国电影,乃至世界电影的娱乐本质——大众的、民主的，而非小众的、精英的。大众文化娱乐的选择往往先从内容出发，他们对题材的重视超过了知识分子更认同的主题和技巧。类型电影正是一种题材的划分，其价值在于大众通过对题材的熟悉，从而可以轻松地观赏电影，这都体现出了娱乐传播规律中“重复”的价值。重复的情节、熟悉的人物角色、程式化的故事结构、如愿以偿的故事结尾，这些都构成了类型电影的基本特征。

类型电影是属于商业的，是属于观众的，如法国电影导演弗朗索瓦特吕弗说：

> 制片人也许不怎么懂艺术，但是他们懂得销售，以及如何系统地交付更多同样的东西,如果这边人交付的东西刚好被评价为艺术，那就更好了。②

①[美]尼克·布朗：《电影理论史评》，徐建生译，中国电影出版社，1994年，41页。

②[美]托马斯·沙茨：《好莱坞类型电影》，冯欣译，上海人民出版社，2009年，9页。

人们一直都认为“类型片”是好莱坞得以雄霸世界影坛几十年的“独门秘技”。实际上从古希腊亚里士多德的《诗学》开始，人们就在不停地探索艺术创作中的“类型”，全世界各民族的古老戏剧，都广泛存在着类型化的现象。莎士比亚在他的创作中也广泛应用“类型”的概念。戏剧理论家对于“戏剧性”的研究，也多从类型角度出发。电影产生以后，“类型”的观念也被借鉴到电影领域之中，如早期卢米埃尔兄弟的“观光片”，梅里爱的“科幻片”，格利菲斯的“剧情片”等等。但直到20世纪30年代，随着好莱坞分工制度日益严格，明星制的创建，制片人制度的发展和成熟，好莱坞逐渐成为全球电影制作的中心，好莱坞式的类型片得到发展、完善和定型。最终形成了代表美国电影主流的类型片，也正是类型片的成熟与盛行，才造就了长达30年的“好莱坞的黄金时代”。

“好莱坞的黄金时代”从20世纪30年代延续到60年代，伴随着观众的成长和电视等媒介的介入，一个去类型化的“新好莱坞运动”出现了。同样的去类型化电影现象在中国出现的时间是1985年，这在当时叫作“类型片的集体灭绝”。美国电影理论家托马斯·沙茨在他的《好莱坞类型电影》一书扉页题记上，用最简单的话描述了类型电影的发展历史：

类型电影问观众：“你还相信这个吗？”

影片受欢迎时，观众回答：“是的。”

当观众说：“我们觉得形式太幼稚了，给我们看一些更复杂的东西。”

这时类型就发生了改变。

1. 西部片

提到西部片，人们脑中常会出现“头戴宽檐帽，身穿牛仔服，骑着高头大马，持枪的壮硕的男人形象”，这就是西部片这一类型的电影在视觉符号上为人们提供的一种类型化印象或者说是刻板印象。托马斯·沙茨也曾经这样描述：

一个孤独的西部人骑马来到一个田园般的河谷，并被一名焦虑不安的农民指控为受雇于无政府的牧场主的枪手（《原野奇侠》，导演乔治·史蒂文斯，1953年）；孤独的骑者在山腰上停下来观看铁路工人在他上面炸隧道，在他下面则是一批匪徒在抢劫一辆驿车（《强尼·吉塔》，导演尼克拉斯·雷伊，1954年）；远处传来一声火车汽笛声，一条黑蛇般的火车在平原的广阔空间里蜿蜒而行(《打死自由勇士的人》，导演约翰·福特，1962年）。[①]

西部片往往取材于开拓西部的神话、传奇和真实故事。西部片一般在封闭的环形结构中来编织影片的开始、发展和高潮。正如乔恩·图斯卡所说：

社会中出现冲突，英雄主人公最终决定参与到这一冲突当中，他的介入导致了他与一个或多个坏人之间的生死搏斗。[②]

①郑亚玲、胡滨：《外国电影史》，中国广播电视出版社，1995年，98页。
②蔡卫、游飞：《美国电影研究》，中国广播电视出版社，2004年，48页。

也可以这样说，西部片中戏剧冲突的解决常常以对英雄行为的讴歌和对社会秩序恢复的方式来实现。

从西部片的故事模式、主题内容、人物形象来看，西部片可以说是最具娱乐因素的类型片之一。可以有黄沙漫天的风景奇观，也可以有正义与邪恶、英雄与匪徒的角力，更可以有在黄沙漫天的风景奇观中上演的追逐与角力。偶有一抹温柔的女性色彩，更是对性、情感与奇观、角力的最好诠释，而这些是看似矛盾却又和谐的奇异组合。在观看西部片的时候，男人可以把自己想象成英雄，而女人则可以把自己置于被英雄保护的地位。

2. 歌舞片

如果说西部片是与电影同时诞生的话，那么歌舞片则是跟有声电影一同出现的。这是因为在长时间欣赏无声状态下的肢体表演后，人们对声音充满了渴望，在有声片之后，载歌载舞的歌舞片中声音与影像的完美结合使它成为早期有声片中最流行的一种类型。

歌舞片也是最具娱乐因素的类型电影之一。歌舞交融构成了歌舞娱乐大众的第一要素——艺术。无论是芭蕾，还是现代，无论是古典，还是摇滚，重要的并不是所谓艺术形式的高雅与低俗，而是歌舞本身的娱乐价值。歌舞片最大的特点就是任何娱乐要素都可以糅合在歌舞中，并用歌、舞的形式表达出来，如《雨中曲》中金·凯利在雨中与伞共舞的那场戏就是以夸张的舞蹈动作来表现主人公初坠爱河时内心的狂喜。

早期的歌舞片常常都是关于两个题材即“有情人终成眷属”和“美梦成真”，但新世纪初，《芝加哥》的出现让我们看到歌舞片原来可以通过歌舞解构现实。它不仅可以描述美好的现实，也可以对社会中普遍存在的公众堕落、媒体腐败、两性暴力、司法黑暗进行讽刺和鞭挞。由此可见，歌舞片现在也不单纯包含一种或两种娱乐因素，而是更多地融合了诸如暴力、性、角力、滑稽、抒情等多种因素。这与受众对于电影娱乐性要求的提高有着密切的关系。

3. 喜剧片

在林戴、塞纳特和卓别林之后，好莱坞黄金时代的喜剧片因为有声电影的产生，不再单纯依靠夸张的肢体动作引人发笑，而是更多依赖于老练、机智和幽默的对白。

除了“与生俱来”的滑稽因素，喜剧片在这一时期将另一个重要的娱乐因素角力发挥到了极致。其一是个人与环境之间的角力，指个人无法与社会环境和平共处，常常是“鸡蛋碰石头”，擦碰出无数的笑料，如最著名的卓别林的《摩登时代》。其二是男人与女人之间的角力，这就不只包括滑稽和角力还包括性与情感。比如1934年的《一夜风流》，一对来自不同经济阶层和文化环境的男女，在不得已的情况下同宿于一间汽车旅馆时，他们在两床之间挂起了一张具有象征意义的毛毯。然而，当他们的感情在不断发生着的矛盾中逐渐融合的时候，那张毛毯也最终落了下来——这正是以角力来布局，将滑稽和讽刺相结合，来讲述一个爱情故事。20世纪80、90年代以后，表现两性角力的喜剧片演变成了极受欢迎的浪漫戏剧电影，主要以汤姆·汉克斯和梅格·瑞恩主演的一系列影片为代表，如《西雅图夜未眠》《网上情缘》等作品。

4. 恐怖和悬疑惊悚片

有人认为，娱乐就是让人“乐”。其实不然，娱乐能够带给人种种从生理到心理的快感，这快感可能是欢笑，也可能是悲伤，更可能是惊恐。喜剧片是一种娱乐，恐怖和悬疑惊悚片又是另外一种娱乐。

恐怖片常常涉及人们对暴力、灾难和死亡的恐惧，有时也会涉及到超越人类经验的不可知因素。人们之所以会觉得恐惧，除了感官上的因素，更多的恐惧来自于不安和不确定。所以他们更渴望得到确定的答案，让不可知成为可知，而这就是恐怖片所展现的一种另类的奇观——偷窥。有人说，恐怖片就是在让人用双手蒙住眼睛的同时，却又张开指缝。的确如此，只需要这一个动作就能充分地表现出恐怖片为何吸引人的重要心理基础。

除了偷窥的心理快感，恐怖片还能让人感受到角力的刺激与愉悦，角力可以是人与人之间争斗、人与自然之间的抗争，甚至可以是人与人和不可知因素之间的冲突。激烈的角力之后，人物的幸存又仿若观众的亲身经历。

悬疑惊悚片中往往是“将主人公置于一种危险或神秘的规定情境，或者要去完成一个看似无法完成的危险使命和亡命逃逸。生活本身就充斥着威胁，通常是因为主人公无意中卷入了一种危险甚至是致命的情景之中，而他（或她）却对此一无所知也毫不怀疑”。影片的情节多是人与人之间、人与外部力量之间的角力，而生活中充斥的所谓“威胁”却往往模糊不定。在娱乐的众因素中，解题是悬疑惊悚片的主要内容，但常常也会附有奇观、角力、幸存、人情、梦幻等诸多因素。无怪乎有人说：“真正的惊悚悬疑片不懈地追求一个单纯的目标：提供惊悚悬疑的体验，从头至尾使观众将坐在座位边缘上，把观众的心提到嗓子眼儿上，让观众后脊梁骨冰凉，喘不上气来也喊不出声来。”

这一时期是希区柯克撑起了悬疑惊悚片的“半边天”，时至今日，他仍然被人们奉为“悬念大师”，依然在全世界拥有众多粉丝。希区柯克的电影创作分为两个时期：英国时期和美国时期，以 1940 年为界。他在英国时期，最优秀的影片是 1935 年拍摄的《三十九级台阶》，讲述的是一个无辜者被警察和陷害者同时追杀。为了证明自己的清白，他同时与两者展开紧张激烈、高潮迭起的斗智斗勇：被抓——逃脱——再被抓——再逃脱，直到真相大白。在找寻真相的过程中与另外两方同时斗智斗勇，以娱乐的角度来看，就是在解题的过程中，在暴力与幸存并存的情况下，一方与两方的角力，这其中的互相牵制，构成了令人们产生心理紧张的、富含娱乐因素的悬疑电影。1940 年以后，来到美国的希区柯克又创作了大量的优秀悬疑片。如《蝴蝶梦》《深闺疑云》《后窗》《擒凶记》《夺命索》《电话谋杀案》《爱德华大夫》《眩晕》《精神病患者》《鸟》等。

通过对以上几种主要类型电影的分析，可以发现这样的规律：类型电影通常是以一种娱乐要素为主，同时与其他娱乐要素简单组合的商业电影。几乎所有类型的影片都离不开对抒情和性这两个娱乐要素的混合，即便在阴郁压抑的黑帮片、波澜壮阔的史诗片、血肉横飞的战争片中也不例外。一部没有女人、没有情感的电影是灰暗、沉闷、乏味的，所以人们常说，爱情是电影永恒的主题，这也不无道理。类型电影与后来的新好莱坞运动的去类型化影片相比，其重要的特征就是以一种娱乐因素为主，从而能够清晰地识别这个类型片的归类。

五、类型化的明星与观众

与类型电影相伴随的是明星制度。

美国的“明星制度”最早是由环球公司的卡尔·莱默尔发明的，他在默片时代发现一位名叫范兰·梯的演员在死后有很多的人为他送葬。此后，莱默尔便以高薪聘请演员，并让他们改变过去使用艺名的做法，在影片上开始用自己的真名。各公司发现其中的奥妙，即观众对某一明星的喜爱可以创造更高的票房价值，便开始争夺明星并指控竞争对手“挖墙角”，明星的身价越来越高，明星制度也由此产生。影片的制作也开始围绕着明星转：编剧为明星写剧本，导演以类型化人物树立明星，摄影灯光服从并塑造明星，制片人以各种宣传手段制造明星、捧红明星。最终，观众到影院为的是去看明星。在明星的周围形成了一个固定的影迷群，明星决定了影片的价值，也决定了票房的价值：

在大约1908年和1909年之前，几乎没有演员可以进行有规律的演出，而得以让观众认可他们，大约也就从这几年开始，制片方与演员们签订了更长的合约，观众也开始在一部接一部的影片中看到同一张脸。到了1909年，观众们更是自发地表现出对他们喜爱的演员的兴趣，甚至向剧院经理打听演员的名字或是写信给制片公司索要演员照片。影迷们也为一些最受欢迎的明星取名字，如常在格里菲斯影片中出现的弗洛伦斯·劳伦斯被称为“比沃女孩”，弗洛伦斯·透纳则被称为“维泰女孩”，维泰的银幕情人莫里斯·卡斯特罗就被昵称为“酒窝仔”。[①]

---

①[美]克莉丝汀·汤普森、[美]大卫·波德维尔：《世界电影史》，陈旭先，何一薇译，北京大学出版社，2004年，25页。

性的娱乐因素对于明星的产生，有着极其重要的意义。观众花钱买电影票，实际上是买到了在这两个小时的时间里挑选“意中人”的权利。人们在明星身上可以获得许多在现实生活中无法得到的东西。男人向往男明星金戈铁马式的英雄生活，女人则羡慕女明星的美貌与身姿，以娱乐的观点来看，这是建立在性这个娱乐因素的基础上的，男人欣赏女明星，女人崇拜男明星，这都是两性之间相互吸引的结果。一旦观众被某一明星所吸引，之后的观看活动均是建立在另外一个词——重复的基础上，因为熟悉而达到重复这一娱乐特质。最后，明星的类型化，推动了影片的类型化。类型电影的潜在观众是类型化的较低文化水准的观众。大众对题材类别的兴趣和教育与知识的欠缺，让制版商们得以从容地设计电影的故事和细节，所有的艺术追求只是在类型之后的观众感到有些意外的地方，也就是“重复”之外“变化”的那一部分：

由于观众明显忠于特定的类型，因此放映商把观众成批地概念化，而不是把每个观众当作单独的个人……对观众而言，类型标准简单化了他们作出决定的过程，因此让他们感到舒适，多亏了类型的简略表达方式，观众怀着非常明确的期待去观看类型电影，尽管类型电影往往被视为头脑简单、定期重复熟悉的仪式，但只有通过额外的类型期待以及内心期待落空后的额外复杂情况，才能确定最复杂的观看模式，这就是许多电影运动都将其产品建立在固有的类型标准基础上的原因。[①]

---

①[英]杰弗里·诺维尔·史密斯：《世界电影史》（第二卷），焦晓菊译，复旦大学出版社，2015年，147页。

电视观众喜欢令他们轻松的类型片，但他们并不是永远享受俗套，永远沉浸于意料之中的欢乐里，他们喜欢的类型片是在意料的基础之上要产生令他们意外的东西，这种意外不一定很多，但多少要有一点，也就是在重复基础上的变化。世界电影后来的许多变化，如法国的新浪潮电影和新好莱坞运动的成功作品往往都是类型电影的翻版或是把类型电影中主导的娱乐因素模糊化。

六、追求视听的奇观

1. 电影与电视之争

电视的普及，使电影产生了巨大的变化。

电视的诞生使得娱乐的价格变得更为低廉，底层大众纷纷留在家里看电视剧和娱乐节目，电影院一时间门可罗雀。具有更大自由度的各种样式的电视剧，首先打击了类型电影。纵观全世界各国的电视发展，几乎存在同一个现象，那就是电视剧的发展之日，往往就是类型电影的低迷之时。类型化的电视剧让类型电影的诸多娱乐因素几乎流失殆尽，如同此时的广播，靠音乐节目负隅顽抗一样，电影只好在奇观这个因素上下功夫了。

各大电影公司为了将观众从小屏幕拉回到大银幕，首先就是大力开发新技术。比如三维影院、立体声、宽银幕立体电影放映方法和宽银幕电影等，一度让“大的就是美的”观念充斥着好莱坞。

1953 年 9 月 16 日，第一部立体声弧形宽银幕电影《圣袍千秋》在纽约首映，获得了巨大的成功。虽然这是一部墨守成规、故事平平的影片，但由于它采用了当时最先进的技术，充分强化视听效果，使人们深深地被立体声宽银幕带来的奇观所吸引，随之而来的是掀起了一场大制作的史诗电影热潮。其中最有代表性的就是威廉·惠勒导演1959年上映的《宾虚》。影片中宾虚与玛撒拉之间长达11分钟的战车对决，以及迈克罗斯·罗萨为影片谱写的配乐，构成了世界电影史上最惊心动魄的视听体验。从《宾虚》开始，电影中的娱乐因素便不仅仅是由图像、声音、色彩所带来的，更多的是利用先进技术对现实进行更加逼真的模拟，电影故事中的各种娱乐因素，在技术因素的影响下，均被置于一种娱乐因素之下——视听奇观。

2. 电脑电影

这一时期电影发展另一个显著的特征就是伴随着计算机技术的发展而产生的用电脑特技手段制作电影。人们开始享受计算机带来的崭新的感官刺激，模拟现实已经落伍，虚拟的、超越现实的电影才是人们的最爱。人们很兴奋，那情景就好像1927年《爵士歌手》上映时一样。

1977年，乔治·卢卡斯的《星球大战》史无前例地运用了大量电脑特技手段，吸引了全世界的观众，获得了巨大的商业成功：

“从前，从前，在一个遥远遥远的星河上。”这是电影开始的镜头，就像是一个童话故事，电影中的音响效果具有强大的震撼力，是以新规格的杜比六声道立体声音响录制的。这种系统制作出如此丰富的音响效果，使《星球大战》比后来的其他电影还要成功。在字幕结束之后，一艘庞大无比的宇宙飞船慢慢地驶进画面，这些镜头都是通过Dykstra Flexes技术仿真模型拍摄的，是由特效专家约翰·戴克斯特拉特别为这部电影设计的。类似技术在电视上也使用过，但是很少在电影中出现。摄影机的运动，具有特殊的控制，他并不是架在推车上以机械性的方式移动，而是通过计算机程序操控的。这种移动方式可以精确地复制，因此，宇宙飞船在太空中向不同方向移动，个别的镜头可叠印到一个单一影像中。后来电影中的打斗镜头就是通过这项技术显现新的动态感的。电影中的400个特效镜头，大部分是由一家附属公司“工业光魔”制作的，这家公司后来变成了美国特效电影最主要的制作主力。[①]

1991年导演詹姆斯·卡梅隆推出了《魔鬼终结者2》，尽管这部影片是用胶片拍摄的，在电影院中也仍然用胶片来放映，但它通过一个液体金属的壮汉形象，展示了数字化影像的巨大潜能。影片通过电脑合成的技术，说明了在人类的视觉作品中，任何自由的想象都可以通过新技术然后像文学一样地再现出来。

1993年，《侏罗纪公园》的热映，让恐龙成为那个夏天最受人关注的动物。而这个夏天，也被人称为“好莱坞数字之夏”。如果说《星球大战》是用技术包装了一个具有文化认同感的故事，技术上带来了当时所能享受到的最大的奇观体验，那么《侏罗纪公园》带给观众的恐怕只有技术而无故事了。斯皮尔伯格在《侏罗纪公园》中运用了大量的电影特技，观众只是看到了电影所提供的视听奇观：几分钟的动画恐龙效果，技术完美得让影片的故事情节已不再重要。

1997年，《泰坦尼克号》的诞生又续写了一个技术的神话。卡梅隆为了拍摄该片而建造了与巨轮尺寸相当的模型，并动用了当时最

①[英]马克·卡曾斯：《电影的故事》，杨松锋译，新星出版社，2006年，377页。

先进的数码成像技术，使巨轮沉没的过程变得异常逼真，在视觉效果上远远超过了过去任何一部以这一历史事件为内容的影片。

2009年电影《阿凡达》上映，这是一部卡梅隆在执导《泰坦尼克号》14年之后，投资2亿美元，使用亲自研发的3D虚拟影像撷取摄影科技（Fusion 3D），耗时4年的时间拍摄制作而成的作品。

詹姆斯·卡梅隆的个人创作史可以说是世界数字电影制造视觉奇观的缩影。

七、新好莱坞的含义

以类型电影为主体的好莱坞电影在20世纪60年代遇到了巨大的麻烦。麻烦的第一位制造者是电视。电视抢走了电影观众中最底层的大众，同时电视剧又全面展示了类型片的各种娱乐要素。麻烦的第二位制造者是美国普及了的大学教育。类型电影的传统主体是社会蓝领和受中等教育的人群，社会精英和受高等教育的人群从来不是电影最忠实的拥趸。普及了大学教育，使美国的电影观众成长，他们现在更喜欢那些复杂一点的东西，初出茅庐的青年导演们在新浪潮和新现实主义电影的感召下，也开始对那种传统类型片失去了兴趣：

当派拉蒙制片公司请求弗兰西斯福特·科波拉，根据小说《教父》拍一部电影时，他沮丧地回到家里，对他父亲说："他们要我导演这么厚的垃圾，我才不干呢，我要拍的是艺术电影。"①

①[英]杰弗里·诺维尔·史密斯：《世界电影史》（第二卷），焦晓菊译，复旦大学出版社，2015年，578页。

科波拉拍的并不是什么艺术电影，然而他的《教父》系列也丢弃了经典黑帮片的套路，只使得影片接近于政治片和社会伦理片。《教父1》除黑帮之间的血腥打杀之外，还有大量的种族分歧和家庭的代际矛盾的相关内容。《教父2》则更多的是展现一个意大利家族的移民奋斗史。

新好莱坞电影高举的是“去类型化”的旗帜，而他们并没有真正地丢弃类型片的传统，他们所追求的艺术影片，只是让类型片的某一娱乐元素变得更加模糊，只是把更多的娱乐元素混杂在一部影片之中。对此，电影史给予科波拉、斯皮尔伯格、卢卡斯这些力图打破类型片传统、创造新的电影模式的导演以这样的评价：

> 无论对于那些在20世纪70年代中期好莱坞复兴的一代，还是那些在20世纪80年代电影制作扩张中崛起的一代来说，他们的参考坐标通常都是伟大的好莱坞传统，许多电影工作者工作在稳定的类型片模式、神圣的经典影片和令人敬畏的导演的浓郁的阴影之下，从许多方面来看，新好莱坞都是通过好莱坞电影传统而确定自己的地位的。①

①[英]杰弗里·诺维尔·史密斯：《世界电影史》（第二卷），焦晓菊译，复旦大学出版社，2015年，586页。

第九篇　梦工厂（下）

影片真可谓人类用机械造出来的梦！科学的进步与人智的发达，授我们以种种的工艺品，甚至连梦也造出来了，酒与音乐，虽成人类的作品中最大的杰作，但是影片也确是最大杰作之一。

——田汉

一、始于戏

1. 茶馆和戏园里的中国早期电影

根据现存史料记载，中国人第一次看到电影，是在1896年8月11日，上海徐园内一大号叫“又一村”的私家花园里，那时人们把电影叫作“影戏”。从那天的广告上看，“影戏”是编排在“文虎”“戏法”“焰火”等游艺节目之间。

在1908年西班牙商人雷玛斯在上海虹口修建中国第一座电影院之前，电影最早放映于京沪两地的茶馆和戏园子中，上海的“天华茶园”“奇园”“同庆茶园”“升平茶楼”“同安茶居”，北京的“天乐茶园”“文明茶园”都有放映电影的记载。此时电影只能在白天的戏园子和戏曲演出的淡季放映，夜场必须让位于当时如日中天的京剧。1905年，《定军山》的拍摄，使戏曲片成为中国电影的第一种类型，也注定了中国电影从其发端就是一种大众娱乐项目。许多人都认为中国电影始于京剧是一件值得思考的事情，对于这个现象，

《中国电影百年》一书中有一段精辟的论述：

> 世界电影已经开始了十年，中国人已经有了近十年的观影经验。……而任庆泰选择谭鑫培这样一个看似偶然的决定，实际上代表着中国电影娱乐化、商业化的起源。那时，京剧是举国若狂的头号娱乐项目，京剧名角就是当之无愧的明星。任老板在无意间触摸了“明星制”的大门。[①]

2. 文明戏带来的“解题”传统

作为娱乐因素的解题，就是使观众在从未知到已知的过程中获得身心愉悦。文明戏作为中国早期电影的一个重要类型，把“解题”带到了中国电影的传统之中。从此，解题成为中国电影的一个重要特质，甚至是最重要的评价标准。

中国近现代社会转型的众多尖锐的社会问题，成为诸多文艺作品的重要素材，文明戏是较早出现的一类作品。20世纪初期，中国留日学生把话剧引入中国，为了与中国传统的戏曲相区别，称之为文明戏。从文明戏的名称上看，这种艺术样式本身具有强烈的革新色彩。以当时著名的文明戏团体“进化团”为例，1910年底，曾在日本留学并热衷于戏剧活动的任天知，回到上海并在此成立了新剧团体——“进化团”。任天知以戏剧的方式宣传自由民权思想，并为民主革命摇旗呐喊。“进化团”推出过《安重根刺伊藤》《秋瑾》

①孙献韬、李多钰：《中国电影百年》（上编），中国广播电视出版社，2005年，7页。

《革命家庭》《爱国血》《共和万岁》等剧，还进行过巡回演出。文明戏以揭露社会黑暗现实、暴露社会问题为主要题材，并产生了巨大的社会影响。中国戏剧艺术家欧阳予倩曾这样评论进化团："若论对当时政治问题的宣传，对腐败官僚的讽刺，对社会不良制度的暴露，还有对于扩大新剧运动，扩大新剧对社会的影响……进化团采取野战式的做法，收效是比较大的。"孙中山曾对"进化团"的活动予以赞扬，为其写下了"是亦学校也"的题词。

文明戏的队伍里走出了中国第一批电影人，同时他们也把文明戏关注社会问题的传统带入了中国电影。文明戏经过20世纪前10年的发展，历经诸多挫折，这批先驱者发现完全直接地反映现实、鼓吹革命并不容易找到市场，最后，他们找到了文明戏受到市场欢迎的题材，就是家庭问题。家庭题材符合揭露现实问题的初衷，又适应了中国观众关注家庭、重视亲情的传统。1913年，文明戏出身的郑正秋、张石川拍摄了中国的第一部故事片《难夫难妻》。这个阶段苦难中国的社会现实问题，让认识价值成为中国观众的重要的审美和娱乐取向。由此可见，明星公司对郑正秋的使用和后来对左翼电影作家的认可，既是市场的要求，更是中国那个时代对解题的要求。

当然，中国电影中存在过离开娱乐的解题而走向纯粹的教化的阶段，特别如"文化大革命"时期的电影漠视娱乐传播规律，这使中国电影处于"万马齐喑"的环境中。

二、处处惟兴趣是尚

中国现代文学艺术始终交织者宣传教育与娱乐两条线索，电影的发展亦无例外。这种看似完全不同的观念有时表现出尖锐的冲突，有时则互相妥协。

明星影片股份有限公司的历史几乎就是这两种创作观念的冲突史与妥协史。娱乐电影是这一时期的明星公司和中国早期电影的主流样式，所以程季华在《中国电影发展史》中概括这一阶段的时候使用了一个标题叫作“游离开中国革命运动的中国电影”。郑正秋主张“教化社会”，认为“盖破题儿第一遭事，不可无正当之主义揭示于社会”。而他的合作者张石川的主张却截然相反：

处处惟兴趣是尚，以冀博人一粲，尚无主义之足云。①

两种观念在明星公司推出的经典作品中出现过，两种观念时而冲突时而妥协，这种矛盾在郑正秋身上表现得淋漓尽致：

戏剧之最高者，必须含有创造人生之能力，其次亦须含有改正社会之意义，其最小限度亦当含有批评社会之性质……戏剧必须有主义，无主义之戏剧，尚非目前艺术幼稚之中国所亟须要也。②

我们抱定一个分三步走的宗旨，第一步不妨迎合社会心理，第二步就是适应社会，第三步方才走到提高的路上去，也就是改良社会心理……取材在营业主义上加一点良心的主张，这是我们向来的老例。③

---

①《敬告读者》，《晨星杂志》（创刊号），上海晨社，1922年。

②《我所希望于观众者》，《明星特刊》（第3期），明星影片公司，1925年。

③《中国影戏取材问题》，《明星特刊》（第2期），明星影片公司，1925年。

1922年明星影片股份有限公司成立后，张石川担任总经理，亲自执导了多种类型的几十部影片，代表作有：滑稽短篇《滑稽大王游沪记》《劳工之爱情》《大闹怪剧场》，社会问题片《孤儿救祖记》，鸳鸯蝴蝶派片《啼笑因缘》，武侠片《火烧红莲寺》等等。应该说，是张石川的类型电影让20世纪20年代的中国电影涉及了喜剧、解题、性、抒情、角力与幸存等几乎全部娱乐要素，所以张石川既是中国类型电影的第一人也是中国娱乐电影的第一人。

《火烧红莲寺》是中国类型电影的巅峰，对后来影响世界的中国香港电影具有极其重要的意义。1928年5月，明星公司推出了根据平江不肖生所著的《江湖奇侠传》改编拍摄的《火烧红莲寺》，在接下来的三年时间里，“火烧片”“烧”遍中国影坛，上海的50多家电影公司共拍摄的近400部电影中，武侠神怪片达250部左右，占全部电影的60%以上。《火烧红莲寺》连续拍摄18集，成为中国电影史系列第一个成功范例。“火烧片”最后让当局忍无可忍，发出了禁令，但“火烧片”继续移师香港，余味绵延，并成为香港日后的武侠片的发展起点。1963年香港拍摄了新版《火烧红莲寺》，1965年邵氏兄弟有限公司拍摄了根据《火烧红莲寺》翻版的《江湖奇侠》，1994年香港又拍摄了《新火烧红莲寺》。《火烧红莲寺》成功掀起了中国娱乐电影的第一次浪潮，武侠神怪片的成功，一方面是由于时值中国武侠小说的爆发期，大量的优秀的武侠小说为电影提供了较好的文学基础，另一方面中国电影人在角斗、魔幻、性爱等诸多娱乐因素上已经进行了20年的尝试。《火烧红莲寺》的巨大成功，标志着中国电影已经可以拍摄出成熟的类型电影，中国电影从此进入了类型片的时代。

20世纪30年代，中国电影在所有的类型电影中有了成功的尝试，除左翼电影政治片的巨大成功之外，其他类型电影包括：

郑正秋、吴永刚的社会伦理片（《孤儿救祖记》《姊妹花》《神女》）
张石川的武侠片（《火烧红莲寺》）
张慧冲的武打片（《一身是胆》）
袁牧之、汤杰的喜剧片（《马路天使》《王先生》）
马徐维邦的恐怖片（《夜半歌声》）
徐欣夫的侦探片（《翡翠马》）

三、“解题”的左翼电影

20世纪30年代，左翼电影以及电影评论的热潮意味着中国电影娱乐“解题”时代的到来。民族危亡和社会危机之下的所有问题，都可以在30年代文艺作品中找到影射。

拍摄以“解题”为核心娱乐因素的社会片，是在文明戏之后形成的一个传统。1921年，爱国华侨青年在纽约创办的长城制造画片公司明确强调的就是对中国社会问题的探究，他们关注的妇女问题包括了婚姻、恋爱、家庭等各个方面，他们甚至主张每一部影片都要提出一个中心问题：

中国有无数大问题是待解决的，非采用问题剧制成影片，不足以移风易俗，针砭社会。[①]

①程季华：《中国电影发展史》（第一卷），中国电影出版社，1963年，92页。

中国20世纪30年代的左翼电影人都非常推崇列夫·托尔斯泰的这句话，即“艺术是人类生活的机关，它能把人类的理性意识移为感情”。左翼电影理论家侯曜在《影戏成本作法》中，谈到“影戏材料的搜集和选择”：

影戏是民众的艺术，它的材料可以从民众中取得。人生社会中藏着无数的问题，这些问题都可取做影戏的材料，现在详细地把它写出来：

宗教问题——宗教有无存在的必要？什么是宗教的真精神？

劳动问题——怎样改善劳动者的生活？怎样救济贫乏？

婚姻问题——什么是恋爱的真谛？三角恋爱如何解决？

妇女问题——女子应否参政？怎样才能解放？

军事问题——怎样排斥战争？怎样提倡和平？

道德问题——怎样打破不合时宜的旧道德？怎样建设适应现代的新道德？

思潮问题——如新旧思想的冲突。

家庭问题——如遗产问题。父母儿女间和夫妻间的权利义务问题。

教育问题——什么是教育的真精神？儿童的天性应如何引导？

性欲问题——如性欲上的疾病，性欲教育。

政治问题——如民族革命，政治改良。

法律问题——如司法界的黑暗，监狱的改良，犯罪。

国际问题——如万国联盟，民族自决的问题。

职业问题——如农业、商业、工业等问题。

健康问题——体育应如何提倡？公共卫生机关应如何设备？

人生问题——什么是人生的真义？怎样求幸福？①

1933年夏衍编剧的反映中国农村阶级斗争的《狂流》是中国左翼电影的发端，也是中国电影娱乐“解题”时代的开山之作。1937年明星电影公司的爱情片《马路天使》和新华影业公司的恐怖片《夜半歌声》已经成功超越了张石川时期的类型娱乐片，把时代特殊的娱乐“解题”与类型片因素巧妙地结合了起来。

中国20世纪30年代的左翼电影和左翼文学一样，都不能称为完全意义上的宣传作品，核心原因就是和左翼电影、左翼文学一样都受到了市场的充分认可。

1933年史称“中国电影年”，上海各家公司所拍摄的70余部影片中，左翼电影占了三分之二，夏衍、郑伯奇、阿英、洪深和郑正秋组成了明星公司的编剧委员会，前三位是颇受市场认可的编剧和电影评论家，其中夏衍和阿英还是当时“党的电影小组”的成员，这个小组是在瞿秋白的同意下成立的。而1934年的《渔光曲》作为左翼电影的巅峰作品：

在上海滩60年罕见的闷热酷暑中，《渔光曲》连续上映了84天，成为当时中国电影有史以来放映时间最长的一部影片，报纸上不断出现“人活80岁罕见，片映80天绝无”“街头巷尾无人不谈《渔光曲》，大家小户无人不唱《渔光曲》”一类的大字标题。②

①丁亚平：《百年中国电影理论文选》（上），文化艺术出版社，2005年，60页。

②李姝林：《电影造星渊源考》，京华出版社，2008年，175页。

对中国左翼电影娱乐性的认识，新中国成立之后的电影史论家与20世纪30年代的倡导“软性电影”的电影理论家，都持有一种观点，即中国左翼电影是政治电影，而不是娱乐电影。“软性电影”的倡导者刘呐鸥、黄嘉谟、穆时英认为左翼电影是“内容偏重主义的畸形儿”，是“不自然的浅薄宣传品”。他们在1933年发表的《硬性影片与软性影片》一文中，主张电影应当是软性的，“是给眼睛吃的冰激凌，是给心灵坐的沙发椅”，观众看电影不应该带“副思想”和倾向性，而仅仅依靠“美的观照”。对此，夏衍曾经这样反驳：“现代的事物都是软性的吗？现在的人物和思想都是软性的吗？国际间政治经济冲突是很硬性的，日本帝国主义侵略中国的九·一八和一·二八，总也不是软性的吧？”

应当说“软性电影”的观点是错误的，研究者们一是忽略了提供社会认识的解题因素，而这个因素在电影中具有巨大的娱乐价值；另一方面，他们倡导的无倾向性和纯粹的审美观照是不存在的，而固有倾向恰恰是娱乐的重要原因。《马路天使》《渔光曲》受到观众的热烈欢迎正体现了社会认识与政治倾向性作为固有倾向在娱乐中的巨大意义。但是，从政治角度完全否定“软性电影”的存在也是偏颇的，这种否定当然带有一定的时代色彩。而夏衍对“软性电影”的反驳是合理的，夏衍没有否定“软性电影”存在的价值，而是强调“硬性电影”存在的意义，意味着“软性电影”和“硬性电影”是可以共存的。

20世纪40年代的后五年里，中国电影已经不再追求类型片突出某一种娱乐因素的特点，而是综合多种娱乐因素，产生了类似“新好莱坞电影”的“去类型化”的现象，这让中国电影达到了一个前所未有的高峰。代表作是“文华电影”的诸多作品，如费穆导演的《小城故事》和桑弧导演的《太太万岁》。以张爱玲编剧的《太太万岁》为例，这部电影既不是一个家庭伦理片，也不是一部纯粹的喜剧片，这部电影杂糅了社会悲情与喜剧技巧，“去类型化”特点十分突出。1949 年之后，中国电影又明显走回了类型电影的道路上，代表作品有 1952 年上映的红色类型片《南征北战》，商业类型片形成观赏热潮始于 1982 年上映的香港电影《少林寺》。

1985 年，当《少林寺》红火近三年后，中国电影产生了一个类似“类型片的集体灭绝”现象，说明了陈凯歌、张艺谋等第四代、第五代导演将中国电影再次带回到了 20 世纪 40 年代“文华电影”的“去类型化”的道路上。然而，无论是 20 世纪 40 年代末的“文华电影”，还是 1985 年中期兴起的“第五代电影”都不能宣告类型电影在中国电影产业中的消失。

四、红色类型片

新中国成立初期的《武训传》实质上是对 20 世纪 30、40 年代解题型娱乐电影的延续。

孙瑜导演没有将“解题”拘囿于武训个人和武训所处的时代，而是睁大了眼睛，超越环境的局限，追随人民的记忆，关注并描写一个人的战争，进而去关注更广阔的人生与世界，关注一个民族甚至整个人类共同的问题、遭际与命运。此时的孙瑜没有想到的是，旧时代的民国娱乐电影无论是《火烧红莲寺》那样的商业片、《马路天使》那样的左翼电影，还是《小城之春》那样的“文华电影”，都难以适应新时代的要求。

随着对电影《武训传》的批判，新中国的电影变成了政治电影。也就是从这次批判开始，中国之后几十年的影评几乎全部是政治评论。国家对电影生产的管理也主要从政治角度出发，《武训传》受批判后的一年里，国家电影管理委员会否定的剧本就达 40 多个。在这段时间里，来自上海的旧电影人一时无所适从了，来自延安的新电影人，还没有掌握电影艺术的基本规律。因此在新中国成立初期的若干年，中国电影的质量一直没有很好的提升，主要表现为没有找到政治宣传和娱乐的衔接点。面对新中国成立初期电影质量的低下的情况，1956 年，在“百花齐放，百家争鸣”的氛围下，许多针对电影质量低下的理论研讨都涉及了电影娱乐性欠缺的问题，如 1956 年年底《文汇报》发起的《为什么好的国产片这样少》的讨论、老舍发表的《救救电影》、钟惦棐的《电影的锣鼓》引发了重大的社会反响：

> 过场锣鼓也正是从电影与观众这个点子上敲起来的，在上海，《一件提案》的上座率是 9%，《土地》是 20%，《春风吹到诺敏河》与《闽江橘子红》是 23%。另据北京的《光明日报》报道，从 1953 年到今年 6 月，国产片共发行了一百多部，其中有 70% 以上没有收回成本，有的只收回成本的 10%，纪录片《幸福的儿童》竟连广告费也没有收回……事态的发展迫使我们记住，绝不可以把文艺为工农兵服务的方针和影片的观众对立起来，绝不可以把影片的社会价值、艺术价值和影片的票房价值对立起来，绝不可以把电影为工农兵服务理解为工农兵电影。[1]

①丁亚平：《百年中国电影理论文选》（下），文化艺术出版社，2005年，440页。

新中国每次政治运动间歇时刻，寻找政治宣传与娱乐的衔接点总会成为中国电影人的一个论题。夏衍在1959年“全国故事片厂厂长会议”上强调，很多片子不受人欢迎，就是娱乐性太少了，给人的艺术享受太少了。他指导《五朵金花》拍摄时强调，要喜剧，要有大理山水，载歌载舞，轻松愉快，不要政治口号。1961年的“新侨会议”，周恩来明确提出了文艺的教育作用和娱乐作用，是辩证的统一。

在新中国的电影史上，最早探索政治宣传与娱乐衔接点的导演是汤晓丹，而探索最成功的导演是谢晋。在新中国成立10年之后，中国电影人，包括旧上海的老电影人和新中国自己培养的电影人开始总体上学会了把政治宣传和娱乐电影相衔接的方法。汤晓丹在1952年拍摄的《南征北战》和1954年拍摄的《渡江侦察记》，是新中国战争片和悬疑片类型电影的成功尝试，从此战争片成为中国类型电影的一大特色，也是新中国成立后头17年电影出品最多的种类；谢晋的电影生涯是把中国传统的人情娱乐与现实政治宣传成功结合的典范，他的每一部影片，几乎都让观众哭笑着真诚地接受着一个现实宣传要点，他对政治道德伦理的抒情感动了万千中国人。1959年和1962年中国电影的两次高峰，出现了一大批《青春之歌》《永不消逝的电波》《战火中的青春》《五朵金花》《小兵张嘎》《英雄儿女》《早春二月》《冰山上的来客》《野火春风斗古城》等受到观众喜爱的红色经典影片。这些作品是新中国电影人学会了把握政治宣传与娱乐关系的范例。

新中国成立后的17年间政治电影在娱乐意义上是类型电影，主要有体现角斗的战争片、体现解题的反特片、体现滑稽的喜剧片三大类型。而对于电影娱乐的传统内容——爱情，则采取比较审慎的表现。

这 17 年中，战争片的数量位居第一。角斗历来是类型电影的一个重要娱乐因素，美国的西部片和中国的武侠片都体现了这种特征。民国类型电影的巅峰是《火烧红莲寺》，中国改革开放后类型电影的巅峰是《少林寺》，都是主题与政治无关的武侠电影。因此无论是国民政府还是新中国政府，都无意提倡武侠电影。但是无论是中国和苏联都经历过长时间的艰苦卓绝的革命战争和反法西斯战争，战争是残酷的，但战争片却可以充分体现娱乐的角斗因素。苏联以史诗片的形式，把战争片推向极致，而中国的战争片无论数量还是票房，都是新中国成立 17 年间最成功的类型电影。

新中国成立 17 年间的经典战争片如下：

1950 年：《钢铁战士》

1952 年：《南征北战》

1953 年：《智取华山》

1954 年：《渡江侦察记》

1955 年：《董存瑞》《平原游击队》

1956 年：《铁道游击队》《上甘岭》

1958 年：《狼牙山五壮士》《柳堡的故事》

1959 年：《战上海》《万水千山》《回民支队》《战火中的青春》

1960 年：《林海雪原》

1961 年：《红色娘子军》《洪湖赤卫队》

1962 年：《地雷战》《甲午风云》《东进序曲》

1963年：《小兵张嘎》《野火春风斗古城》《红日》

1964年：《英雄儿女》《兵临城下》《独立大队》

1965年：《地道战》《三进山城》《打击侵略者》

反特片是中国及苏联的一个特色品种，属于悬疑片类型。西方悬疑片来源于西方的侦探小说，侦破刑事案件是这类影片的主要故事，而作为类型电影，悬疑片在希区柯克的手里达到了极致。反特片起源和发展于苏联是由于阶级斗争的主题需要：

作家的任务就是在于表现和揭示普通苏联人的崇高精神品质，而永远目光炯炯地保持警惕，善于认清和暴露敌人，撕掉敌人的假面具，这就是苏联人的典型特征之一……警惕性这个主题是现代的巨大的和富有意义的主题，警惕性教育是苏联文学的一个重大任务。[①]

对阶级斗争主题的表现，不仅仅体现在战争片。反特片是表现和平时期阶级斗争和国际冷战主题更生动的方式，所以反特片也大受观众的欢迎。崔永元在他的《电影传奇》里，专门拍摄了一期以“女特务”为内容的电影回忆，从而表明了观众在反特片中，不仅看到角斗和解题，甚至还有看到性的娱乐因素。

新中国成立17年间的经典反特片如下：

1955年：《神秘的旅伴》

---

①《论惊险小说和惊险电影》，群众出版社，1959年，21页。

1956 年：《国庆十点钟》《虎穴追踪》

1957 年：《羊城暗哨》《寂静的山林》

1958 年：《徐秋影案件》《古刹钟声》

1960 年：《铁道卫士》

1963 年：《冰山上的来客》

1965 年：《秘密图纸》

新中国成立 17 年间的政治电影没有放弃喜剧片，红色经典电影中有许多喜剧片和包括喜剧内容的情节，与民国电影相比，新中国的政治电影在喜剧片的探索上，走的是“歌颂喜剧”的路子。民国电影的喜剧片发展十分成熟，既有《乌鸦与麻雀》那样的讽刺喜剧，又有《假凤虚凰》那样的戏谑喜剧，还有《马路天使》那样的悲情喜剧。而新中国成立初期首先受到打压的就是讽刺喜剧，喜剧导演吕班因他的《新局长到来之前》《不拘小节的人》《未完成的喜剧》三部曲而被逐出影坛，中国喜剧电影开始在讽刺手法之外寻找出路，所寻找到的基本模式就是以误会戏为主体的“歌颂喜剧”。

新中国成立 17 年间的经典喜剧片如下：

1956 年：《新局长到来之前》《不拘小节的人》

1957 年：《未完成的喜剧》

1958 年：《花好月圆》

1959 年：《今天我休息》《五朵金花》《乔老爷上轿》《我们村里的年轻人》

1962 年：《女理发师》《哥俩好》《大李老李和小李》《锦上添花》

《魔术师的奇遇》《球迷》《李双双》

1963 年：《满意不满意》《72 家房客》

1964 年：《抓壮丁》

性爱是电影娱乐的一个传统内容，作为政治宣传片的类型电影，有关性爱的内容是一个非常矛盾的现象。新中国成立之后的电影中，爱情是一个时隐时现、时强时弱、时而羞羞答答、时而光明正大的现象，性爱内容一直受到严密的控制。如前述反特片中“女特务”现象，观众对女特务形象的深刻印象，就是因为在中国电影中长时间看不到女人的性感形象，而“女特务”可以借助其特殊的角色身份来展示女人的性别特征。老观众回忆，他们因为电影《英雄虎胆》中有一段王晓棠跳伦巴的情节，而一次又一次地走进电影院，专门看这样一段性感的舞蹈。《红色娘子军》剪掉了琼花和洪常青的爱情线索，包括琼花在椰林里向洪常青的表白情节，洪常青牺牲后，在他的遗物中原本有爱情日记换成了入党申请书。爱情在经典红色电影中，时常以暗示的方式出现：

新中国电影中，爱与欲很多情况不是通过视觉表现，而是靠观众的想象，观众根据影片中的暗示来理解其中的性别关系和意义，许多评论谈到新中国电影常以意味深长的告别仪式做结尾，如《南征北战》中的高营长和女游击队长赵玉敏，《渡江侦察记》中的侦察连长与刘四姐，《战火中的青春》中的雷振林与高山，《野火春风斗古城》中的杨晓冬与银环等，都以男女主人公的告别结尾，他们火热的眼神、激动的神情以及“等我回来”的含糊的类似话语，都在用一种暧昧的方式满足当时观众对爱情表达的需要。[①]

出于政治的需要，这一时期，电影已经成为为政治服务的宣传手段，但在普通观众眼中，电影还是电影。以政治伦理片和战争片为代表的红色类型电影，让中国电影实质又回到了张石川的类型片时代，或者说是“后张石川时代”，因为红色类型片已经不具有张石川“以冀博人一粲”的娱乐精神了，罩在这些类型片上面的是一张又一张宣传单。当时的国际友人都曾经抱怨过：“你们的战争电影太多了”。

而到了 1966 年，原本在过去的 17 年里，一个个风波中瑟瑟发抖的中国类型电影，进入了一个酷寒的冬天。在这个长达 10 年的冬天里，连类型化的娱乐电影也难以生存了，只留下了 8 个舞台艺术片（《红灯记》《沙家浜》《智取威虎山》《奇袭白虎团》《海港》《红色娘子军》《白毛女》《龙江颂》）和 3 个战争电影（《地雷战》《地道战》《南征北战》）。

中国电影似乎回到了谭鑫培的《定军山》时代。

五、类型片真的“集体灭绝”？

20 世纪 80 年代初包括 70 年代的最后两年，中国电影第三次来到张石川时期的最初类型电影时代，复兴的中国电影在几年的时间里，出现了包括喜剧片、农村片、戏曲片、儿童片、反特片等在内

①尹鸿、凌燕：《新中国电影史（1949—2000）》，湖南美术出版社，2002年，37页。

的几乎所有类型的电影。这里有动作片《神秘的大佛》、功夫片《武林志》、反特片《戴手铐的旅客》、科幻故事片《珊瑚岛上的死光》、儿童片《泉水叮咚》、农村片《喜盈门》、戏曲片《白蛇传》等。即使是在今天，我们也很难看到类型如此众多的影片。

在不到三年时间里，中国电影初步构建起独具特色的类型电影体系，但在一切尚未完善之时，这些促成繁华的作品又消失了。[①]

然而在1985年，随着“第四代导演”“第五代导演”的崛起，中国电影突然出现了一个号称“类型片集体灭绝”的现象。为些导演没有继承以谢晋为代表的红色类型片的传统，而更多受到了改革开放后引入的“新浪潮电影”“新现实主义电影”和“新好莱坞电影”炫目的影响，他们把文化探索与新的电影表现方法结合起来，与当时的“意识流小说”“朦胧诗”一样，担当起中国电影文化启蒙的历史责任。他们的成绩斐然，在获得世界电影界赞许的同时，也受到了国内市场的认可。

但是，中国电影在1985年一下子进入了一个“去类型化”的时代，这似乎也并不令人信服。与“新好莱坞电影”相比，中国电影在1985年具备了一个媒介环境上的有利条件，就是电视的普及。

电视可以把底层大众吸引到屏幕前，同时把中上层观众送进电影院，类型化的电视剧还可以承担类型电影的娱乐功能，当然观众

①孙献韬、李多钰：《中国电影百年》（下编），中国广播电视出版社，2005年，41页。

的教育水平，特别是影视文化素质的大幅度提升对电影的发展也会起到十分积极的作用。

事实上，20 世纪 80 年代之后中国电影的发展也证明了 1985 年“类型片的集体灭绝”的观点并不科学。时至今日，中国的类型电影不仅没有灭绝，而且一直是电影市场的主流。

20 世纪 80 年代中国电影界曾经对娱乐片现象有过研讨。1988 年 12 月，电影艺术研究中心和《当代电影》杂志召开了“中国当代娱乐片研讨会”，当时主管电影工作的广电部副部长陈昊苏提出过一个“娱乐片主体论”，在当时引起了重大反响与争议，这种关于娱乐片地位的争议，追溯到上一次还是在 20 世纪 30 年代的“软硬电影之争”：

> 陈昊苏认为，在电影的三大功能中，“娱乐功能是本源，是基础，而艺术（审美）功能和教育（认识）功能是延伸，是发展”，因此他主张“恢复电影艺术本源，既尊重它作为大众娱乐的基础的特性，把娱乐功能放在主体的位置上”，在研讨会上，陈昊苏进一步阐明了他的见解，提出“要确立娱乐片的主体地位，并且提倡艺术家树立一种‘娱乐人生’的观念，提倡拍高水平的娱乐片，他认为观众借助娱乐片，升华情感，宣泄情绪都是可以的”。①

从 20 世纪 70 年代末开始，娱乐性影片就成为中国电影市场的主体，《黑三角》《熊迹》《405 谋杀案》等“反特片”火爆异常。

①尹鸿、凌燕：《新中国电影史（1949-2000）》，湖南美术出版社，2002年，143页。

从20世纪70年代末到80年代末的10年里，中国的类型电影迎来了两次高潮（1980年至1984年，1987年到1988年）。20世纪80年代初中国喜剧片占了故事片总量的1/4，出现了《喜迎门》《甜蜜的事业》《瞧这一家子》《咱们的牛百岁》，其中农村题材的喜剧片成绩最佳。从1983年开始，连续五年国内影院上座率的前四名都是武侠电影，其中中国香港拍摄的《少林寺》上映时引发轰动，直接就是当年《火烧红莲寺》盛况的翻版。一些文艺片的著名导演也在1988年前后加入了类型片的拍摄行列，如张艺谋的《代号美洲豹》，田壮壮的《摇滚青年》，周晓文的《疯狂的代价》，李少红的《银蛇谋杀案》。

20世纪90年代，冯氏（冯小刚）贺岁片的成功是中国类型电影强大生命力的体现。冯氏贺岁片的票房奇迹是由1997年的《甲方乙方》开始，继而是《不见不散》《没完没了》《大腕儿》等，成为一个时期里中国国产电影票房的中流砥柱：

> 冯小刚电影市场表现成功的最重要因素，在于冯小刚电影在市场上建构了一个消费意义上的品牌，正如同007电影的品牌一样，也正如CCTV春节联欢晚会一样，冯小刚的贺岁片在观众的消费心理中获得了一种定位、一种消费期待、一种可以预计的消费效果、后现代的通俗幽默化的宣泄、喜剧明星+漂亮女性的固定组合、大社会荒诞背景的小人物调侃、悲剧元素正剧温情对喜剧风格的适当注入、媒介立体推广、贺岁档期推出等共同构成了冯小刚电影的品牌元素。[①]

---

①尹鸿、凌燕：《新中国电影史（1949-2000）》，湖南美术出版社，2002年，176页。

20 世纪 90 年代至今的革命历史战争片和先进人物传记片，也是中国类型电影的特色。如《大决战》《毛泽东的故事》《周恩来》《焦裕禄》《离开雷锋的日子》。

从这一时期开始，主旋律电影成为中国电影的重要类型。但是笼统地把主旋律电影概括为宣传片或政治电影是不恰当的。因为跟从主流政治意识形态的电影，不一定缺少娱乐因素。许多主旋律电影本身就可以归类于类型电影，只是中国电影类型的划分与传统好莱坞不同而已。

六、香港电影的秘密

在中国电影的历史上，香港电影的现象堪称是奇迹，从 1913 年中国人自制的第一部电影《庄子试妻》开始，香港电影无论是在数量上还是在影响力上都令人叹为观止。

一座 600 万人口的城市，在一个世纪的时间里，拍摄了近万部电影，数量上超过了中国大陆与中国台湾。同时中国香港电影的影响力遍及世界，电影输出的数量仅次于美国，一度成为中国电影的名片。

美国著名电影史学家大卫·波德维尔为了探究香港电影，看了 370 部港片，写了《香港电影的秘密：娱乐的艺术》一书，在引言中他感叹道：

欧洲电影人犹自慨叹没法吸引本土观众，而昔日大英帝国偏远一方的殖民地，究竟哪儿来的办法，能令他们的廉价电影在国际上拥有广泛的吸引力？香港电影人究竟怎么在现代娱乐工业的框架内，创造富于艺术性的电影？这些电影在大众媒体内的说故事方式，包括其历史、技术、设计特色与煽情效果等给我们带来了什么启示？[①]

1. 商业占了上风

任何国家的电影发展史，实质上都体现出政治、艺术和商业三个因素的博弈，香港电影也不例外。

香港电影历史上也曾经拍摄过政治和宣教类型的影片，黎民伟就曾经拍摄过《中国国民党全国代表大会》《孙中山先生北上》等新闻片，抗战爆发之后流亡到香港的上海电影人也拍摄了大量的抗日爱国影片，如蔡楚生的《前程万里》，汤晓丹的《民族的吼声》等。香港的长城公司及凤凰公司等都承袭了中国20世纪30年代的左翼电影的风格，以朱石麟导演为领军人物，拍摄了大量的现实主义影片，并得到了中国大陆的支持。20世纪50年代，香港的许多小规模公司的市场主要依赖于台湾，为此台湾国民党当局组建了“港九电影戏剧事业自由总会”，加入该组织的公司才能在台湾上映影片，以此方式在政治上牵制香港电影公司。

香港电影也不乏追求艺术与历史文化的影片，法国新浪潮电影运动也曾经对香港的电影艺术产生了深刻的影响。许鞍华的《投奔怒海》，关锦鹏的《胭脂扣》，李翰祥的《垂帘听政》，王家卫的《重庆森林》等，其艺术成就都受到了世界电影学者的普遍认可。以徐

①[美]大卫·波德威尔：《香港电影的秘密：娱乐的艺术》，何慧玲译，海南出版社，2003年，5页。

克为代表的受新浪潮电影影响的新一代香港电影导演，把新颖的电影技法与传统的类型电影相结合，改变了香港传统类型片的走向，使香港的类型片达到了一个全新的高度。

由于历史原因，香港商业电影在与“政治”和“艺术”的博弈中，总体上处于优势的地位，这也是香港电影与大陆电影、台湾电影有所不同的地方。以拍摄商业片为盈利目的的电影公司是香港电影产业的主体。香港的大小电影公司都有明确的市场，1947 年，在中国解放战争中成立的永华影业公司，由于失去了大陆市场，迅速走向衰落。由上海的天一公司发展而来的邵氏兄弟公司，长期以来一直以东南亚华人华侨观众为自己的主体观众，拍摄满足他们认同祖国文化并同时满足自身文化教育水平较低的娱乐影片的需要，也因为大量粗制滥造草草而就的电影被称之为“七日鲜”。

类型电影是香港电影的主流作品。香港电影的历史，几乎就是以武打片、喜剧片为主体的类型影片史，其他的类型片包括鬼怪灵异片、情色片、伦理片、爱情片、历史片等。香港电影把武打片、喜剧片以及后来将武打喜剧结合起来的功夫喜剧片演绎到极致，在国际电影市场风靡一时。

类型电影主要围绕这四个娱乐因素大做文章：以角斗与幸存为核心因素的功夫片、以滑稽为核心因素的喜剧片、以魔幻为核心因素的鬼怪灵异片、以性为核心因素的风月片与爱情片。四个核心因素相互杂糅，又形成了如功夫喜剧片、爱情喜剧片、功夫鬼片、爱情鬼片、喜剧鬼片等。粗俗情节是香港电影的常见现象。对此，大卫·波德维尔把这个现象视为香港电影的一个特色，并认为这是香港电影能够在世界各地社会下层取得认可的成功秘密之一：

不管来自何种文化，迎合大众化市场的电影，都要侧重向坐跌、绊倒、排泄功能、爬梯意外等低俗的生活笑料……香港大众电影里的粗俗手法，可谓走到了完全失控的地步，典型的港片会出现吐痰、呕吐与挖鼻孔，甚至拿厕所与口腔大造文章，周星驰在《逃学威龙》像嚼香口胶般大嚼避孕套，还吹起泡来。[①]

与香港类型片相伴随的是香港的电影明星制，“造星”现象成为香港电影的另一大传统特色。

2. 喜剧片

像所有成熟的电影产业一样，喜剧片在香港这样一个成熟的电影产业里通常具有举足轻重的位置。

不论是1909年由外国人拍摄的《偷烧鸭》，还是黎民伟在1913年拍摄的《庄子试妻》都是喜剧片，之后香港喜剧片形成了都市生活喜剧、粤语讽刺喜剧和无厘头喜剧三个主要类型，其间并与功夫片、鬼片结合，形成了功夫喜剧和鬼怪喜剧两个有着世界影响力的类型电影。

香港的都市生活喜剧起始于20世纪50年代。由于受到20世纪30年代上海左翼喜剧片和20世纪40年代上海都市生活喜剧的影响，香港喜剧片开始注重现实主义喜剧所表现的社会下层的那种“含泪的笑”。此类喜剧片多半由具有左翼倾向的凤凰公司制作，其中朱石麟导演的《误佳期》被认为是这一时期都市生活喜剧的代表作，

---

①[美]大卫·波德威尔：《香港电影的秘密：娱乐的艺术》，何慧玲译，海南出版社，2003年，17页。

作品表现了一对香港下层青年男女由于种种障碍而不能如期结婚的故事，结尾是大家团结一致，有情人终成眷属。

粤语讽刺喜剧的兴盛标志着20世纪70年代粤语片的再度兴起。1973年，楚原导演的粤语讽刺喜剧片《72家房客》，打破了李小龙的所有票房纪录。1974年许冠文导演的《鬼马双星》以《72家房客》的模式再破票房纪录，并开始形成“许氏喜剧”的风格。如果说都市生活喜剧还是上海老喜剧电影的延续，那么以“许氏喜剧”为代表的粤语讽刺喜剧，是香港电影真正的本土喜剧。“许氏喜剧”的代表作是1976年许冠文编导的《半斤八两》，影片描写了在一个侦探社里的两个雇员以喜剧的方式与匪徒斗争的故事。在这部电影中，许氏兄弟在喜剧中融入打斗动作，其中在厨房打斗的一场戏里面，香肠和厨具都成为武器，让观众捧腹大笑，《半斤八两》开始形成了后来功夫喜剧的样式，甚至对后来的无厘头喜剧也有极大的影响。

20世纪90年代无厘头喜剧兴起，周星驰的电影作品体现了香港喜剧片前所未有的后现代主义艺术风格。无厘头喜剧片保留了香港传统的包括功夫喜剧在内的动作喜剧的外在特点，对现实与经典进行了无情的解构与嘲弄。与中国大陆和台湾的轻喜剧相比，香港喜剧历来呈现出明显的闹剧特征，喜欢更为夸张的情节和更为噱头化的动作，无厘头喜剧片恰恰把后现代的解构主义与香港喜剧的闹剧传统做了一个完美的结合。

喜剧因素几乎渗透在香港电影的所有类型之中。除功夫喜剧片之外，鬼怪喜剧片和风月喜剧片都是香港喜剧电影的特色类型。鬼怪喜剧片的代表作是1985年刘观伟导演的《僵尸先生》。李翰祥的喜剧片把滑稽与性结合在一起，包括《大军阀》《骗术奇谭》《骗术大观》《骗术奇中奇》《北地胭脂》《风流韵事》《金瓶双艳》等，其中《骗术奇谭》是喜剧与鬼怪和风月三种娱乐因素的融合。

3. 功夫片和功夫喜剧片

中国早期电影，由于京剧的兴盛和默片的要求，其第一批电影实质上都是功夫片，是京剧功夫片。《定军山》之后，丰泰照相馆拍摄的影片《长坂坡》《青石山》《艳阳楼》《金钱豹》《白水滩》《收关胜》都是京剧武戏。20 世纪 20 年代，古装片的兴起推动了武侠片在上海兴盛，天一影片公司创办不久，便拍摄了《女侠李飞飞》，而明星电影公司的《火烧红莲寺》在拍摄到第 18 集被政府禁止之后，去香港拍了后 2 集。此片不仅“火烧”上海滩，而且也把武侠片的这把火带到了香港。

20 世纪 50 年代粤语功夫片“黄飞鸿系列”形成了香港功夫片的第一个热潮。其后，“黄飞鸿系列”影片多达百部，成为世界系列电影的一个奇观。从 1949 年电影导演胡鹏从报纸上的武侠小说受到启发，拍摄黄飞鸿电影，直至 1980 年，他一人就拍摄了黄飞鸿电影 58 部。20 世纪 60 年代末到 20 世纪 70 年代初，功夫片在香港一统天下。张策与胡金铨两大导演，以《独臂刀》和《大醉侠》开创了香港功夫片的“彩色武侠世纪”，此时台湾电影也迎来了一个短暂的辉煌期，台湾功夫片和琼瑶系列的言情片与香港功夫片交相辉映。从邵氏公司分离出来的嘉禾公司所拍摄的李小龙的影片，奠定了中国功夫片在世界类型电影中的独有位置，使中国电影开始具有了世界影响力。从 1971 年开始至 1973 年，李小龙主演了《唐山大兄》《精武门》《猛龙过江》《龙争虎斗》，李小龙以民族英雄的形象表现了中国人受到外强屈辱而奋起抗争的主题，所代表的中国功夫片的成功是爱国主义经典在电影中的虚拟体现，积弱积贫饱受屈辱的中国观众，特别是地处英殖民地的香港观众，带着一种反对帝国主义和殖民主义的民族立场坐进电影院，他们喜欢在这里看到“中国人打外国人”的镜头，这也是本书前文“娱乐作品的变量因素”中提到的“固有倾向”，这种“固有倾向”在功夫片现象中，起到了至关重要的作用。

香港功夫片还产生了若干变种形态，其主要包括警察片、英雄片、黑社会片三大主要类型。其代表作是《警察故事》《英雄本色》《跛豪》，香港电影人李焯桃这样评价类似功夫片之下的亚类型影片：

> 这是旧式武打片的一个现代变种。虽然用枪战取代了剑斗，但荣誉、手足情谊和男性亲密关系的功夫片的主题，几乎没有受到挑战。尽管如此，将武术动作设计成功的改编成枪战爆炸和动作特技设计，却也为这种世界独一无二的程式化暴力美学做出了贡献。①

1973年李小龙去世后不久，香港的功夫片开始陷入困境。没有人能够超越李小龙的英雄形象，没有人能展示比李小龙更美的技击动作，香港经济腾飞的辉煌成就，也使更多的人不需要以一种虚拟的打斗来体现民族自豪感。于是，一种生活化和平民化的功夫片，把角斗和滑稽结合起来的新的功夫片样式，由袁和平和成龙呈现出来。

实际上在李小龙的后期作品中，已经开始出现了喜剧因素，比

①[英]杰弗里·诺维尔·史密斯：《世界电影史》（第三卷），焦晓菊译，复旦大学出版社，2015年，513页。

如他已经开始把华人在美国说英语发音不标准的搞笑细节融入到影片中。1977 年，袁和平导演、成龙主演的《蛇形刁手》和《醉拳》，完美地对李小龙电影进行了继承发展，形成了香港电影的一个新品种——功夫喜剧片：

洪金宝、成龙、袁和平把北派武术喜剧化，创立新的电影潮流，主要代表作是《肥龙过江》《蛇形刁手》《醉拳》《师弟出马》等，其主要特点是，武打与其说是搏斗，不如说是杂耍，情节单一，无外是练功复仇，但人物性格乐观活泼，动作滑稽生动，一招一式既像杂技，又像戏曲中武丑，极富舞蹈韵味，而又妙趣横生，特别是把日常生活也武打化，生活用品信手拈来，都能发挥其效能，虽不能置人于死地，却足以使对方受辱。毕竟这种影片不是以战胜对方为主，而是以取笑对方、耍弄对方为主……①

香港电影的秘密也就是类型电影的秘密。世界类型电影从一个娱乐因素扩展为两三个娱乐因素，同时在某一阶段也会形成一种娱乐因素泛化的现象，也就是所谓的“去类型化”现象，但是类型电影不会消失，去类型化的电影往往是以类型化为基础，从而形成类型电影和“去类型化”电影并存的现象。

香港电影坚守着世界电影市场的较低端的位置，这既是香港和东南亚市民的口味，也是世界电影市场中最大群体——低端受众的

①蔡洪声、朱家玲、刘桂清：《香港电影80年》，北京广播学院出版社，2000年，94页。

口味。香港的类型片无论是新浪潮到来之时，还是后现代主义兴盛之际，都以清晰的具有中国文化特色的类型片特点，获得了令世人瞩目的成绩。

第十篇　沙发上的土豆（上）

我们成功地发明了电视，使其臻于完美，并让这项有史以来最伟大的科技杰作遍布于世，连最简陋的农村也处处可见，而我们拿电视做什么呢？用来把游乐场搬进每个家庭。

——胡钦斯

19 世纪末出现的电子传播媒介，显示了传播媒介作为玩具的明显特征。在此之前书籍、报纸、期刊虽然早已成为人们生活中的重要玩具，但是从功能的角度分析，娱乐功能还隐藏于信息传播、舆论宣传、文化教育诸多功能之中。但是当电报、电话、电影、电台，特别是电视依次出现之后，新的媒介的娱乐传播功能也依次增强。20 世纪人类的欢乐最主要的来源，就依存于电子传播媒介这样一个庞大的家族之中。在这个家族中，20 世纪 40 年代末兴起的电视，成为 20 世纪最伟大的玩具。

一、电影、广播、电视、网络四者的兼容关系

在如今的网络时代，我们在观察电视在电子传播媒介家族中的地位时，发现这样一个现象，这个现象是来自于电子产品的广告中。

这个现象叫作：向下兼容。

用“向下兼容”这个词来描绘电影、广播、电视和网络四者的

关系是非常形象的，同时从四种20世纪最重要的大众传播媒介“向下兼容”的现象出发，又是认识电视这一传播媒介本质的最佳路径。整个20世纪，大众传播媒介的发展历史，就是电影、广播、电视和网络相继诞生，而又“向下兼容”的过程。

20世纪的前50年，是广播的时代；20世纪的前80年，是电影的时代；20世纪的后50年中的前40年，是电视的时代；20世纪的最后10年，是网络时代的开始。

从1895年，意大利人马可尼和俄罗斯人波波夫对无线电技术的发明，到20世纪20年代广播的诞生；从革命导师列宁对广播“不要纸张，没有距离”的赞叹，到法西斯主义者在电台麦克风前的声嘶力竭；从日本关东大地震时人们从失火的家里首先抱出的收音机，到美国记者默罗那震撼人心的“这里是伦敦”的广播。广播经历了20世纪的最动荡最具有新闻需求的前半叶，但在20世纪40年代末的电视面前，它突然失去了往日的风采。除了听音乐、晨跑、坐车时使用广播最方便，在其它情况下，广播可以满足的需求电视也都可以满足。

面对电视对广播的吞噬，理论工作者最合理的解释：并不是谁吃掉了谁，电视也是一种广播，只不过电视在具有了广播的一般功能外，还多了一些功能。在这次“向下兼容”中，电视“视听”功能兼容了广播的单纯“听”的功能。电视兼容的广播，可以说是20世纪大众传播媒介“向下兼容说”的第一次佐证。

当然电视不仅仅在“兼容”广播，它又同时在“兼容”另一个极有魅力的媒介——电影。

电影和广播同是近代光电科学献给20世纪最漂亮的两个礼物。

当卢米埃尔兄弟在巴黎的地下室里放映《工厂大门》《火车进站》和《水浇园丁》时，全世界的人都开始在黑暗中睁大了眼睛，开始用一种全新的方式看世界。当人们丢开华丽的歌剧院包厢，忘记剧中起承转合的完整故事，而钻到地下室去观赏仅仅只有几分钟的电影时，50年后加拿大人麦克卢汉的“媒介即信息”的命题，得到了充分的证明。

电影，创造了一个无比美好的影像世界。但是在西方的20世纪60年代和70年代，在中国的20世纪80年代，如日中天的电视夺走了电影的光芒，电影在电视面前有点手足无措。

从电视诞生的那一刻起，艺术理论和传播理论的研究者把电影与电视看成第七艺术和第八艺术。然而随着电视实践的发展，人们越来越无法找到电影与电视作为不同艺术种类本质区别的佐证，在20世纪80年代的中期，笔者在报刊和《电视艺术的走向》一书中，论述了源于匈牙利电影学家贝拉·巴拉兹的观点：电影电视同源论。

电影电视同源论的核心观点认为，电影、电视因采用相同的语言，而同属于视听媒介，电视是以更大的文化兼容度，兼容了电影，电影不过是电视的一个光电时代的先声产品。

在电视诞生之后的这次“向下兼容”中，电视先进的“视听”功能兼并了电影落后的“视听”功能。

电视兼容了电影，这是20世纪大众传播媒介“向下兼容说”的第二次佐证。

这个新颖的观点在出现后不久，就遇到了挑战。这个挑战者就是飞速发展的网络媒介。在网络世界里，电视马上就呈现出一种无法避免的衰败现象。这时，我们就又一次看到了前面已经发生在广播、电影身上的旧媒介为新媒介所兼容的现象。当年，发生在广播和电影那里的无奈，今天又落到了电视的身上。同时，陪着电视一起衰败的还有电视的“老冤家”报纸、期刊甚至书籍。

网络媒介以无与伦比的巨大的资源整合能力和文化兼容度，使广播、电影和电视的内容可以融于网络之中。今天的电视曾经让昨天的广播变成了它的声音部分，今天的电视曾经让昨天的电影变成了它的文化传播系统中的艺术门类之一，今天的电视又成了网络媒介大系统中的一个小小的视听子系统。

在这次“向下兼容”中，网络媒介的“视听读”功能兼容了电视的“视听”功能，甚至是书籍和报刊的阅读功能。这是 20 世纪和 21 世纪大众传播媒介“向下兼容说”的第三次佐证。

二、电子媒介的感官主义

自媒体产生之前，人类传播的主要形态是图像与声音，文字的发展也经历了一个从象形文字到字母文字、由形象到抽象的过程。19 世纪诞生的电子媒介让人类原本的感性的传播得到了回归，生动的图像和悦耳的声音,开始与文字并驾齐驱为人类传播的主要形态。电视为主体的视听媒介成为这个时代里的主体。

电视的视听功能，与文字相比具有相当的感官生动性和易接受性，使得电视在 20 世纪成为最主要最有影响力的传播媒介，图像的影响力在 21 世纪仍然在网络世界里面依然首屈一指，成为网络媒介元素中的主体。对此，人类在一个世纪的时间里面都在警惕和质疑这个现象。人们认为，电视为代表的视听媒介侵害了文字媒介的理性功能，人类恐惧的是电视的视听功能，更多是出于娱乐的表达，而不是理性的表达。“娱乐至死”为代表的观点就是基于电视这样的一种感官主义的功能而产生的恐惧。

这种恐惧当然不无道理。一条用文字表达的新闻和用电视画面表达的新闻其生动性是不言而喻的。这就使得包括电视新闻的一切电视内容，都蒙上了一层明显的娱乐色彩。同时为了达到较好的收视效果，电视工作者也极力放大了这种强调刺激感官的色彩。在大众化报刊时代，报纸特别是小报对娱乐的追求，使得报人们在新闻的内容选择和写作手法上开始追求感官主义，把娱乐传播置于信息传播之上，即所谓的黄色新闻和煽情新闻。人们批评这些小报，忽略严肃的政治经济和社会论题，以社会新闻和文体新闻中的丑闻、八卦、暴力和竞赛为主要内容，用故事性的情节、大字号标题和图片煽动读者的性冲动、同情心、民族宗教情感和狭隘的爱国主义情绪。从这一点上说，煽情主义的小报和期刊中的画报，是纸媒最接近于电子媒体的新闻媒介。但是显然电视比报纸具有明显的感官刺激能力，所以不可否认的是电视新闻的娱乐性特质，都必然对电视新闻的信息传播功能有所侵害：

电视新闻“新闻角度”的选择，并非仅仅牵涉新闻价值的判断，许多时候是迎合或迁就电视新闻制作流程的诸多特色，尤其重视视觉画面的文化，因而容易以偏概全，扭曲新闻事件的原貌，例如：一场其实没有造成任何伤亡的工厂火灾，只要拍摄到熊熊烈火的画面（符合电视视觉文化特色），这则新闻就可以登上头条，造成震慑阅听人的感官效果。另外，只要捕捉到新闻事件的冲突画面，不论其事件的新闻价值，电视新闻往往基于画面上的“动作性”和“临场感”，刻意夸张此冲突画面在新闻中的重要性，同样也是因为视觉感官刺激思维，而产生特殊的“看待新闻事件的角度”。[①]

台湾学者王泰俐在《电视新闻感观主义》一书中，使用了一个有趣的分析模式。这个模式将电视新闻与观众的沟通分为三类：

1. 信息传播（比喻为布告栏）；

2. 讲述故事（比喻为床边故事）；

3. 视觉吸引（比喻为马戏团表演）。

王泰俐研究了电视新闻与电视娱乐的分界问题，描述了电视新闻与电视娱乐之间交叉部分的“灰色地带”，中国大陆学者在讨论晚报功能的时候，提出了“软新闻”和“硬新闻”的概念，国外学者也曾经区分“感官新闻”和“非感官新闻”的不同。必须承认，完全中立的没有倾向性和情感表达的新闻只能是一部分新闻，大量的新闻还是“床边故事”和“马戏团表演”，而电视的视听功能非常适合讲述这类内容。

三、电视文艺还是电视娱乐？

什么是电视文艺？这本来是我们非常熟识的一个范畴。

对于全国的电视机构来说，从中央电视台到城市电视台，“文艺中心”或者“文艺部”从来都是这些电视机构的一个重要的业务部门，对于优秀的专业电视文艺工作者来说，专门颁给他们的全国性奖项——中国电视文艺“星光奖”也从1988年开始评选的。

①王泰俐：《电视新闻感观主义》，五南图书出版公司，2011年，22页。

从电视文艺的范畴来说，人们通常认为电视文学节目、电视音乐节目、电视晚会等都属于电视文艺，只有电视剧和纪录片是否属于电视文艺是唯一的一点争议。可见，电视文艺这个词的含义，不论是对于中国电视观众，还是中国专业的电视工作者都是非常熟悉了。

但是我们会发现这样一个现象："电视文艺"这个词仅出现在中国，在国外没有相应的词语。也就是说，在中国的电视理论工作者所写出的各种关于"电视文艺"的论述，无论是谈史，还是谈业务，一般都是只谈中国电视文艺的历史和中国电视文艺的业务。在1990年10月召开的中国电视文艺20年的研讨会上，中央电视台编导郎昆说："电视文艺这个提法只在中国有，在影视艺术比较发达的国家却没有这么一个词。"

为什么国外没有"电视文艺"这个词呢？这里我们首先应该看看国外关于电视节目的分类方式。

以美国电视业的分类为例，美国的电视节目通常分为三个类别：1. 新闻类；2. 广告类；3. 娱乐类。

在美国的电视娱乐节目中，包括下列节目形式：

1. 电视剧（黄金时段电视剧、情景喜剧、日间肥皂剧）；

2. 综艺节目（晚会、游戏、杂耍等）；

3. 谈话节目（以非新闻评论为主的"脱口秀"）；

4. 猜奖节目（各种博彩类节目）；

5. 体育节目（体育赛事转播和报道）；

6. 真实节目（家庭录像、冒险、警匪等实录）；

7. 儿童节目（卡通剧、木偶剧、儿童游艺等）；

8. 音乐节目（音乐电视等）。

从上面的分类我们可以看出，在美国和西方国家，其“娱乐节目”包含着中国电视的社教专题类节目，也包含中国电视的文艺类节目。我们所说的“电视文艺”节目，在美国和西方是“电视娱乐”的一个组成部分。

从中国的电视节目的分类方式上看，中国的电视节目分为四大类：1. 新闻类；2. 广告类；3. 社教类；4. 文艺类。

从中外电视节目的分类比较来看，娱乐是国外电视节目的一个十分重要的概念，这是国外社会政治经济文化特征的体现，也是国外电视节目长期市场化和商业化的结果。而在中国，除自身的文化观念外，中国电视和中国其他大众传播媒介的宣传特征，都使娱乐只能成为一种“寓教于乐”的手段。

然而，改革开放40年来中国电视的实践发现电视文艺的概念越来越不适应电视节目的发展，许多深受广大观众喜爱的电视节目，如赛事转播为主的体育竞技节目、《实话实说》和《鲁豫有约》为代表的谈话节目、《玫瑰之约》和《非诚勿扰》为代表的婚恋速配节目、《爸爸去哪儿》和《奔跑吧，兄弟》等的真人秀节目，都无法列入原有的分类之中。

显然，目前在中国“电视娱乐”的概念要比“电视文艺”的概念更加宽泛和实用。也与中国电视发展的实践相适应。

四、20世纪最重要的玩具

有人把读书的姿势和看电视的姿势进行了对比，说读书是俯身的，而看电视是仰身的。因此看电视不是一种探求和研究，而只是欣赏，目的就是娱乐。

1. 早期实验电视娱乐时期（20 世纪 20 年代中期至 20 世纪 40 年代中期）

人类有关电视的合理设想可以追溯到 19 世纪的 70 年代。1879 年，英国的一本杂志《冲击》上登出了一张画：一对夫妇坐在壁炉前通过一个安装在壁炉架上的方方的电视屏幕观看网球比赛。1881 年，法国艺术家阿尔伯特 · 罗必达画了一组连环画：一家人在家里的起居室里，通过电视屏幕观看发生在遥远地区的战争，并且通过屏幕在家里看戏、自修大学课程，还可以购物。

半个世纪后，人类看电视的愿望开始实现了。在 1925 年，美国人查尔斯 · 富兰西斯 · 杰肯斯使用了“无线电视像”，把一辆转动的荷兰风车的画面，传至 5 公里外的一个“电视机”上。与此同时，英国的约翰 · 贝尔德在伦敦的百货公司的橱窗里，展示了一种名叫“电看”的东西。这些技术上的突破使得一些有见识的投资者产生了兴趣，他们给这些技术发明一定的资金支持，并相信将来的某一天，卖电视机一定是一个有利可图的好买卖。特别是一些电器的生产厂家，他们企图通过建立电视台来赚钱。也正是这些早期的由工厂主创办的电视台里，出现了人类电视史的第一批新闻节目，也出现了第一批娱乐节目。

1928 年，美国的纽约通用电气公司的电视台播出了一部名叫《王后的信使》的节目，这是人类最早的电视文艺节目。但是，早期的落后的技术，使得电视成为一种笨重而昂贵的东西，更多的是用来满足好奇心。它的屏幕只有几英寸，画面是一片红色，声音像一台开动的机床，外加上 20 世纪 30 年代初的经济萧条和接踵而来的世界大战，使电视在技术和应用上的开发都停滞了下来。

2. 实况电视娱乐时期（20 世纪 40 年代中期至 20 世纪 50 年代中期）

第二次世界大战结束后，在美国，人们对电视爆发出积蓄了 15 年的热情。生产战时通信物资的生产线马上改装为生产电视机，大批从前线返回的雷达兵被这些工厂所雇用。值得注意的是，从这时开始，美国和欧洲的电视业就把娱乐节目作为了电视节目的重要内容。

他们首先关注的是体育，因为体育具有新闻与娱乐相结合的特点。于是，拳击、摔跤、橄榄球、赛马、棒球在 1947 年的电视节目中占了播出时间的 60%，达到了每周 29 个小时。

在这个时候，电视中的音乐节目、歌舞晚会、电视剧等还十分少见，因为广播电台的高质量音乐和广播剧正如日中天。唱片业也特别发达，哥伦比亚唱片公司的新型密纹唱片受到了西方家庭的热烈欢迎。即使在一个小小的酒吧里，都会有一架有着灯光显示的花里胡哨的自动电唱机，酒客们只要往里投入一枚硬币，就可以把唱片上 8 首歌中的任何一首选出来播放。

这个阶段，也正是人们对电影着迷的时候。在 1946 年，世界电影票房纪录达到了有史以来的最高水平。在英国，电影院里涌进了 3000 万观众，在美国竟达到了 9000 万。在希区柯克的影片《美人计》中，加里·格兰特和英格丽·褒曼创纪录时间的激情热吻，标志着电影的娱乐性已经达到了一个前所未有的水平。所以，刚刚开始走向商业电视的西方电视业，在这个时期并没有把纯粹的表演艺术作为电视节目的重点，而是以体育和家庭娱乐作为了节目的重点。

这种情形在 1948 年开始发生了变化，这个变化就是由广播节目演化而来的电视综艺节目闪亮登场了。第一个推出的电视综艺节目是杜芒特电视网的《业余爱好者一小时》。同年，NBC（美国全国广播公司）把《泰克萨柯明星剧院》从广播搬上电视。在这个节目中，一个名叫伯尔的主持人成为世界上第一个电视娱乐明星。当节目在每星期二的晚上 8 点播出时，美国街道的汽车都几乎消失了，这个节目的收视率达到了 95%。这时，NBC 的老冤家 CBS（美国哥伦比亚广播公司）马上推出一个由喜剧演员、歌手、魔术师、动物表演、杂技等组成的系列节目《小城名流》，收视率很快达到顶峰。不久，美国就掀起了一个电视综艺娱乐节目热。在 1948 年秋天，全美国的各家电视台几乎都创办了自己的综艺节目。

战后美国电视业涌现了一大批电视娱乐节目，出现了电视文艺最早的样式。同时，电视节目的成功又大大刺激了电视业的发展，到了 1948 年秋天，美国的电视机用户已经达到了 17 万户，并拥有 NBC、CBS、ABC（美国广播公司）和杜芒特四大电视传播网。同时，所有的大大小小的城市都开始修建自己的电视台，以至于美国国家联邦通信委员会不得不暂停批准新电视台执照。

在 20 世纪 40 年代末开始，电视戏剧成为美国、英国等西方国家电视台的晚间重头戏。最成功的当属由莎士比亚的戏剧而改编的《恺撒大帝》《玛蒂》《模式》《十二个愤怒的人》。同时，CBS 在 1951 年推陈出新，播出科幻系列片《就在那里》。在 1951 年 CBS 还推出了一部长达 180 集的电视喜剧系列片《我爱露西》，这个节目创造了电视情景喜剧的模式，并创造了社会独立制作公司生产电视产品的成功范例。

3. 形成样式的电视娱乐时期（20 世纪 50 年代中期至 20 世纪 60 年代初期）

《我爱露西》在制作上也带有革命的性质，这部电视剧是在洛杉矶用电影胶片制作而成的，标志着电视业已经开始自觉地采用录播的方式来制作电视节目了。在《我爱露西》之前，电视节目都是采用现场直播的方式进行的。尽管直到今天，直播仍然具有其巨大的魅力，但如同默片电影一样，直播毕竟是电视节目早期技术不完善时代的无奈。无论是出于对节目作品留存、修改的目的，还是让电视传播内容突破时空限制，能够用胶片或者磁带将电视传播内容存下来，哪怕是暂时存都是伟大的变革。

这个变革在 1956 年出现了。就在这一年，爱姆派克斯公司推出了磁带录音技术。这项发明不仅仅解决了电视节目的保存问题，更重要的是磁带给电视的拍摄带来了经济上、质量上和制作方式上的巨大改变。有了磁带，不仅仅可以把节目保存下来，最重要的是节目可以在播出之前就将它录好，修改好，剪辑好，错误可以纠正，细节可以润色。除了磁带有比胶片硬而便宜以及可以反复使用的优势外，磁带的出现，使电视制作者感到电视与电影相比，将不再是一种粗制滥造的东西了。

但是在这一时期，美国的电影界犯了一个错误，就是狂傲地对电视采取了拒绝合作的态度，从而失去了一个电影界在电视业中扮演重要角色的机会。最后，广告商利用了这个机会，使电视在商业化的道路上迅速前进。几年后，当电影在大银幕、宽银幕、立体银幕、豪华电影院中挣扎的时候，电影业界才感到后悔。迪士尼为电视拍摄了米老鼠和唐老鸭，标志着电影与电视的言归于好，也证明了电视在这个时期已经具有了相当强大的影响力和生命力，它完全可以与电影分庭抗礼。

这个变革的最终结果，是电视除了具有自身的时空优势外，还具有完备的制作手段。这时，各种我们今天熟悉的电视节目样式都在这个时期里出现了，如电视连续剧、系列剧、电视专题片、猜奖节目、真人娱乐节目等。

4. 成熟发展的电视娱乐时期（20 世纪 60 年代初期至今）

在 60 年代的初期，电视步入成熟的标志是无线电视与有线电视并存、通信卫星的使用、社会对电视开始有了更理性的思考。这一切都给电视娱乐节目的样式、内容、规模带来了诸多的变化。

在这一时期，有一个技术上的重大突破，那就是有线电视的发展。而有线电视的发展，又使电视节目的内容发生了重大的变化。早在 20 世纪 50 年代，居住在美国山区的居民由于收不到清晰的电视信号，不得不花更多的钱让人在高山上架上天线，然后再拖一条电线到自己家的电视机上。当时，没有人认为这有什么特殊的意义，但是在 60 年代，这种叫“CATV”的东西受到了人们的重视，人们给予它一个新词：有线电视。尽管美国对有线电视的发展在这一时期采取了限制政策，但有线电视给电视娱乐带来的专门化特点已经显现出来。

在这一时期，电视特别是电视娱乐节目表现出成熟的另一个标志，就是社会开始在理论上研究电视的利害，特别是“电视娱乐节目对社会的影响”这一重要课题。60 年代初，ABC（美国广播公司）的动作片《不可接触》大获成功，《不可接触》是描写黑社会帮派战争的电视剧，它的成功引起了一大批暴力题材电视剧的出现。这个时候，美国警察抓到的每一个街头打架的青少年都会说，他的行为是受到了电视剧的影响。这个电视现象使得美国参议院花了 4 年时间来讨论电视暴力内容和观众的攻击性行为的关系，并使这个课题成为传播学的传统课题。

在这一时期出现了非商业电视的一个重要现象：NET（全国教育电视网）在 1963 年成立了。它播出的《经典剧场》《楼上楼下》《芝麻街》等内容强调公益性而区别于商业电视中的娱乐节目。

20 世纪 70 年代开始的电视业整合是以有线电视与通信卫星结合以及家庭录像机普及的迅猛发展为标志的。1975 年，HBO 电视网在通信卫星上租了一个脉冲转发器，从而建立了一个在卫星传播之下的有线电视网。这种方式使原来的无线电视受到了极大的挑战，并迫使电视传播的格局开始发生了巨大的变化。有线电视使电视节目走向了专门化，使电视娱乐节目走向了分类化。在这种条件下，出现了体育频道、音乐频道、电影频道、戏剧频道、卡通频道等。如 ESPN（体育电视频道）、MTV（音乐电视频道）都是在这种条件下兴起的娱乐频道。同时，有线电视的分类化又使观众被划分为一个一个更精确的群体。

人们从众多的电视频道中进行越来越充分的选择，还可以从录像商店和录像出租店选择自己喜欢的内容。到 21 世纪之后，电视和网络的结合，使得电视娱乐一方面陷入了收视窘境，另一方面也使娱乐又作为网络视频的一部分，获得了更充分的发展。而这次的变化是革命性的，电视娱乐已经开始由媒介批判者所指责的大众文化，开始向小众文化和个性化文化迁移。

第十一篇　沙发上的土豆（下）

有一些电视剧可真叫糟，可是多看几集，你也被它缠住了，就像那种特别讨厌的人和事。到此时，期望其实也已放得很低，因为是亲近的心情，这大约也是我们喜欢连续剧的一个理由。它是合乎我们懒散的性情的，在我们最松弛最无警惕性的状态下，忽地给出一个好来。

——王安忆

与美国电视出现时以体育比赛和杂耍竞技为主有所不同，中国电视的娱乐起点是以电视文艺的形式出现并持续了 20 年。在电视文艺呈现以宣传教育为主旨的同时，也一直在孕育着娱乐因素。直到 20 世纪 90 年代，中国的电视娱乐才真正兴起，并于 2000 年之后盎然勃发，形成了电视娱乐与电视民生新闻并驾齐驱的市场格局。

一、文艺演出的播放

1958 年 5 月 1 日，北京电视台开播第一天，就在演播室内向北京地区直播了中央广播剧团表演的诗朗诵《工厂里来了三个姑娘》《大跃进的号角》，北京舞蹈学校演出的舞蹈《四小天鹅》《牧童与村姑》和《春江花月夜》。由此可见，电视还是很需要此类文艺节目。

初创期的中国电视文艺，主要是直播舞台演出和直播室内演出。这一时期的电视文艺与当时电视技术的发展水平相适应，具有两个特点：第一，因当时还没有录像设备，文艺节目一律是直播。第二，在内容上由于受技术手段的限制和编导人员经验不足的影响，播出的节目很少有电视化的艺术处理，如：首次电视文艺节目就是从一间 40 多平方米的办公室改建的小演播室直接播送出去的。一些短小的节目，如诗歌朗诵、曲艺、杂技、独舞、独唱等节目的演员就直接在这间小演播室里表演。舞台演出的节目则以剧场实况转播为主。1958 年 6 月 26 日，北京电视台进行了第一次剧场转播。这次转播第一次使电视机前的观众在同一时间内收看到剧场文艺演出的现场实况。从此，转播各剧场的文艺演出成了电视文艺的主要形式，如梅兰芳主演的《穆桂英挂帅》，尚小云的《双阳公主》，荀慧生的《红娘》，马连良和张君秋合演的《三娘教子》，张君秋、叶盛兰和杜近芳合演的《西厢记》，周信芳的《四进士》等一些著名艺术家演出的剧目均有过在剧场中通过电视转播的记录。此外，电视台还转播过苏联芭蕾舞团来华演出的《天鹅湖》、乌兰诺娃主演的《吉赛尔》和《海侠》的片段。

当时剧场的实况转播，一般用三台摄像机放置在左、中、右三个距离不同的位置上，面对舞台，导演根据剧情、场面调度、演员表演等需要，从三台摄像机输送的画面中选择适合播出的画面进行切换连接，使观众在屏幕上看到连贯的场景。这种剧场实况转播为以后文艺晚会的转播和录像积累了经验。1959 年国庆 10 周年时，北京电视台通过电缆传送，转播了天安门广场的文艺晚会，这是北京电视台首次转播规模比较大的文艺演出。

1960年以后，北京电视台新建了600平方米的演播室，可以在演播室里承办规模更大的文艺节目。这一时期播出了由黄一鹤导演的节目小提琴协奏曲《梁祝》。这个节目在解说词的处理上，在镜头的组接和插播戏曲影片资料方面，都做了大胆的尝试。由邓在军导演的舞蹈《赵青独舞》，杨洁、莫瑄导演的甬剧《半把剪刀》，王扶林、金成导演的话剧《七十二家房客》中，导演都不拘泥于原有的艺术形式,而是运用了大量电视独有的视角和手段进行再创作，体现出电视文艺的特色，丰富了节目自身的表现力。为了对戏曲、话剧做进一步的电视处理和加工，打破舞台三面墙的局限，导演根据电视分镜头脚本重新排练。从表达内容和电视镜头的需要出发，对演员的位置重新进行安排和设计，要求演员的表演及化妆更接近生活真实，并在剧中穿插使用外景镜头。经过这些适应电视表现手段的艺术加工,剧情变得更加紧凑和连贯,人物关键性表演更加突出，增加了节目的感染力。

1960年春节，北京电视台第一次在演播室内播出了自己组织、排练的综合性春节文艺晚会。这次晚会集诗朗诵、相声、歌舞等为一体，为以后组织综合性文艺晚会做了有益的尝试，标志着中国的电视文艺进入了自办综合文艺节目的阶段。这一重要转变表明，电视在与文艺的结合上不再仅仅是作为一种单纯的传播手段，而是在参与过程中开始有意识地从自身角度进行衡量和创新，逐渐形成有电视特色的新的文艺形式，其特点就是适合电视表现和符合观众的欣赏习惯。1961年12月11日至19日，为庆祝著名京剧表演艺术家周信芳舞台生涯40年而举办了一系列活动，北京电视台第一次进行大规模的连续转播，这在中国电视文艺史上尚属首次。

1961 年 8 月至 1962 年 9 月，北京电视台举办了三次以“笑”为主题的专题晚会。“笑的晚会”是中国电视娱乐历史上第一次力图摆脱电视文艺的束缚，强调电视娱乐功能的可贵尝试，成为中国电视娱乐历史的起点，并对日后包括春节联欢晚会等中国电视晚会的发展，具有相当重要的意义。1961 年 6 月，周恩来总理在“新侨会议”上强调文艺工作要民主，要符合艺术规律，反对套框子、挖根子、抓辫子、扣帽子、打棍子。“新侨会议”之后，中国文艺界和新闻界都出现了一次短暂的繁荣时期，“笑的晚会”就是在这样的背景下诞生的。1961 年 8 月 30 日首次播出的“笑的晚会”是一个相声晚会。这次晚会的主题就是幽默与搞笑，与那些具有宣教主题的晚会有所不同。而且这是自吕班的喜剧影片受到批判以来，喜剧价值的作品重新出现于媒体之中。1962 年 1 月 20 日播出的第二次“笑的晚会”，导演王扶林设置了亲近互动的茶座式场景，打破了剧场看演出的传统模式，同时把戏剧学院表演训练的喜剧小品、南方独角戏与相声穿插在一起。茶座式场景与小品在 20 年后被中国春节联欢晚会借鉴，并受到认可。1962 年国庆前夕播出的第三次“笑的晚会”，喜剧小品取代了相声的地位，其中的哑剧小品《吃鸡》，后来成为 1983 年春晚大受欢迎的小品。然而，第三次“笑的晚会”由于明显的喜剧追求，受到了一些批评。

对于 20 世纪 60 年代初的“笑的晚会”，电视史论学者给予了很高的评价：

“笑的晚会”从一开始就确定了轻松愉快的喜剧风格，成为电视娱乐化功能的最初的探索，让人们看到了电视这种新兴媒介的魅力所在。而它在三次不断创新的尝试过程中，也打破了电视对其他艺术样态简单呈现的状态，试图去建立属于自己的艺术本体和样态。它首次将小品搬上电视舞台，创作了大量兼具现实意义和喜剧价值的作品。它聚集了彼时活跃于文艺界的大量优秀的演员，创作出众多优秀的作品，并通过电视让广大的观众欣赏。

“笑的晚会”在中国电视诞生的初期，就创造出一种独具中国特色的电视文艺样态，体现出早期电视工作者在艰苦环境下的孜孜不倦的探索。而“笑的晚会”，也为后来的电视文艺的进一步发展奠定了基础，1983年春晚就是在“笑的晚会”的基础上继续创作的，而彼时探索出的许多文艺样态一直延续到当下，仍然发挥其价值。①

1964年12月底，北京电视台利用黑白录像机录制了常香玉主演的豫剧《朝阳沟》的节选和《红灯记》的节选，在迎接1965年元旦的文艺晚会上播出。这是我国第一次使用录像播出文艺节目，使电视文艺在时间角度上找到新的发展路线。

1958年至1966年也是我国电视剧的早期发展阶段。1958年6月15日，中央电视台播出我国第一部直播电视剧《一口菜饼子》，上海电视台10月25日播出了该台第一部直播电视剧《红色的火焰》，此外还有广东电视台的《谁是姑爷》，1960年，黑龙江、吉林电视台联合制作的《三月雪》，天津电视台播出了《搬家》。在这8年时间里，我国共播出了100多部直播电视剧。所谓直播电视剧，是演员在演播室内表演，摄制人员通过摄像机和话筒，把图像和声音

①罗姣姣：《中国电视综艺发展史》，中国广播影视出版社，2017年，23页。

变成电讯号送到导演操纵台，导演按照事先设计好的镜头顺序切换组接，直接播映出去。直播电视剧受其表演与欣赏同时性的限制不得不在荧屏上沿袭话剧的舞台形式，人物对话成为直播电视剧的主要表现手段，此时的电视剧还没有形成自身鲜明的艺术特色。

1966 年 2 月 26 日播出的《焦裕禄》是最后一部直播电视剧。随后的“文化大革命”使广播电视事业受到极大的破坏。1967 年 5 月 23 日北京电视台直播《首都纪念毛泽东〈在延安文艺座谈会上的讲话〉发表 25 周年大会》的实况，并从此陆续播出八个“样板戏”——京剧《龙江颂》《红灯记》《奇袭白虎团》《智取威虎山》《海港》，芭蕾舞剧《白毛女》《红色娘子军》，交响音乐《沙家浜》。

“文化大革命”期间，文艺节目十分单调，以转播舞台政治性演出为主。但这时的转播工作做得比较细致，不但事先分好镜头，而且写出详细的转播分镜头本。这种工作模式一直延用至今，有效提高了转播的艺术性和技术质量。1973 年以后，北京电视台引进了彩色录像设备和彩色转播车，电视节目开始向录像播出过渡。这一转变对电视节目，特别是文艺节目的制作播出，具有革命性意义。录像技术的采用，不仅使文艺节目不再一瞬即逝，而且能够制成录像带予以保留、重播和交流，更重要的是使电视文艺节目具备了可以进行后期加工这一有利条件，可以在艺术上千锤百炼，精益求精，从而大大提高了电视文艺的质量。

1976 年以后，大批优秀的戏剧、音乐、歌舞、曲艺、杂技节目重新在舞台上演出，电视文艺节目的内容不断丰富。这一时期北京电视台转播了几次大型文艺晚会，在全国观众中引起强烈反响，充分显示了电视文艺在反映时代脉搏、表达人民心声方面的巨大作用。

1976年12月21日北京电视台现场直播了《诗刊》编辑部主办的诗歌朗诵会，1977年1月北京电视台组织编排了专题文艺节目《我们永远怀念您啊，敬爱的周总理》。此外，录制播出的话剧《于无声处》《丹心谱》《左邻右舍》都在群众中引起强烈共反响。一批长期被打入冷宫的传统戏曲节目，也重新与观众见面。

二、电视娱乐格局的初步形成

中国电视文艺经过艰辛的探索，终于在20世纪80年代开始迎来了自己的发展繁荣期。这一时期的电视文艺已能够运用自身优势，实现栏目化，能够举办大型文艺晚会和初具电视娱乐性质的大型文艺竞赛活动，体育新闻的娱乐特质在竞赛转播中得到放大，中外电视剧的播出数量和自制电视剧的质量都有了大幅度的提高。

1. 电视文艺的栏目化

1977年5月23日，北京电视台推出《文化生活》栏目，它在树立电视文艺自身形象方面努力探索，标志着中国电视文艺自制节目的新起点。电视文艺栏目的兴起，其现象是20世纪60年代初广播文艺栏目兴起的电视呈现。栏目化有效地推动了电视文艺的飞速发展，更有利于使电视文艺在固定时间和固定长度的约束与限制中提高节目的质量，树立自己的屏幕形象。1977年11月北京电视台开办了《外国文艺》专栏。1981年广东电视台开办了大型文艺专栏《万紫千红》。1984年前后，上海电视台开办了《大世界》和《大舞台》两大著名栏目。1990年3月和4月，中央电视台推出了《综艺大观》和《正大综艺》，标志着中国电视文艺向电视娱乐的过渡。两个栏目第一次引入了“综艺”概念，注重相声、小品、魔术、杂技所带来的喜剧性，类似美国电视节目中的“杂耍节目”（Variety也译为综艺）。《正大综艺》脱胎于著名的台湾电视娱乐节目《绕着地球跑》，以游戏和竞技为主体，重视场内观众与嘉宾的互动参与，几乎完全摆脱了电视文艺的束缚，成为中国最早的电视猜奖类娱乐节目。《正大综艺》的诞生具有电视娱乐的产业意义，正大集团的冠名，将商业意义引入中国电视节目之中，商业性和娱乐性的相辅相成，至今仍然是中国电视娱乐节目产业化发展的重要经验。

2.“风雅颂”谱系中的春节联欢晚会

广泛举办具有宣教主题性质的文艺晚会是中国宣传工作的特色，而文艺晚会又是宣教活动中最具有娱乐色彩的形式。文艺晚会长期以来一直体现中国社会普遍存在的寓教于乐的现象，各种社会组织时常组织各种主题的文艺晚会，或是政治意识形态的宣传，或是增强组织凝聚力的活动，这一切使得中国一直是一个文艺晚会的大国。随着中国电视的发展，中国电视文艺晚会迅速成为长达半个世纪的电视景观，即使是在“文化大革命”时期，转播文艺晚会也是当时中国电视少有的亮点之一。

1983年中央电视台开始播出的“春节联欢晚会”，逐渐成为国人的春节传统节目。当年春晚的主要节目归类如下：

主持人：王景愚、刘晓庆、姜昆、马季

歌曲：《拜年歌》《夫妻双双把家还》《竹林沙沙响》《草原民歌》《勤劳的比帕尔》《马铃儿响，玉鸟唱》《牧羊曲》《大海啊故乡》《太阳岛上》《红花》《盼红军》《歌曲联唱》《刘三姐》。

相声：《山村小景》《小小雷锋》《说一不二》《错走了这一步》《对口词》《战士之歌》《戏剧杂谈》。

小品：《逛厂甸儿》《吃鸡》《弹钢琴》《阿Q的独白》。

场外互动猜谜：从上至下，广为团结（打一字）、年终算总账（打一句唐诗）、制定人口政策（打一成语）、镜子里面照着人（打一字）、晚会（打一字）。

朗诵：《每逢佳节倍思亲》。

舞蹈：《节日》。

戏曲：《儿童京剧表演》《坐寨盗马》《空城计》《霸王别姬》《京剧对唱》。

魔术杂技游戏：《彩扇争艳》《杂技表演》《武术表演》《吉庆有余》。

录像片段：《火烧圆明园》《垂帘听政》《武林志》。

如果说1983年的春晚确立了一个日后春节联欢晚会雏形的话，1984年的春晚获得了巨大的甚至日后所有的春晚都无法超越的成功，并开始形成了春节联欢晚会的基本结构：

主持人：赵忠祥、卢静、黄阿原、姜昆、姜黎黎、陈思思

歌曲：

（1）民族歌曲：《拜年歌》《幸福在哪里》《党啊亲爱的妈妈》《甜透了咱心窝》《串门》《山水醉了咱赫哲人》《请到天涯海角来》《妈妈教我一支歌》《溁水香茶献亲人》《我们的生活充满阳光》《月光照着太湖水》《辞旧迎新歌》《撒拉族花儿大眼睛》《妹妹的山

丹丹花儿开》《跳吧，年轻的伙伴》《那就是我》《要问我们想什么》《战士与梅花》《友情》《天黑黑》《默默地祝福你》《难忘今宵》。

（2）通俗歌曲：《莫愁啊，莫愁》《大海啊故乡》《回娘家》《花儿为什么这样红》《天女散花》《阿里山的姑娘》《我的中国心》《垄上行》《外婆的澎湖湾》《乡间的小路》《三笑》《太湖美》。

小品：《淋浴》《吃面条》《电视纠纷》。

相声：《宇宙牌香烟》《春联》《夸家乡》。

戏曲：《迎春曲》《故乡行》《南海渔歌》《定军山》《将相和》《女驸马》《慧梅》《燕燕做媒》《刘海砍樵》。

魔术杂技游戏：《转盘子》《看谁贴得快》《狗熊猴子投篮》《伞衣帽》《现场乒乓球表演》《金银猜》《气功表演》。

改革开放以来，中国电视娱乐产业的发展一直在三个因素的博弈中进行，即娱乐、艺术和宣传。如果我们把这三个因素分别比为《诗经》中的风、雅、颂的话，1983 年至今的春节联欢晚会就一直是在风、雅、颂三个因素组成的谱系中寻求平衡。

风（娱乐）——雅（艺术）——颂（宣教）。

从节目构成上看，春节联欢晚会一方面强调表现春节的欢乐气氛，强调以喜剧为主体的娱乐性的表达，另一方面承载着重大的宣传主题。从节目类型上看，民族歌曲和舞蹈、晚会动情点的设计多为表达宣传主题的内容，通俗歌曲（特别是港台歌曲）、小品相声和魔术杂技游戏宣传内容较少，强调娱乐。在民族歌曲中，有的歌手在艺术风格上突出“颂”的庄重，有的歌手则在“颂”的庄重中加入了“风”的轻松。小品中，有的以宣教内容为主，往往催人泪下，不断追求高雅幽默，强调喜剧的戏剧艺术性，有的则追求喜剧效果，笑料密集，晚会上喜剧小品中，形成了风、雅、颂相协调的三个格局。1984 年的春晚之所以大获成功，在于其宣教主题与娱乐的有成功打通。如张明敏作为一个通俗唱法的港台歌手，一曲《我的中国心》，成为本次春节晚会主题的最大亮点。

雅致的艺术表演，在春晚中处于这个谱系的中间部分。对于表达宣传内容和形成欢乐气氛，“雅”的节目都没有更强大的表现能力，往往这类节目只是晚会的点缀。央视春晚的历史上对风、雅、颂的追求时有不同，有时只强调娱乐性，有时只强调艺术性，有时只强调主题性，从而形成了不同的晚会风格。

3. 文化艺术竞赛与体育转播的兴起

欧美电视业有一句戏言：“一切没有意思的东西，只要搬到电视上比赛就变得有意思了”。20 世纪 80 年代，中国电视还没出现纯粹的电视娱乐节目的时候，国人关注的热点就是各种竞赛。从知识竞赛开始，业余发明比赛、猜谜比赛、歌唱比赛、相声比赛、小品比赛、节目主持人比赛、服装比赛、群众趣味游戏比赛目不暇接。

1980 年广东电视台举办的“六一有奖知识测验”，1981 年中央电视台举办的“北京中学生智力竞赛”，1984 年中央电视台举办的“全国青年歌手电视大奖赛”，1985 年上海电视台举办的“卡西欧杯家庭演唱大奖赛”，1986 年中央电视台举办的“蒲公英五四青年智力竞赛电视公开赛”都是当时影响力很广的比赛。

各路竞赛的初衷和名义是文化展示，但是当比赛呈现到电视上时，观众除欣赏比赛内容外，对比赛的结果更有兴趣，观众对“角斗与幸存”的关注使得电视人发现，他们的节目并不完全是一个文化艺术节目，而更多是一个娱乐节目。

在有了这样一种认识之后，竞赛的文化艺术内容开始让位于竞赛的娱乐表达，中国电视人开始自觉地把此类比赛看成是一种娱乐比赛。从1984年开始的“全国青年歌手大奖赛”连续举办了14届，观众在欣赏音乐作品的同时，更多关注点集中于比赛的环节、选手的状态、评委是否公正等非音乐内容。后期的“青歌赛”加入了“文化知识”的环节，让歌唱选手们在现场囧态百出，电视观众却看得饶有兴趣。“青歌赛”在2010年之后，收视率开始下降，有人认为是音乐作品质量下降，有人认为是音乐选手资源枯竭，更多的人认为是其他同类电视娱乐节目抢了“青歌赛”的风头。这里有一个从电视娱乐角度分析的观点：“青歌赛取得的成绩是有目共睹的，但是现在老百姓的欣赏水平提高了，大家不仅希望看到专业性的比赛节目，还希望看到快乐的表演，如果青歌赛不在趣味性上提高的话，今后的发展还是比较困难的。”

20世纪60年代初期，第26届世界乒乓球锦标赛，在国内掀起了一阵“乒乓热”。当时的比赛，观众可以通过新闻简报和北京电视台的直播了解比赛的相关情况。从20世纪80年代开始，体育竞技比赛成为全民关注的热点。“角斗与幸存”的魅力和民族自豪感的固有倾向使体育比赛成为国人目光的聚焦点，同时也成为大众传媒，特别是报刊和电视媒体所提供的重要娱乐内容。从这时起中国电视体育报道开始由体育新闻的简单报道，演变为体育竞技转播的全程报道。

应该说，体育运动的本质是人类的健身行为，更是人类的游戏。现代体育运动的兴起，是随着大众传播而同时进行的。在20世纪，除了到现场观看外，欣赏体育竞技的主要渠道是电视，中国电视在20世纪80年代的兴起，体育新闻的报道和体育赛事的转播功不可没。

1978年，中央电视台开办了《体育之窗》栏目，后又开办了日播的《体育新闻》；1981年，中国女排首次夺得世界冠军、中国男子国家足球队冲击世界杯，中国电视开始展示了体育转播的魅力；1985年，邓小平指示中央电视台《晚间新闻》要让位重大体育转播；1985年，中央电视台成立体育部，有《体育大世界》《世界体育》《体坛纵横》等栏目，每周播出时间为两小时。

当年的体育新闻没什么时效性，一天把一个礼拜的新闻都给录了也可以。当时的主持人出镜就是报个头报个尾——“观众朋友们晚上好，欢迎您收看体育新闻；谢谢您收看体育新闻，再见”就这么几句话，韩老师都是一天就把这一礼拜的活给干了，他有好几件西装，穿上一件，录一遍，星期一用这条。换一件西装，录一遍，星期二用。办公室里有七件西装。[①]

到了2002年，全国媒体的体育记者已达到十几万人，仅足球专项报道记者就达到8000余人。中央电视台体育专业频道（CCTV5）的设立、转播欧洲四大足球联赛、美国职业篮球联赛、世界杯足球赛、ATP（网球）世界巡回赛和奥林匹克运动会，推出《篮球公园》《足球之夜》等介绍赛事的高水平体育专题栏目的出现，都表明体育比赛已经成为中国电视娱乐的一个重要组成部分。

①苗炜：《五魁首》，上海文艺出版社，2005年，23页。

4. 电视剧的发展与成熟

有人说，电视剧是20世纪的长篇小说。从1958年的6月15日，中国第一部电视剧——《一口菜饼子》诞生以来，中国电视剧走过了60年的历史。而在20世纪80年代之前，中国电视剧这类“长篇小说”的创造只能算上习作，而在其后的40年里，中国电视剧则在改革开放的良好文化氛围下，借助文化市场为之开放的相对宽松的空间，成为电视剧生产、播出和收视大国。中国电视剧成为与电视民生新闻、电视娱乐节目并驾齐驱在中国电视业市场化前列的三驾马车之一。2010年之后，中国电视剧的播放频道占全部电视频道的90%，电视剧的播放时间占所有电视节目的近30%，电视剧广告收入占电视广告收入的50%。在网络媒介影响电视剧收视的同时，电视剧又凭借着质量优势成为网络视频的重要部分，甚至成为网络收费制度的最重要基础。

20世纪70年代末，中国电视剧开始起步。中国迅速发展的电视产业，使电视剧成为一时的紧缺产品。1978年，中央电视台播出8部由中央和地方电视台录制的电视剧。为此，1979年8月，中央广播电视事业局召开首次全国电视节目会议，号召全国有条件的电视台都要大力摄制电视剧，同时决定立即进口并译制外国电影电视片，从而结束了电视台跟电影制片厂“要饭吃”的局面。1982年9月我国第一家电视剧制片厂——北京电视剧制片厂成立。1983年中国电视剧制作中心成立，一场“大办电视剧”的浪潮就这样在中国形成。

在中国电视剧的起步阶段，国人对电视剧的最早认可，来自引进剧。较有影响力的引进剧包括：

《大西洋底来的人》（1980 年播出，美国）

《加里森敢死队》（1980 年播出，美国）

《安娜·卡列尼娜》（1981 年播出，苏联）

《铁臂阿童木》（1981 年播出，日本）

《姿三四郎》（1981 年播出，日本）

《无名英雄》（1981 年播出，朝鲜）

《排球女将》（1983 年播出，日本）

《阿信》（1983 年播出，日本）

《霍元甲》（1983 年播出，香港）

《射雕英雄传》（1983 年播出，香港）

《一剪梅》（1984 年播出，台湾）

《血疑》（1984 年播出，日本）

《女奴》（1984 年播出，巴西）

《卞卡》（1984 年播出，墨西哥）

《上海滩》（1985 年播出，香港）

《神探亨特》（1988 年播出，美国）

从上述热播的引进电视剧看，科幻、黑帮、谍战、动作、爱情、武侠、青春励志、家庭伦理各种类型，一应俱全。国人充分感受到了境外电视剧对电影类型片的全面学习和模仿，中国的电视人也开始学会了如何去拍摄受人欢迎的电视剧。

1981 年，“笑的晚会”导演王扶林推出了中国第一部电视连续剧《敌营十八年》。尽管这部电视剧艺术质量十分低下，播出后受到艺术界的广泛批评，但应该说这部谍战剧开启了中国电视剧的类型化娱乐的先河：

毫无疑问，这是一部在中国电视剧历史上具有标志性意义的作品。《敌营十八年》不仅拉开了中国电视连续剧的大幕，而且还为电视剧的创作注入了许多新鲜的元素。《敌营十八年》更加突出了情节性、戏剧性和惊险性，每一集都留下一个悬念的设置的剧情安排，更是让人联想到了中国传统评书之妙。更重要的是，编导主创人员第一次考虑到了《敌营十八年》的商业元素，这是站在传统立场上的批评者所无法理解的。[①]

1990年，中国第一部室内剧《渴望》播出，创造了一个中国电视的收视巅峰。1991年，《编辑部的故事》以室内系列喜剧的形式受到观众的喜爱。1994年，《我爱我家》大获成功。至于长期以来，该剧一直是中国各级电视台经常播出的经典电视剧之一，《我爱我家》占据相当于美国电视史上《我爱露西》的地位，完成了中国电视剧全部样式的探索。《渴望》《编辑部的故事》和《我爱我家》，标志着中国电视人已经掌握了电视剧特有的创作规律，中国电视剧进入成熟发展的时期。

20世纪80年代至90年代中期，中国电视剧的成功之作包括：

《新岸》（1980年）

《敌营十八年》（1981年）

①宋强、郭宏：《电视往事》，漓江出版社，2009年，20页。

《蹉跎岁月》（1982 年）

《武松》（1982 年）

《今夜有暴风雪》（1984 年）

《新闻启示录》（1984 年）

《寻找回来的世界》（1985 年）

《四世同堂》（1985 年）

《新星》（1985 年）

《西游记》（1986 年）

《红楼梦》（1986 年）

《努尔哈赤》（1986 年）

《济公》（1986 年）

《乌龙山剿匪记》（1987 年）

《雪城》（1988 年）

《末代皇帝》（1988 年）

《篱笆、女人和狗》（1989 年）

《渴望》（1990 年）

《围城》（1990 年）

《编辑部的故事》（1991 年）

《外来妹》（1991 年）

《唐明皇》（1992 年）

《北京人在纽约》（1993 年）

《过把瘾》（1993 年）

《三国演义》（1994 年）

《九·一八大案》（1994 年）

《我爱我家》（1994 年）

上述电视剧体现出如下特点：

首先是中国社会问题的“解题”需要，体现在中国电视剧所呈现的新闻性上。《新岸》和《寻找回来的世界》所涉及的是 20 世纪 80 年代产生的“失足青年问题”。《蹉跎岁月》《今夜有暴风雪》和《雪城》这几部是知青话题，而且知青题材后来成为中国电视剧相当长时间里的一个热门话题，后来还拍摄了《情满珠江》《孽债》等作品。《新闻启示录》《新星》和《外来妹》直接涉及的是城市和农村的改革问题，《北京人在纽约》提到了 20 世纪 90 年代初的“出国热”问题。这种“解题”需要在其后的表现就是反腐题材电视剧的长期兴旺。

其次，“阅史为乐”仍然是中国观众的娱乐传统。《努尔哈赤》《末代皇帝》《唐明皇》《三国演义》及其后的《雍正王朝》《康熙大帝》的成功，说明了传统的文学、戏剧和民间文学已经培养了大量的中国观众，无论正史或野史，正说或戏说，中国丰富的历史资源，永远是中国电视剧的巨大宝藏。

第三，家庭伦理情感的表达，是中国关注的传统伦理意识和当时以家庭为收视单位特点的体现。《渴望》和其后出现的大批家庭题材的情感大戏和韩国家庭电视剧的收视热，都说明了中国人在经历了数十年的政治生活之后，正在重新找回传统的伦理意识。

第四，谍战、战争、爱情和喜剧诸多类型故事，使电视剧以旧有的电影类型片的方式，成为社会大众群体的传统娱乐内容。

三、20年的“娱乐立台”

20世纪90年代中期，中国电视开始树起了至今尚存争议的“娱乐立台”的大旗。在相当长的一段时间里面，无论是中央电视台还是地方电视台，谁也没想去树娱乐这面大旗，人们更多提出的是新闻立台和文化立台。湖南电视台也曾经想以财经立台，大力气打造《财富中国》栏目，但是实践证明，除了央视之外，绝大多数地方台都缺少新闻和财经的信息资源，而娱乐节目却一直是央视这一国家电视台非常审慎的选择。于是，在中国20世纪90年代市场化浪潮的澎湃冲击之下，“电视湘军”冲锋在前，他们的口号由“财富中国”变成了“快乐中国”，引领了中国电视业长达20年的电视娱乐浪潮。

1. 游戏取代了综艺

1997年7月11日，湖南卫视《快乐大本营》正式开播。《快乐大本营》最火的时候，北京火车站揽客的小旅店都会打出“本店可以收看湖南卫视”的牌子招徕顾客。《快乐大本营》与以往的电视娱乐节目最大的不同在于用“做游戏”代替了“演节目”。尽管《综艺大观》和《正大综艺》之中设有大量的游戏元素，但是在节目中做游戏成为主体，在结构上变综艺为游戏，却是湖南卫视等地方台开风气之先，让游戏取代了综艺的位置。虽然上海电视台的《智力大冲浪》、沈阳电视台的《欢乐星期天》的开播时间都早于《快乐大本营》，但谈到具有全国影响力的卫视节目，《快乐大本营》的影响力还是最大的，它毫无疑问是最为成功的电视游戏娱乐节目之一：

《欢乐总动员》（北京电视台）

《超级大赢家》（安徽电视台）

《开心 100》（东南电视台）

《开心不调台》（辽宁电视台）

《幸运 99》（湖南经济电视台）

地方卫视与火爆的动作化的游戏娱乐节目大获成功的同时，中央电视台根据自己的特点开始打造益智类游戏节目，于 1998 年和 2000 年分别成功推出了《幸运 52》和《开心辞典》。如果说《快乐大本营》是以游戏的方式达到一种滑稽效果，那么《幸运 52》则是通过过关解题获得大奖的悬念吸引观众。

2. 真人秀、选秀和脱口秀

“电视湘军”的崛起，除《快乐大本营》之外，还有一档 1998 年推出的《玫瑰之约》。相亲交友的电视速配节目之前在国际上已经流行多年，美国、日本、韩国、俄罗斯都有相应的名牌栏目，港台地区的《我爱红娘》和《非常男女》又取得了惊人的收视率。此类电视节目，以偷窥的方式来了解男女相爱的过程，充满了性与滑稽的因素，同时让真正的草根而非明星成为电视节目表演的主体，开启了草根真人秀的节目样式。

与此同时欧美的《老大哥》《幸存者》《阁楼男女》《学徒》等真人秀节目正值火爆之际，美国第 45 任总统特朗普就曾经以房产企业家的身份参与《学徒》真人秀节目。2000 年，广东电视台引进国外真人秀《幸存者》并改编为《生存大挑战》，2002 年，湖南经济电视台播出了源自法国《阁楼男女》的室内真人秀《完美假期》。

以巨奖为诱饵，强调竞争与幸存是这类节目受得欢迎的原因。

2004年，湖南卫视借鉴《美国偶像》推出了《超级女声》，中国电视的真人秀节目开始加入了才艺表演的内容，推成了一系列有影响的选秀节目：

《梦想中国》（中央电视台）
《我型我秀》（东方卫视）
《加油好男儿》（东方卫视）
《中国达人秀》（东方卫视）
《舞林大会》（东方卫视）
《红楼梦中人》（北京电视台）
《绝对唱响》（江苏卫视）
《名师高徒》（江苏卫视）
《中国好声音》（浙江卫视）
《我爱记歌词》（浙江卫视）
《第一次心动》（重庆卫视）

1996年3月16日，中央电视台新闻评论部推出了一个新栏目《实话实说》。节目形式为群体现场交谈，实现主持人、嘉宾、观众的共同参与和直接对话。作为《东方时空》的周末子栏目，在节目初始的时候，节目制作者、主持人、电视理论工作者和观众，几乎所有人都没有搞清它的精准定位。就像《东方时空》不同于《新闻联播》一样，人们似乎把它看成是一个轻松一些的《焦点访谈》。人们没有注意到这个节目有一个乐队和一个幽默的主持人，而这两个因素和以后形成的娱乐性话题和娱乐化表述，都在说明《实话实说》不是一个电视新闻评论节目。

当崔永元第一次在乐队的缝隙中走到前台，一个乐手悄悄地问："这是谁呀？"《实话实说》开播一段时间之后，人们便对其选题方向产生了怀疑。尽管栏目组选择了较软性的社会话题，但仍然走的是电视新闻评论的路子。如在 1996 年 9 月 8 日至 10 月 6 日的五个星期里，他们选择的话题分别是《父母眼中的孝子》《今天怎样做家长》《孩子们的零花钱》《面对孩子的谎言》《学会关心》。

这个现象说明了《实话实说》的初期，中国电视工作者及观众还都不理解电视谈话节目可以分成电视新闻评论和脱口秀两大类别。后来，《实话实说》转变了自己的选题角度及表述方式，其开始选择去谈社会上的趣闻并寻找最娱乐化的表现方式。在谈到矿难的选题时，主持人让现场灭灯三分钟让人们感受黑暗的恐惧，把音乐人罗大佑请到现场后，有人拿出了一张骨科 X 光片，让曾经当过医生的罗大佑现场诊断。

在脱口秀节目中话题是最重要的因素。欧美电视脱口秀节目话题上百无禁忌，以调侃政治人物和演艺明星为主，性与政治是他们的永恒主题。中国大陆的电视脱口秀往往选择一些有利于抒情的和喜剧性的社会话题。重庆卫视的《龙门阵》的节目宗旨是"说百姓话题，品百味人生，摆真实故事"，较有影响的有《割肝救爱子》《酒鬼戒酒》等，凤凰卫视的《锵锵三人行》立足于香港，在选题上比较宽松，奇闻与性经常成为被选择的话题。

脱口秀作为国外电视业的支柱节目样式，在 20 世纪 90 年代的中国电视业风行十多年。幽默类的话题和情感类的话题，支撑了这类节目：

《锵锵三人行》（凤凰卫视 1998 年）

《龙门阵》（重庆卫视 1998 年）

《超级访问》（东方风行传媒文化有限公司 2000 年）

《艺术人生》（中央电视台 2000 年）

《越策越开心》（湖南经视 2002 年）

《娱评天下》（江西卫视 2005 年）

《天天向上》（湖南卫视 2008 年）

《咏乐汇》（中央电视台 2008 年）

2011 年广电总局下发关于《进一步加强电视娱乐节目管理的意见》，对全国电视过度娱乐化、娱乐低俗化的现象进行控制。2013 年国家广电总局发布了《关于做好 2014 年电视上星综艺节目编排和备案工作的通知》，被称为“加强版限娱令”。受政策影响，中国电视娱乐节目开始转向雅致化，出现了《中国诗词大会》《朗读者》《见字如面》等节目，使得中国电视娱乐节目，在风、雅、颂的这个谱系上，逐渐向雅的方向有所倾斜。同时由于可以带来不菲的收益，中国诸多地方电视台仍然把电视娱乐节目做为自己的立台之本。

四、台湾电视的娱乐轨迹

就像台湾在文化上和血缘上与祖国大陆的关系一样，台湾的电视业也是中国电视业的一个特殊部分。台湾文化一方面承继了中华文化根系的历史传统，另一方面又受到了美国和日本等外来文化的影响。台湾对国学的重视和对外来文化的认同，使得台湾电视业具有与中国大陆、日本和西方国家迥然不同的特点。

台湾电视娱乐的文化主体是中国文化精神。这里有中国古代文化的因素，也有中国“五四”以来新文化的特点。同时，台湾的文化由于历史原因，又受到日本文化和美国文化的深刻影响。许多域外电视娱乐的舶来品都在台湾受到了同化。因而无论在理论上，还是在实践上，台湾电视业的经验特别是电视娱乐节目的经验，都应该受到中国大陆电视工作者的重视。而事实上，随着海峡两岸文化交流的增多，台湾电视娱乐节目为刚刚兴起的中国大陆电视娱乐节目提供了许越多的宝贵经验。

台湾的电视业从20世纪的60年代起步到今天，由于经济与文化等原因，其发展水平一度在世界华人电视业中处于一个较高的位置。作为电视节目的重要组成部分，台湾的电视娱乐节目也经历了近40年发展历程。

1.“台视”独秀

20世纪60年代初，台湾社会进入了工商经济的时代，城市文化开始成为台湾文化的主流。国民党兵退台湾之后，把大量的资金、技术和文化力量带到了处于农业社会的台湾。20世纪50年代，国民党当局在台湾实行了“土地改革”，台湾经济开始具备了现代工商社会的特征。

1960年5月20日，台湾首次播出了电视节目。在这一天，电视对蒋介石续任“总统”的庆典进行了现场转播，当时台湾只有50台黑白电视机。1962年2月14日，台湾的第一座电视台“教育电视实验电台”试播，每晚播出两小时。1962年4月28日，“台视”

成立。“台视”的全称是台湾电视事业股份有限公司，英文简称TTV。“台视”是一个具有现代传媒特征的股份制电视公司，它的成立标志着台湾电视业走上正轨。

“台视”的节目主要包括新闻节目、社会教育节目和娱乐节目。在开始时期，“台视”全天播出5小时，娱乐节目为1小时，占全部节目的20%。后来由于受到观众的欢迎，娱乐节目的比例逐年上升，在1965年，娱乐节目已占全部节目比例的49%。“台视”的节目特别是娱乐节目聚拢了台湾的第一批电视观众，形成了台湾电视节目的基本样式，并且在商业上获得了极大的收益。从“台视”诞生之后的7年里，由于没有其他电视媒介的竞争，“台视”一枝独秀，成为一个台湾电视史上特有的现象。

“台视”在电视娱乐节目方面的成就主要表现为形成了电视剧和电视娱乐节目的基本雏形。

1962年，“台视”播出了台湾电视史上的第一部闽南语电视剧《重回怀抱》。同年，“台视”播出了台湾的第一部国语电视剧《浮生若梦》。在20世纪60年代初，“台视”还推出了一种“录像磁带小说”，也称为电视小说。它通常是把刚刚出版发行的畅销小说进行改编，并以视听的手法把它表现出来，成为电视连续剧的雏形。著名的电视小说有《风萧萧》《蓝与黑》等。这一时期电视剧的制作属于台湾电视剧初创时期，由于台湾电视机的数量太少，广告商又重视报纸和广播，因而电视剧的拍摄很难得到充分的资金投入，许多电视剧只有两三个场景和五六个演员，几乎就是广播剧的翻版。

在这一时期，“台视”的电视娱乐节目也开始起步。

1962年10月，“台视”播出了直播式的电视歌会节目《群星会》。

此节目播出后，受到了观众的热烈欢迎，台湾许多优秀的歌手都到《群星会》上一展歌喉。观众给歌手们起了许多昵称，如“女猫王”严如冰、“艺术歌后”阎荷婷、“盈泪歌后”姚苏蓉等。男女情歌对唱的表演形式就是此节目首创。《群星会》从1962年到1977年累计播放1213集，成为20世纪六七十年代台湾电视娱乐节目的一个奇迹。台湾电视娱乐节目在60年代中期，样式丰富起来，开始由单一的歌星演唱会形式，发展出问答、猜谜、杂技、游戏竞赛、观众的才艺竞争等样式，综艺型的娱乐节目初具雏形，其中《三朵花》和《大千世界》影响较大。

1965年3月26日，“金钟奖”的出现标志着这一时期台湾社会的主流文化对电视娱乐节目的规范。这个奖项延续至今，成为台湾电视的最高奖项，能否获得“金钟奖”成为衡量台湾电视人贡献和水平的一个标志，“入围即得奖”成为台湾电视人积极参与此奖项的一句口号，每年3月26日“金钟奖”揭晓之日成为台湾的广播电视节。

2. 老三台

从20世纪60年代中期到70年代中期，台湾经济经历了一个“起飞的年代”。在这一时期，台湾的经济结构发生了巨大的变化。国民生产总值平均以每年11%的速度递增，在政治上国民党政权受到了来自国际社会和岛内民主势力的严重威胁。1971年，蒋介石政权被逐出联合国；1972年，尼克松访华并签订《中美联合公报》，同年，中日正式建交；1975年，蒋介石去世，蒋经国接任，又面临着台湾岛内民主势力提出的种种政治要求。因此在整个20世纪70年代，在电视媒介环境走向成熟的情形下，国民党政权开始千方百计地利用电视传播优势，以实现政治服务的目的。在这一时期，电视环境改善，成为广大民众娱乐生活的重要媒介。大量以综艺、猜奖为主要内容的娱乐节目开始走俏，成为收视率最高、广告收入最大、最具有商业价值的电视节目。

1969 年 10 月 9 日，“中视”正式开播，从而打破了“台视”一统天下的局面。“中视”全称为“‘中国’电视事业股份有限公司”，英文缩写 CTV。“中视”开播时，每周的播出时间达 57 个小时，娱乐节目占 53%，这是台湾娱乐节目在一个电视频道中所达到的最高百分点。

1971 年 10 月 31 日，“华视”正式开播。“华视”的全称是“财团法人中华电视公司”，英文缩写是 CTS，“华视”是在旧有的台湾教育电视台基础上发展起来的，它的出现形成了“台视”“中视”“华视”三分天下、三足鼎立的局面，它的成立标志着台湾电视“三国时代”的到来。在这一时期，“台视”“中视”“华视”在激烈的竞争中使台湾的电视剧和娱乐节目都达到了相当高的水平，基本上形成了台湾电视剧的主要题材类型和电视娱乐节目的主要模式。

1969 年 10 月到 1970 年 2 月，“中视”推出了台湾电视史上的第一部电视连续剧《晶晶》。该剧每天播一集，约 15 分钟，共 102 集。这是一部以主人公万里寻母为情节主线的电视连续剧，情节曲折感人，在台湾引起了前所未有的轰动。

“华视”在开播不久，就大量播放历史题材的电视连续剧。其中，最有影响的是在 1974 年推出的电视连续剧《包青天》。《包青天》剧集达 350 集，创下了台湾电视连续剧长度的最高纪录，在台湾和香港播出时都获得了极大的成功。

在1977年，“台视”推出了电视连续剧《满庭芳》。《满庭芳》是一部以普通百姓家庭生活为题材的电视作品。从《包青天》到《满庭芳》，从历史剧到家庭剧，两种题材的轰动使台湾在其后的很长时间内出现了大量相似题材的电视连续剧。这种现象说明了台湾观众对中国历史文化和都市生活的一种思考，同时也说明台湾电视连续剧已经表现出越来越明显的俗文化的特点，这种特点使台湾电视剧获得了巨大的成功，但也使电视作品流于俗弊，艺术格调低下。

1978年梅长龄担任了“中视”的总经理。针对当时电视剧粗制滥造的现象他提出了“大公司、大制作、大成本的大电视剧”的构想，要求按照电影的生产方式生产电视剧，并制作出一批如《战国风云》《一代暴君》等具有相当艺术水准的电视连续剧。同时，他还提出了著名的“八不主张”，即要求演员服装、仪容必须“不奇装异服，不珠光宝气，不袒胸露背，不蓬头垢面”，节目演出则要求“不唱低俗肉麻的歌，不跳扭腰摆臀的舞，不说荒腔走板的话，不演胡闹无聊的戏”。

在这一时期里，由于国民党的独裁统治在国际外交与岛内民主力量的冲击下内外交困，因而加大了政治宣传的力度，电视剧成为其政治宣传的重要手段。特别是1976年至1984年“台视”“中视”“华视”的三台联播时期，大量政治色彩浓厚的电视剧充斥荧屏，令人生厌。这类电视剧由于以政治目的代替了艺术规律，无法满足观众对娱乐生活的需求，因而成为这一时期台湾电视娱乐的一个负面现象。

电视娱乐节目在这一时期迅速发展，节目内容日益丰富多彩，节目样式不断变化，直播与录播相结合，场景上内景和外景相结合。

“中视”推出益智节目《上上下下》《猜猜看》和大型综艺节目《欢乐假期》。其中《欢乐假期》成为“中视”的招牌节目，该节目从1977年播出，历时18年，并成为“中视”的“欢乐系列”节目的先河之作。

这一时期的电视娱乐节目有八种类型：

（1）歌唱型：以单纯的歌曲演唱为主，注重布景、灯光和镜头的运用，代表节目为“台视”的《群星会》、“中视”的《金曲奖》、“华视”的《四频道》。

（2）歌舞型：把歌舞与主持人的趣味访谈、观众的参与互动结合起来，代表节目有“台视”的《银河璇宫》《摘星之夜》和《五灯奖》和“中视”的《欢乐假期》。其中1978年播出的《五灯奖》以青年人的歌舞才艺竞赛为主，被称赞为倡导社会善良风气、带动社会大众休闲活动的好节目。

（3）外景型：以赏心悦目的户外大自然景致为背景，配合优美动听的歌声，把风光山水和歌星的演唱结合起来，代表节目为崔苔菁主持的《翠笛银筝》《蓝天、绿地、摄影棚》等。

（4）专辑型：以某一个有影响的演艺界明星为主角，用主持人的采访和打趣串联以展示明星的才艺。代表节目为“中视”的《翁倩玉之声》和“华视”的《刘文正时间》。

（5）游艺型：以明星为嘉宾、观众参与的竞赛性质的游戏节目，在这一时期有两种趋向，一种是智力竞赛，一种是动作竞赛。智力竞赛包括回答问题、猜谜语等，动作竞赛则把许多少年儿童的游戏让明星和成人观众来做，代表节目为“中视”的《欢乐假期》、“台视”的《大游戏》、“华视”的《对对碰》等。

（6）恋爱交友型：1982年，“台视”开播了电视速配节目《我爱红娘》，它以各种形式让未婚男女在荧屏上相亲，把一个漫长的婚恋过程戏剧性地浓缩为一档节目的时长之中，寓娱乐内容于社会服务之中，该节目后来在“两岸三地”掀起了一个速配节目的热潮。

（7）短剧型：以喜剧、短剧为框架，把新闻中有趣的事、政界演艺界的故事编成搞笑喜剧，幽默、轻松、富于生活情趣，代表节目为“中视”的《黄金拍档》。《黄金拍档》是由五位搞笑明星共同主持的喜剧节目，张菲等五人每天凭借着一个简单的故事大纲临场发挥，演出一个个有趣的故事，一度缔造高达44.6%的收视率。

（8）主题晚会型：这一时期，台湾电视也播出了一些政治色彩非常鲜明的综艺节目，这里有为纪念政界要人而举办的晚会《节假日的劳军晚会》，还有以赈灾、济贫、扶助弱势阶层为主题的晚会。

在这一时期里，主持人的明星化是台湾综艺节目的重要标志。《综艺一百》的女主持人张小燕凭借利落的语言、机敏的反应在20世纪80年代初连续获得三届“金钟奖”的“综艺节目主持人奖”，此情形在台湾有“张小燕现象”之说。

3. 七夜之争

从20世纪80年代中期到整个90年代，台湾地区经济达到世界前列。到80年代的后期，台湾地区的经济达到了一个前所未有的高点，在1989年人均收入高达8000美元，外汇储备名列世界前茅。台湾经济在这一时期具备了国际现代经济的主要特征，体现出技术性、知识性、全球性的特点，完全使台湾进入了一个现代工业时代。这些经济现象造就了台湾现代化的社会人群，也形成了台湾现代化的都市人群。这种现代社会人群对娱乐生活有了更高的要求，并且有足够的休闲时间，对社会生活的自由化和娱乐化都有着极强烈的要求。

这样的社会情形，在政治方面体现为台湾人在这一时代开始强烈地反抗国民党的独裁统治，开展要求自由民主的政治斗争，并使当局不得不结束长达40多年的独裁专政。在文化方面台湾群众要求文化多元化、信息化和消费化。

1986年10月，台湾当局宣布解除戒严，开放党禁。这在文化上标志着台湾文化生活开始从意识形态的禁锢下争得了一个相对自由的发展空间。以此为转折点，台湾电视业出现了多元化的局面，台湾电视娱乐节目开始摆脱了意识形态的戒律，台湾电视观众开始敢于发出属于自己的笑声。在这一时期里，台湾电视剧出现了一个丰富多彩的时代，各种样式的电视剧此起彼伏。台湾的电视娱乐节目也精彩纷呈，在华人电视圈达到了一个顶点。

在电视剧方面，先后出现了各种题材不同的作品。

反映台湾都市生活是这一时期台湾电视剧的重要题材，电视台设立了许多专门播放都市剧的栏目，如“中视剧场”“黄金剧场”“华视剧展”都播放了许多反映都市普通人生活近况和感情的作品。比较有影响的都市生活题材的电视剧有《我们这一家》《婆媳过招七十回》《小市民天空系列》《海角天涯》，这些电视剧全方位地表现了台湾在经济转型时期城市的社会形态和个人生活情景，这里面包括对自我个性的肯定、传统道德与现代意识的矛盾、家庭生活的解体、青年人精神世界的空虚等一系列社会问题。

在20世纪80年代和90年代，台湾家庭喜剧风行了近20年，其中代表作有“华视”的《追妻三人行》《家有仙妻》《全家福》，

“中视”的《我爱芳邻》以及“台视”的《我的爸爸是主播》《邮差系列》，台湾的家庭喜剧的代表作家有王蕙玲、林桂瑛、王小棣。对于这个现象，台湾著名电视制作人曹景德说：“家是每一个人在社会竞争压力下唯一和最后的逃避和休息的场所，因为在家的人都以其真实的一面相处，缺少了礼教和客套，于是家成了最容易发生摩擦与争执的地方，所以这里面不缺少喜剧的矛盾和冲突。”

为了拓展电视剧的题材，在这一时期出现了以军队生活为喜剧素材的电视连续剧，这种电视剧淡化了军事和政治色彩，着力反映青年人与严谨的军营生活的喜剧矛盾，代表作有“华视”的《大兵日记》，“中视”的《长官好》《成功岭上》等。

反映眷村生活在这一时期也成为台湾电视剧的一个重要题材，“眷村”是从大陆到台湾的国民党老兵居住的地方，在这里那些年老体弱的军人有着强烈的怀乡情结和大陆各个地区的地域文化特征，他们与台湾的本土文化产生了许多悲剧或喜剧的矛盾，这类剧的代表作有“华视”的《意难忘》《今生无悔》和“中视”的《青梅竹马》。

民国初年题材的电视剧在这一时期也受到了人们的欢迎。民国初年是一个动荡、复杂的年代，电视剧大多讲述的是乱世中的儿女情长、家族之间的恩怨兴衰以及革命烈士的壮志豪情。比较成功的作品有《京华烟云》《一剪梅》《春去春又回》等。

受台湾本土文化和文坛上乡土文学的影响，以表现台湾本土亲情与乡情为内容的“乡土剧”在这一时期受到了观众们的喜爱，其代表作是具有“草地导演”之称的林福地所编导的《星星知我心》，“乡土剧”表现了中国的人伦亲情和传统美德，体现出人情味和乡土味，又具有强烈的抒情风格：

1984年，该剧在台湾播出的时候，创造了三大电视台最高收视率，中间还出现了强大的民意干涉剧情的插曲——许多观众为古秋霞悲惨的命运打抱不平，纷纷要求电视台不要让身患绝症的古秋霞过早离开，编导们只好尽量延长她的生命，让她的戏份尽量增多。①

在这一时期，台湾的电视连续剧也继承了擅长拍历史剧的传统，并把新的创作手法揉入历史剧的创作之中，新编历史剧成为台湾电视的重头戏。在一段时期里，各家电视台都把每晚的8点档黄金时段作为新编历史剧的播放时间，代表作品有“华视”新拍的单元连续剧《包青天》和“中视”的《一代女皇》《戏说乾隆》《大太监与小木匠》。新编历史剧大多使用的是“戏说”的手法，其创作原则是大仲马所说的“把历史看成是悬挂故事的一根钉子”。

在这一时期，表现爱情生活的电视剧也风靡一时，言情剧的代表作家是琼瑶。从1986年起琼瑶与“中视”合作，录制了她的第一部电视连续剧《牵情》，同年她又与“华视”合作，将她的长篇小说《几度夕阳红》改编为40集大戏，在每晚8点播出之后，每年她都有一部有影响的言情剧占据电视台的8点黄金时段，包括《烟雨蒙蒙》《庭院深深》《在水一方》《海鸥飞处彩云飞》等作品，其中《庭院深深》的收视率达到50%以上。以琼瑶为代表的言情剧注重文学性，讲求编剧技巧，人物性格鲜明，情节曲折跌宕，同时注重弘扬中国传统

①宋强、郭宏：《电视往事》，漓江出版社，2009年，110页。

的伦理道德，特别是忠贞不渝的爱情观念，言情剧所表现出来的情感色彩、生活色彩和戏剧色彩博得了传统的市民阶层和少男少女们的喜爱。

和言情电视剧一样，武侠剧在台湾也是历久不衰，受到大众普遍欢迎的代表作有“中视”的《楚留香》《天龙八部》和“华视”的《新流星蝴蝶剑》《书剑恩仇录》，这些大都取材于香港武侠小说作家古龙和金庸的作品。武侠剧表现的是英雄和智者的忠诚、勇敢，再加上曲折的情节、激烈的打斗、动人的爱情故事，为成年人营造了一个现代社会所没有的“童话世界”。

在娱乐节目方面，每天连续播映的带状综艺节目成为综艺节目的主体。1986 年“华视”推出了一档由搞笑短剧、人物访谈、歌舞表演构成的综艺节目《连环泡》，该节目每晚播出 30 分钟，打破了综艺节目一周播一次的格局，成为一种时效性极强的娱乐节目。该节目内容来自当天的突发事件和社会焦点问题，由若干个妙趣横生的小单元组成，把新闻的特点和娱乐的特点结合起来。“台视”在 20 世纪 80 年代末推出了《女丑剧场》，以社会新闻事件为题材，用电视新闻播报方式串联，以喜剧小品为表演形式，把时事新闻以幽默的形式陈述出来。

20 世纪 80 年代末期，电视娱乐节目开始把社会问题和生活问题以幽默谈话的形式表现出来，代表节目为“中视”的《女人女人》。此类节目将新闻、知识、趣味融为一体，主持人和嘉宾妙语连珠，受到了夜间电视观众的欢迎。20 世纪 90 年代末期，东森电视台推出了由台湾的金牌主持人吴宗宪主持的《Jacky 秀》，每天一个主题，由现场的电声乐队制造气氛，就社会的一些敏感问题以逗趣的形式讨论，收视率达到了60%以上。20世纪90年代初，台湾电视娱乐节目流行起用电话与观众互动的方式，观众可以通过电话发表意见、点歌聊天、猜奖，这种方式点燃了观众的参与热情，这类节目的代表作有《全民大放送》，让打进现场电话的观众或回答问题，或玩一些类似“黑白猜”的游戏，最终获奖的观众可以得到丰厚的奖励。

中国台湾的电视娱乐节目无论是电视剧，还是一般意义上栏目化的娱乐节目，有人认为它们给予普通人民大众丰富的精神文化和娱乐世界，有人则认为这些节目用大量非健康内容对台湾社会带来不良影响。这些观点褒贬不一，见仁见智。但是，台湾的电视娱乐节目在近半个世纪的历程中，所体现出的是一个产业化和商品化的媒介经济道路。因此，其成功与失误都对中国大陆电视娱乐节目的发展有所启示和借鉴。

第十二篇　娱乐新世纪

玩“魔兽世界”是一件异乎寻常、令人满意的工作，所有的玩家在它上面已经总共用掉了593万年的时间，这听起来似乎不太可能，但一点儿也不假。

——简·麦克尼格尔

从21世纪的第一天，我们就走进了人类传播媒介的大革命时代。这样的革命在人类传播史上曾有两次，一次是15世纪活字印刷技术的发明，一次是19世纪电子媒介的出现。

继电报、电话、电台、电影、电视出现之后的电脑，却不属于19世纪末开始的电子媒介，因为电脑及网络已经摆脱了大众传播的基本模式。关于这一点，我们将电脑及网络与电影比较一下就非常明显了。19世纪出现的电影，竟然需要古老的剧场作为自己的传播场所，而这一切在今天的网络媒介里显得多么的笨拙！

电脑和网络是对大众传播模式的革命，既是对19世纪电子媒介的革命，又是对15世纪活字印刷技术的革命。如果说，在电视时代，电视观众如同一袋沙发上的土豆，那今天，“土豆们”却已经在表达着他们对电视的轻视了。美国媒介研究者唐·泰普斯科特在他的《数字化成长》一书里，援引了这样一个资料，通过对全世界12个国家的调查结果发现，青年人在电视与互联网中多数会选择后者。

当然在今天，网络的媒介功能仅仅是其巨大价值的一部分，人们使用网络可以更快捷地工作、更便利地赚钱、更有效地学习、更频繁地交往。同时人们也可以更容易地打发时间，更多元地找到快乐。过去没有任何一种大众传播媒介所带来的快乐可以与网络相比。于是，人们已经不单单把网络看成传播媒介了，或者说，传播功能只是网络功能的一部分。

美国学者米切尔·沃尔夫提出的“娱乐经济”和“娱乐新世纪”的说法十余年之后，网络时代充分放大了娱乐的价值。2012 年，中国腾讯公司正式提出了“泛娱乐战略”。在之后的实践中，他们从游戏、网络阅读、动漫、电竞、视频、音乐、影视产业等方面获得了巨大的收益。对此，腾讯人士的“大娱乐产业”认识已经开始超越了沃尔夫的“娱乐经济”认识。

文化产业也好，创意产业也好——或者，把腾讯集团副总裁程武定义的“泛娱乐产业”称为“大娱乐产业”——不论你如何称呼它，这一产业已然成为经济发展的主要推动力之一。

20 世纪后期，随着传统媒体行业与娱乐行业的深度结合，狭义的传统娱乐业的影响力被大幅加强。而随后的互联网革命又进一步扩展了这一行业。因此，大娱乐产业，包括影视、音乐、游戏、博彩等子行业，也包括旅游、体育、主题公园和地产等周边行业，成为后服务经济发展的主力行业。

网络带来的媒介革命，在给世界的政治与经济带来巨大变化的同时，也深刻地改变着人类的娱乐生活。网络媒介的娱乐手段，其最大的特征是具有互动性，而以往大众传播媒介娱乐手段的主要特征为观赏性。从观赏性到互动性，网络媒介的娱乐已经发生了质的变化。从书籍到广播电视，在大众传播媒介的娱乐历史上，受众者的主体性是逐渐淡化的，因而在电视时代，观众变成了“沙发上的土豆”。人们没有金钱去旅游，没有体力在晚餐后和邻居们一起唱歌跳舞，他们做不了那些以主体性为主的互动游戏，只剩下了被动观看。

罗素把这一现象归咎于为资本主义工业社会劳动时间过长和休闲时间的不足：

我提出把每个工作日缩减为 4 小时，并不意味着主张所有余暇时间都必须花在纯粹的无聊事情上。我的意思是每天工作 4 小时就可以满足一个人的生活所需和基本的舒适生活，其余时间可以自行安排。教育应比现在长足发展，教育的一部分目的是要教给人如何善于利用空暇时间。这样说来 4 小时工作制是这个社会制度的重要组成部分。我主要不是指那类被认作“高级趣味”的事。乡村舞蹈，除了偏远地区外已经绝迹，但促使这种娱乐方式得以发展的必然存在于人类的天性中。城市居民的娱乐方式基本上已变得消极的，如看电影，看足球赛，听广播，等等。这是由于人们的活动精力已全被一天的繁重工作所耗尽，如果人们有更多的闲暇时间，他们仍会重新享受积极参与娱乐活动所带来的快乐。[①]

罗素认为由于休闲时间的短缺，人们工余后体力和精力的匮乏，

①[英]伯特兰·罗素：《幸福之路》，曹荣湘等译，文化艺术出版社，1998年，173页。

曾经的乡村舞蹈已经被看电影、看足球赛和听广播所替代，那种快乐的互动式的社会娱乐已经为被动的观赏性娱乐所替代。因此他认为现代工业社会应该有条件改变这样一个不合理的现象。罗素的娱乐理想没有在工业社会里实现，观赏性娱乐仍然是工业社会中的主流，但是当新的科技革命也就是人工智能时代到来之后，让人们获得了大量的盈余时间和社会财富，会不会使互动性娱乐成为新时代的主要娱乐方式？而网络游戏是不是这种互动性娱乐现象的一个前奏呢？

一、关于网络游戏原罪的申辩

基于对娱乐的原罪感，人们曾对任何娱乐媒介都产生着怀疑。像电视和其他大众传播媒体出现后的情形一样，人们在网络出现后立即就开始了对这种新媒体的道德质疑。

网络娱乐的典型是网络游戏，这也是最有争议的一种娱乐手段。

当孩子们坐在电脑前忘却一切的时候，家长会立即把这种新玩具视为“毒品”。对于网游的批评主要来自两个方面，一是接受方式，二是传播内容。一个孩子沉溺于屏幕前，在减少了社会交往与体育活动的同时，还接受了包括大量的色情和暴力等内容在内的低俗文化产品。随之而来的是对成年人的批评，因为他们选择了跟孩子们一样的消极的娱乐方式并沉浸其中，从而导致在网络上忘却了现实并忽视了作为成人应有的社会责任。

有人这样描述对网络游戏的恐惧：

下一代或者下两代会有数量更多的人，甚至有好几亿人沉浸在虚拟世界或在线游戏里。一旦我们玩起了游戏，在游戏外面，“现实”里的事情就不再发生，至少，不再以现在这样的方式发生了。数以百万工时的人力从社会中抽离出去，必然会发生点什么超级大事件。……如果这一现象出现在整整一代人里，我认为，21 世纪必将会有一场巨大的社会灾难，其规模之庞大，连汽车、收音机和电视机的出现所带来的巨变加起来也不堪比肩。这些从现实世界出走、脱离了正常生活的人，会引发一场社会气候的巨大变化，相形之下，全球变暖简直像茶杯里的一股乱流罢了。①

历史上，人们歌颂现实中的苦难胜过赞美现实中的快乐。追求现实中的快乐就已经为人们所怀疑，那么脱离现实去追求快乐就更让人们无法容忍。当网络媒介带来的网络游戏具有极大的市场，引起了美国经济学者爱德华·卡斯特罗诺瓦的“大规模迁徙”的恐惧，他担心人们从现实中逃离而沉溺于虚拟的娱乐世界，他的这种担心也就是十几年后中国网络从业者李开复谈到的，在未来世界里大多数人会投身于虚拟的游戏之中。

但是，数以亿计的人们沉溺于网络游戏的时候，社会不应该仅仅发出恐惧惊叹，而应该对这个现象有更深刻的理性思考，甚至更应该看到网络游戏与社会的正向关系。

网络游戏与社会的正向关系表现在如下几个方面：

---

①[美]爱德华·卡斯特罗诺瓦：《向虚拟世界的大迁徙》，转引自简·麦戈尼格尔《游戏改变世界》，浙江人民出版社，2012年，1页。

1. 网络游戏与现实娱乐形成的互补关系

如前文所述，对媒介娱乐的认可程度，特别是对虚拟游戏的认可程度与对现实的否定程度成正比关系，如在《历史》一书中，古希腊历史学家希罗多德写道：

在玛涅斯儿子阿杜斯王当政的时代，吕底亚全国发生了严重的饥馑。起初的一段时期，吕底亚人十分耐心地忍受这种痛苦，但是他们看到饥馑持续下去毫无减轻的迹象时，他们便开始筹划对策来对付这种灾害。不同的人想出了不同的办法。骰子、阿斯特拉伽洛斯（羊拐子）、球戏以及其他所有各种各样的游戏全都发明出来了。只有象棋这一项，吕底亚人说不是他们发明的。他们便用这些发明来缓和饥馑。他们在头一天埋头于游戏之中，以致不想吃东西，而第二天只吃东西而不游戏。我们就这样过了十八年。①

如果我们从娱乐角度看待现实社会生活的话，社会中的每一个人所得到的现实生活的快乐是大不相同的。

社会的成功人士群体往往是媒介娱乐的批判者,但在网络时代，他们往往也是网络娱乐的弱势者。大众传播媒介娱乐功能的一个重要体现就是形成了全社会的玩具，特别是拥有人口数最多的社会下层的玩具。对社会上层来说，他们可以从更多的现实社会里获得更多的快乐，因为他们有足够好的经济条件和足够高的社会地位。

就一个处于传统的等级社会的中国人来说，权力带来的快乐几

①[希腊]希罗多德：《历史》，商务印书馆，1997年，49页。

乎是无法替代的，而传播媒介带来的虚拟快乐在权力带来的现实快乐面前总是微不足道的。黄国权在《中国人的权力游戏》一书中指出中国人在获得权力和使用权力的游戏里得到了无与伦比的快乐。

哲学家伯纳德·苏茨（Bernard Suits）曾为游戏定义为：自愿尝试克服种种不必要的障碍。成功人士与普通人在从事现实工作时的最大不同，就是成功人士处于一种“自愿”的工作状态。他们朝着自己设立的目标，克服一个个障碍，获得过程中的畅快与自豪。

网络游戏的沉溺者通常不是总统、将军、大老板和学者，沉溺者们往往在现实中无法充分表现自己的力量，没有神圣或伟大的事业作为目标，几乎没有成就后的狂喜和振奋，他们是普通人，无聊和社会压力伴随着他们的生活，他们只能选择与现实相反的地方去寻找快乐。过去，他们可能选择去电影院，那里他们可以把电影中的主人公想象成自己，做一个 100 分钟的白日梦，但这个梦太短暂，同时又是一个别人编织的故事。

一个网络游戏者，他可以通过电脑或手机进行巨额投资、经营跨国公司、指挥千军万马、铲除黑暗势力……而这一切都几乎没有任何现实风险，便可以获得一切“大人物”的成功体验！

网络游戏补全了普通人在现实生活中破碎的图画。

2. 网络游戏所产生的积极心理体验

从 20 世纪 70 年代开始，欧美心理学研究产生了一个分流，即心理研究在心理疾病为主体的研究外产生了“积极心理学”。这个心理学的研究方向倡导心理研究从负面心理研究走出来，开始关注人类的快乐、幸福感、健康心理的形成等问题。其中的代表学者之一就是美国心理学家希斯赞特米哈伊。

1975年，希斯赞特米哈伊发表了一篇名为《超越无聊和焦虑》的研究报告，提出了一个后来颇有影响的词“flow”，即“畅”的意思。在简·麦戈尼格尔在《游戏改变世界》汉译本中，这个词又译成“心流”。希斯赞特米哈伊发现快乐“并不是那些偶然发生的事情”。快乐本身不是由幸运和好运气带来的，也不是由外部世界决定的事件，而更应该是我们自己来定义或者解释。因此，快乐是和我们如何控制我们的内心世界直接相关的。

希斯赞特米哈伊的观点认为，以“畅”为现象的快乐感觉不仅仅通过现实来实现，也可以通过人为的方式制造出一种快乐的心理状态。他指出无论是生活在世界上哪个地方、选择何种生活道路的人们，他们都用一种非常相似的方法来描述欢乐，并且一致认为下面的这一系列常见的7种情况能够促进欢乐：

（1）需要技巧的挑战性活动——几乎每个人在描述畅的体验时都提到了下面这种情形，参加一组带有特定具体和具有挑战性目标的活动，有一定的规则约束并且不运用正确的技巧就不能最终完成。

（2）行为和意识的融合一致——当一个人他所掌握的全部可以应用的技巧都被用来应付一种挑战的状况时，这个人的注意力就会完全被吸引到这种活动上来。这时将没有额外多余的精神能量余留出来去加工处理除了这项活动能提供的信息之外的其他任何信息。……人们的意识不会从正在参与的这项活动中游离出来而转移到自己身上。

（3）明确的目标和反馈——人们之所以有可能在畅的体验中获得完全的参与感是因为通常这时都有明确的目标和极为迅速的反应。

（4）全神贯注于手边的工作——在畅的体验中最经常被提及的一个特性是，当它持续的时候，人们能忘记所有生活中不愉快的方面。畅的这种特色是根据一种事实情况产生的重要的附带结果，这个事实是愉悦活动的进行要求把注意力完全彻底地集中在手边的任务上——这样，在头脑中就不会给不相关的信息留下余地。

（5）困难情况下的控制——畅的体验通常被描述为卷入一种可以控制的感觉，人们享受的并不是那种被控制的感觉，而是那种在困难情况下去试着掌控形势的感觉。

（6）自我意识的丧失——当一种活动特别引人入胜的时候，有一个概念值得一提，因为在日常生活中我们花费了太多时间去想这个它：我们自己。但在那时这个概念已经从我们的意识中消失。

（7）时间观念的改变——一种关于最佳体验的常见的描述是时间不再以它通常的方式运行。[①]

希斯赞特米哈伊所论及的 7 种“畅”的特点，几乎就是网络游戏时玩家出现“畅”的心态的完整描述。

在《游戏改变世界》一书中，麦戈尼格尔认为，游戏给人以积极的心理体验，其表现为产生了两种心理现象：心流（flow）和自豪（fiero）。他认为，游戏，特别是网络游戏给玩家带来的最积极的心理状态就是畅与自豪，“自豪”应该是“畅”的重要原因。

积极心理学理论的可贵之处，在于其倡导人们在获得幸福的途

①[美]简・麦戈尼格尔：《游戏改变世界》，闾佳译，浙江人民出版社，2012年，30页。

径中，尽可能实现“自我奖励”：

一方面，如果我们尝试在自身之外寻找幸福，就把焦点放在了积极心理学家称为“外在”奖励的东西上，即金钱、物质、地位或赞许。等我们得到了自己想要的东西，就会感觉很好。可惜幸福的愉悦感不会持续太久。我们会对自己喜欢的东西产生耐受性，开始想要更多，需要更大、更好的回报才能触发同等水平的满足感和愉悦感。我们越是尝试找到幸福，就越难做到。积极心理学家称这个过程为“享乐适应”，它是长期保持生活满意的最大障碍之一。我们消费的越多，获得的越多，地位提升得越高，就越难感受到幸福。不管我们想要的是金钱、地位、晋升、名气、眼球，或是单纯的物质，科学家们一致同意：追求外在奖励，注定会妨碍我们达成自身的幸福。

另一方面，如果我们着手自己创造幸福，就把焦点放在了产生内在奖励的活动上，即通过强烈投入周围世界所产生的积极情绪、个人优势和社会联系。我们不再寻找赞美和付出，我们所做的事情，能因充分投入而带来享受，就足够了。

这种自我激励、自我奖励的活动，其科学术语为“自成目的”。①

尽管积极心理学的实验所不断强调的自身是幸福的唯一来源这一观点有失偏颇，但是把自己的幸福建立在自我与社会认可的双重

---

①[美]简·麦戈尼格尔：《游戏改变世界》，闾佳译，浙江人民出版社，2012年，46页。

结构中，应该是人们获得幸福的最好途径。而“自成目的”的幸福又是绝大多数的人更容易把握的途径。这里，网络游戏是给人们带来前所未有的“自成目的”最便捷的方式。

3. 网络游戏并非毒品

现实娱乐与媒介娱乐并不是永远完美的，所以，无论现实或者网络游戏多么美好，但完全沉溺于其中的人几乎没有。

网络游戏形成的在玩家心里产生的畅与自豪都是建立在虚拟的前提下，因此容易消逝，也无法替代现实中不易获得的畅与自豪。传统社会不会指责一个不会玩的人，但传统社会一直关心媒介娱乐中的“沉溺”问题，也就是“瘾”的现象。社会曾经在 19 世纪担心通俗小说的影响、20 世纪警惕电视和电视剧的危害，现在许多人们从憎恨网吧开始批判网络娱乐。

网络游戏“上瘾”的原因是什么？

所有来自大众传播媒介史上的受者“上瘾”的现象，只有一个原因，那就是媒介虚拟的世界比现实世界更美好！沉溺于大众传播媒介中不能自拔者大多是在现实中遇到了太多不如意。一个孩子因为学习成绩不好，或者认为学校无趣而遁入网络之中是普遍现象，而不是相反的解释：孩子本来非常好，就因为迷上了网络……

一切娱乐“上瘾”的原因只有一个，就是玩家通过娱乐而感到自豪。当一个人完成了一个经过艰苦的努力后的任务时，他会高举双臂，握紧拳头，狂叫高呼，这恰恰就是一个人自豪的直接表现。现代神经化学的成果也可以证明，自豪在神经中的表现与“上瘾”最为相关。网络游戏比以往的电影电视更迷人的地方，在其更易于让玩家感到自豪。网络的互动性在于它可以让玩家选择自己喜欢的娱乐目标并设置恰当的难度，而且还可以获得及时的过程反馈。这一切都清楚地给玩家带来了生活中难得一见的自豪。因此，任何人都可能对网络游戏产生不同程度的“上瘾”现象。

但是，并不是所有人都会从此沉溺于网络。

简·麦戈尼格尔在他的《游戏改变世界》一书中，谈到了一个“玩家之悔”的现象：

玩家成瘾已经成为整个行业的一个严肃主题，频频出现于行业大会和游戏开发者论坛。是什么原因导致玩家成瘾呢？如何帮助玩家避免呢？这些问题乍看起来很怪异：难道游戏行业不希望玩家多花时间多花钱吗？没错，让更多人更多地玩游戏，是业界的主要目标。但业内人士希望造就终身玩家——能够在心爱的游戏与完整而积极的人生之间实现平衡的人。出于这一目的，我们碰到了一个可能是过去30年里游戏行业的核心困境：怎样让玩家玩得更多，却又不减少他们的真实生活？业内人士都知道，玩家渴望心流和自豪。游戏开发者给得越多，玩家投放心爱游戏的时间和金钱也就越多。但超出一定的极限后——对大多数玩家而言，每周投入游戏20小时左右，玩家就会怀疑自己错失了真实的生活。①

因为网络游戏带来的所有自豪都是虚拟的，所以一旦玩家回到现实，那种自豪还会存在吗？只有心智不成熟或者有心理疾患的人

①[美]简·麦戈尼格尔：《游戏改变世界》，闾佳译，浙江人民出版社，2012年，44页。

才会产生对现实与虚拟的认识模糊，这群人可能会沉溺于游戏，甚至因此而受到巨大的伤害。

网络游戏的开发商也有这方面的忧虑，他们虽然希望有更多的人，花更多的时间来玩网络游戏。但他们并不希望玩家们每一次的游戏都花去大把的时间，他们并不希望玩家因此产生巨大的疲惫感和“玩家之悔”。因此，网络游戏的设计者也进行许多关于如何减少网络游戏时间的有益研究。

从媒介伦理的角度，电脑及网络的娱乐一直受到社会极大的质疑，这个质疑围绕着一个“瘾”字。瘾是一种失控的依赖，在大众传播媒介面前，人们的娱乐通常表现出的不是瘾，而是迷。迷是可控制下极致的喜欢，而瘾的失控就成了媒介伦理的批评焦点。

网瘾之下，人们批评孩子们失去了与人面对面交流的机会、缺少了必要的体育运动、学业受到影响等，而纠正这种行为也几乎采用了与戒毒同样的方式。网瘾现象，说明了网络具有前所未有的巨大娱乐性。这种媒介娱乐能力是书籍、电影、电视、广播都无法替代的。这里，我们看到一个现象：传播媒介的历史，也是一个娱乐功能越发强大的历史，一个证明着传播媒介作为玩具的历史。文字的报纸和书籍可以提供安适，广播和影像可以送来激动与狂热，但网络可以提供一切！

当然，这个功能在网络时代达到极致时，自然会引发社会的质疑甚至反感。面对网络，如同当年人们质疑刚刚诞生的书籍、电影和电视一样，新媒介的登堂入室，总会有这样那样的恐慌。从传播的偏向角度来认识，每一种新媒介的出现总是会带来一种传播方式的改变，这种改变或多或少就会对原有的已经长期认可的传播价值或者现实利益产生冲突。印刷术出现之后，人人手里都有一本印刷的《圣经》时，教会认为宗教受到了极大的侵害，人们再没有兴趣去聆听教师们的诵读，甚至也不在星期天去教堂了。电视出现以后读书的人少了，理性的文字在感性的画面下失去了原有的魅力，西方发达社会甚至出现了一大批“识字文盲”。黄旦在《试说“融媒体”：历史的视角》一文中描述了传播历史上对新媒介的恐慌：

每当一种新媒介产生，就会激起已有媒介以及整个社会的恐慌。新媒介横生出不同媒介对峙或者并峙的传播格局，扰乱了已有的社会关系结构和日常生活，让人措手不及难以适应。古腾堡时代的印刷所投资人约翰·赛斯特曾携带十来本印刷本《圣经》，到当时欧洲最大的巴黎大学城去寻找运气，希望能挣上一笔，未料找到的却是杀身之祸。当地从事手抄书的行会见一背着大批书的人到来，惊慌不已，立即报警，理由很充足，如此之多的珍贵书籍居然在一人之手，肯定是有魔鬼相助。好在赛斯特机灵，赶紧拔脚开溜，否则就可能命丧巴黎。

传播媒介因改变而产生的新的传播方向，在产生新的传播价值的同时，也的确让原有的那一部分价值受到了侵害，同时每一种新媒介的诞生，又都有其自身成长完善的过程。就像今天我们来认识电影的时候，就不能以电影初期的集市上的一分钟粗俗短片为唯一的案例。网络游戏已经显示了其在文化领域、政治领域、经济领域特别是教育领域的特有传播能力，而这一切才仅仅是开始。

二、网络社交平台上的“聊天”乐趣

人类的信息传播，包括自我传播、人际传播、群体传播和大众传播四大基本传播方式。在社会生活中，大众传播媒介呈现的娱乐实质上仅仅是人类娱乐生活的一部分。

自古以来，人类在人际传播和群体传播领域的娱乐获取，比从大众传播那里的娱乐获取更久远，也更普遍。从农村的庭院乡场到城市的茶楼剧场，高谈阔论和窃窃私语中许多内容都表达着娱乐的信息。人们曾为人际传播和群体传播的娱乐寻找了许多场所，如茶馆、咖啡馆、酒楼、剧场等，但这一切场所都不是真正的可以体外化传播的媒介。

网络成为人类人际传播和群体传播的新媒介，网络社交平台则为人类传播与群体传播提供了更有意义的传播媒介平台。我们看到QQ、微博和微信等网络社交平台大大扩展了人际传播、群体传播的时空和范围，也越来越放大着人际传播和群体传播的乐趣。

网络社交平台的出现，首先实现了和电话一样的实时通信功能，但是很快人们发现在这个平台上，娱乐性质的聊天，有时比实用性质的信息传达更具有普遍性。今天，网络社交平台显示其已经成为人们重要的社交娱乐场所，它让原本充满乐趣的“聊天”获得了一个前所未有的传播媒介。

这里需要说明一点，是网络社交平台上的“聊天”与广播媒介的“脱口秀”有着本质的不同。19 世纪之后，广播与电话代表着两种不同的传播方式，即播送式和通话式。大众传播的播送式呈现成为人们娱乐的主要方式，也就是说在广播媒介里的语言节目并不是人际传播的谈话，而是语言方式的表演。电话运用于广播后，通话式的娱乐汇入了播送式的传播之中，但这种谈话也并非真正的人际传播，广播的谈话节目始终表现的是大众传播的特征。

网络社交平台上“聊天”的乐趣在哪里？

1.“有限传播”换取个性化的娱乐资源

人类的人际传播和群体传播、大众传播相比，其最大的不同在于传播范围的不同，即有限传播与无限传播的不同。

人类的信息传播有着不同的圈层,两个人的交流是最小的圈层，而大众传播是趋向于无限的最大圈层。每一圈层都可能存在着固定的传播内容、传播符号和传播规则。一般说来，圈层越大，参与人数越多，其传播内容则越趋向共性而减少个性。

有限传播可以换取更富于个性化的娱乐资源。

小的交流圈层往往存在着某一领域更多的共同经验或称为“共通的意义空间”。圈层越小，其共同经验则越显示个性化特点。朋友之间的一个衣着的变化，就可以让他们之间笑谈多时，而整个社会共同“笑谈一次”的往往至少是一部热映的电影。

电视台不可以不受限制地播放所有内容的影片，而夫妻之间看了性爱情节的影碟一般是不被指责的。公共电视播放的电视剧可以让一家老少共同于客厅观赏，而许多电视剧只有置于夜间电视、分级电视等有限传播领域。这一现象说明了大众传播在成熟期已经把追求观众的数量最大化改变为缩小传播的范围，提供个性化内容。

网络社交平台形成了不同人群的诸多交流圈层，人们通过圈层交流得到了比大众传播那里更多的乐趣。

中国的网络社交平台从微博到微信的最大变化，就是传播圈层的特征从大众传播走向人际传播和群体传播。微博的式微并不完全是政治层面控制的原因，其更多的是传播乐趣的原因。

中国微博的兴起固然有传统媒体信息控制的原因，但最根本的原因则是微博首先是一个自我形成的有限的圈子。这一点使之立即与大众媒介有所区别。一个微博账号，关注的对象往往是自己认可的人或组织，众多的粉丝也往往是对这个账号认可的人群。但是微博存在着明显的大众传播特点，如对粉丝量的追求，本身就体现了大众传播的特征，而微信中没有人再去追求朋友圈的人数，甚至还经常清理门户，主动减少自己的“粉丝”。在重大新闻、政治与经济的信息获取上，人们必须承认微博的价值，但人们弃微博而使用微信的根本原因就在于微信因为“有限传播”而形成的交流乐趣，也就是各种“圈”所具有的娱乐的原因。

微博兴起于有别于传统媒介的“有限传播”乐趣，微信战胜微博是由于更彻底的“有限传播”的乐趣，是信息乐趣输给了信息价值。

2. 社会赞同的获取

人类的交流活动无论是在物质领域还是在精神领域，实质都是寻找回报。精神领域交流的目的有以精神产品换取物质回报的现象，有以物质产品换取精神回报的现象，更多的则是以精神产品换取精神回报的现象。民间最普遍的精神回报的获得就是通过交流得到一种对自己观点的肯定，即社会赞同。

人类在与大众传播媒介接触的重要目的之一，就是寻找社会赞同。如果难以在大众传播媒介里获得社会赞同，他将会因失望而沉默，减少或放弃与大众传播媒介继续交流的机会。

人际传播和群体传播中，人们可以自由选择交流对象，从而减少否定的反馈，更容易获得赞同的反馈。比如领导讲话时，下面听者有人颔首示意、会心一笑、疾书笔记等。这种赞同的反馈，在网络社交平台上将得到放大，从而使交流者因为获得更多的社会赞同而得到极大的心理满足。这里有大众传播式的对自己认可的放大，也有人际传播式的对自己否定的减少。

微博与传统媒体相比，由于自己选择了关注对象而大大提升了社会赞同度，同时微博与微信相比，其社会赞同度却低于后者。因为微博关注了自己认可的对象，但无法有效控制自己不认可的对象。

大众传播媒介是社会主流意识形态的表达，反主流文化和抵抗文化的信息往往都依靠人际传播来表达。在网络社交平台上，每个人的反主流文化和抵抗文化的信息都可以得到比茶馆酒楼里更广泛的认同，这种社会赞同以往是难以从大众传播媒介中得到的。

3. 碎片化娱乐的汇集处

大众传播媒介提供的娱乐品往往体现一种完整性特点。一部小说，要么是长篇小说，要么是短篇小说集或是汇集性的杂志；一部电影，标准时长是 100 分钟；一部电视剧往往由 40 分钟的剧集再组成一部 40 集的鸿篇巨制，而一分钟的短片只是爱迪生时代的作品；电台播放的最碎片化的笑话段子，也必须存在于一个 20 分钟以上的栏目里。

在朋友圈里，人们发出的信息的主体是碎片化的，即使用了链接的方式，但发出和转发的内容都是以短信息为主。经常我们看到这样的提示：这篇文章较长，但看完会有收获……这是一种提示，更是一种歉意。

网络社交平台，特别是移动中的网络社交平台，提供了只有人际传播才广泛存在的碎片化信息，其中最多的部分就是大众传播媒介不能提供的碎片化娱乐信息。

三、全球化的娱乐产品

互联网真正侵蚀着所有民族国家的文化国境线。

无论是民族主义的反感，还是对文化帝国主义的警惕，属于全世界的共同文化开始影响到每一个国家，特别是青年一代。对此，许多国家在注重于自身文化的建设外，也曾警惕以美国为代表的西方国家的“文化帝国主义”的侵蚀。一生挑战媒介资本主义的美国学者席勒（Schiller Herbert）一直在关注以好莱坞电影为代表的西方大众传播媒介对发展中国家所产生的文化影响力，而在他离世之际，比好莱坞电影更猛烈的互联网还没有发挥其可怕的作用。

民族文化的独特价值和文化的优势扩散原理，说明了有个性的文化产品更具有传播与扩散能力。个性的民族文化和正在扩散的科技和人文文化，借助了互联网的力量开始冲击着国家民族文化和意识形态之间的壁垒。文化的壁垒实质是两堵墙：一是社会文化墙，二是个人文化墙。对自身文化模式的维护有国家、社会和统治集团设置的保护措施，也有个人的自我文化模式的维护。互联网日益穿透了民族国家的文化壁垒，也逐渐让个人的文化理念发生变化，这一现象不能不令人深思。

在所有文化产品中，感性层次的产品，特别是文化娱乐品具有了极大的传播影响力。西方文化进入中国，经历了先物质文化产品、后精神文化产品的过程。在精神文化产品中，观念、制度与娱乐文化品相比，总是姗姗来迟。在中国近代的现代化过程中，借鉴过西方的观念与制度，但往往非历经多时而不能实现，而影戏虽在放映中出现爆炸伤人的事故也能迅速风靡。如前所述，梁启超等中国政治家倡导改革社会的政治小说无人问津，而狄更斯和柯南道尔的作品却风靡一时。中国互联网发展的前10年里，国人热爱互联网也多半不是学术搜索和在线教育，除了解新闻外，就是网络游戏、在线影视与聊天等娱乐原因。

就网络游戏来看，非国产的网络游戏成为我国游戏市场的主体。

2015年的百度搜索排行显示，下列网络游戏受到了中国玩家的追捧：

1. 英雄联盟（美国）/2. 地下城与勇士（韩国）/3. 完美世界（中国）/4. 穿越火线（韩国）/5. 剑灵（韩国）/6. 魔兽世界（美国）/7. 梦幻西游（中国）/8. 热血传奇（韩国）/9. 斗战神（中国）/10. 逆战（中国）/11. 炉石传说（美国）/12.QQ炫舞（中国）/13. 坦克世界（英国）/14. 问道（中国）/15. 劲舞堂（韩国）/16. 征途（中国）/17. 石器世界（韩国）/18.Lazeska（韩国）/19. 大话西游外传（中国）/20. 梦幻诛仙（中国）

在上列排行榜中，英美韩三国的游戏占了一半以上。从内容上看，魔幻与角斗是这些网络游戏的最重要的两个关键词。上列游戏中，除“坦克世界”有着较明确的故事背景和敌对双方的身份外，其他游戏完全淡化了历史背景和人物身份。这种幻想中的世界展示了现代技术的虚拟能力，同时去除了玩家因不同的历史观而形成的固有倾向。即使其中的类似“反恐”和“反抗专制国家”等因素，也变化在虚拟的游戏故事之中。上述游戏中，除“QQ炫舞”和“劲舞堂”

属舞蹈类休闲健身游戏外，其他游戏几乎都是角斗题材。但是我们注意到，角斗的双方仅仅分为正义与邪恶两个阵营，而没有给角斗双方设定明确的身份。

这种现象与电脑游戏早期的情况有所不同。早期的单机游戏和网络游戏的题材都比较写实，角斗双方的身份也比较明确，如“盟军与德军”“美特种兵与中东恐怖分子”“八路军与日本鬼子”等。如今，在一个炫丽的魔幻场景里，全世界的玩家都处在一个未来或过去的陌生时代里，角斗的双方只是正义与邪恶，所有人都不会因为意识形态、宗教、历史观的不同而拒绝这些网络游戏。这是游戏设计者和推广者的聪明之处，作为跨文化传播的产品，他们开发的网络游戏必须不能挑战全世界各种文化背景用户的固有倾向。

参考文献

[1] [日] 渡边修司、中村彰宪：《游戏性是什么：如何更好地创作与体验游戏》，北京：人民邮电出版社，2015 年。

[2] [荷兰] 约翰·赫伊津哈：《游戏的人：文化中游戏成分的研究》，广州：花城出版社，2007 年。

[3] [美] 简宁斯·布莱恩特、道尔夫·兹尔曼主编：《媒介效果：理论与研究前沿》，北京：华夏出版社，2009 年。

[4] 陈鲁直：《民闲论》，北京：中国经济出版社，2005 年。

[5] 宋应离主编，朱联营、李明山副主编：《中国期刊发展史》，开封：河南大学出版社，2000 年。

[6] [美] 萨梅尔·约翰逊、帕特里夏·普里杰尔特：《杂志产业》，北京：中国人民大学出版社，2006 年。

[7] 范伯群：《中国现代通俗文学史》，北京：北京大学出版社，2007 年。

[8] 于光远、马惠娣：《于光远马惠娣十年对话——关于休闲学研究的基本问题》，重庆：重庆大学出版社，2008 年。

[9] 马惠娣：《休闲：人类美丽的精神家园》，北京：中国经济出版社，2004 年。

[10] 张景安、马惠娣主编：《中国公众休闲状况调查》，北京：中国经济出版社，2004 年。

[11] 马惠娣：《走向人文关怀的休闲经济》，北京：中国经济出版社，2004 年。

[12] 于光远：《论普遍有闲的社会》，北京：中国经济出版社，2004 年。

[13] [美] 史蒂芬·强森：《开机：电视、电脑、电玩占据生命，怎么办？》，台北：早安财经文化有限公司，2007 年。

[14] [美] 弗雷德·勒纳：《图书馆的故事 从文字初创到计算机时代》，北京：北京时代华文书局，2014 年。

[15] [法] 罗歇·苏：《休闲》，北京：商务印书馆，1996 年。

[16] [美] 杰弗瑞·戈比：《21 世纪的休闲与休闲服务》，昆明：云南人民出版社，2000 年。

[17] [美] 杰弗瑞·戈比：《你生命中的休闲》，昆明：云南人民出版社，2000 年。

[18] [美] 卡拉·亨德森、黛博拉·拜尔列席基、苏珊·萧、瓦列丽亚·弗莱辛格：《女性休闲——女性主义的视角》，昆明：云南人民出版社，2000 年。

[19] [美] 约翰·凯利：《走向自由——休闲社会学新论》，昆明：云南人民出版社，2000 年。

[20] [美] 托马斯·古德尔、杰弗瑞·戈比：《人类思想史中的休闲》，昆明：云南人民出版社，2000 年。

[21] [加] 马歇尔·麦克卢汉：《认识媒体：人的延伸》，台北：英属盖曼群岛商家庭传媒股份有限公司城邦分公司，2015 年。

[22] [美] 罗伯特·麦基：《故事——材质、结构、风格和银幕剧作的原理》，北京：中国电影出版社，2001 年。

[23] 木心：《1989-1994 文学回忆录》，桂林：广西师范大学出版社，2013 年。

[24] [美] 克里斯多弗 · R. 埃廷顿、德波若 · 乔顿、多纳德 · G. 道格拉夫、苏珊 · 埃廷顿：《休闲与生活满意度》，北京：中国经济出版社，2009 年。

[25] [美] 迈克尔 · 埃默里、埃德温 · 埃默里：《美国新闻史大众传播媒介解释史》，北京：新华出版社，2001 年。

[26] [美] 韦伯 · 施兰姆：《人类传播史》，台北：远流出版公司，1994 年。

[27] [法] 伊居 · 德波：《景观社会》，南京：南京大学出版社，2006 年。

[28] 姚福申、管志华：《中国报纸副刊学》，上海：上海人民出版社，2007 年。

[29] 赵玉明主编：《中国广播电视通史》，北京：北京广播学院出版社，2004 年。

[30] 蔡丰明：《游戏史》，上海：上海文艺出版社，2007 年。

[31] (清) 李渔：《闲情偶寄》，重庆：重庆出版社，2008 年。

[32] [美]Cene Bammel&Lei Lane Burrus-Bammel：《休闲与人类行为》，台北：桂冠图书公司，1996 年。

[33] [英] 彼得 · 伯克：《欧洲近代早期的大众文化》，上海：上海人民出版社，2005 年。

[34] [美] 威尔伯 · 施拉姆：《传播学概论》，重庆：新华出版社，1984 年。

[35] 姚一鸣：《中国旧书局》，北京：金城出版社，2014 年。

[36] [美] 伊恩・P. 瓦特：《小说的兴起》，北京：三联书店出版社，1992 年。

[37] [美] 阿尔・西尔弗曼：《黄金时代 美国书业风云录》，北京：机械工业出版社，2010 年。

[38] 李红雨：《一本书读懂中国古代休闲娱乐》，北京：中华书局，2014 年。

[39] [美] 克莉斯汀・汤姆森、大卫・波德维尔：《世界电影史》，北京：北京大学出版社，2004 年。

[40] 赵柏田：《南华录 晚明南方士人生活史》，北京：北京大学出版社，2015 年。

[41] 孙月沐总主编、伍旭升主编：《30 年 中国畅销书史》，北京：中国对外翻译出版公司，2009 年。

[42] 钟芳玲：《书天堂》，桂林：广西师范大学出版社，2005 年。

[43] [美] 尤瑟夫・皮柏：《闲暇 文化的基础》，台北：立绪文化事业有限公司，1992 年。

[44] [美] 约翰・梅西：《文学的故事》，北京：中国档案出版社，2001 年。

[45] 张来民：《作为商品的艺术》，北京：中国社会科学出版社，2002 年。

[46] [美] 索尔斯坦・凡勃伦：《有闲阶级论》，北京：商务印书馆，1981 年。

[47] [美] 米切尔・J. 沃尔夫：《娱乐经济：传媒力量优化生活》，北京：光明日报出版社、科文（香港）出版有限公司，2001 年。

[48] 董虫草：《游戏 & 艺术》，北京：人民出版社，2004 年。

[49] [法]菲利普·于格:《世界电影编年史》(上下),北京:中国人民大学出版社,2010 年。

[50] [美]雅克·巴森:《从黎明到衰颓》,台北:英属盖曼群岛商家庭传媒股份有限公司城邦分公司,2007 年。

[51] [英]马克·卡曾斯:《电影的故事》,北京:新星出版社,2006 年。

[52] 姜昆、倪钟之:《中国曲艺通史》,北京:人民文学出版社,2005 年。

[53] 上海市档案馆、北京广播学院、上海市广播电视局合编:《旧中国的上海广播事业》,北京:北京广播电视出版社,1985 年。

[54] 吴永贵:《民国出版史》,福州:海峡出版发行集团、福建人民出版社,2011 年。

[55] [法]菲利普·阿利埃斯、乔治·杜比:《私人生活史》,北京:三环出版社、北方文艺出版社,2009 年。

[56] 中国晚报工作者协会编:《新中国晚报五十年鉴》,上海:文汇出版社,2000 年。

[57] [美] Kritin Thompson&David Bordwell:《电影百年发展史——前半世纪》,台北:美商梦格罗·希尔国际股份有限公司台湾分公司,1998 年。

[58] [美] Kritin Thompson&David Bordwell:《电影百年发展史——后半世纪》,台北:美商梦格罗·希尔国际股份有限公司台湾分公司,1998 年。

[59] 程季华主编:《中国电影发展史》(第一、二卷),北京:中国电影出版社,1963 年。

后记：娱乐或许是一种反抗

2000 年，我在辽宁大学的新闻学硕士课程里开设了媒介娱乐学这一门选修课。当年的《新周刊》做了一期“娱乐新世纪”的主题，四年之后我教的一个研究生考上中国传媒大学博士时，复试时老师们看着这个同学的硕士成绩单，问了他一个问题：“什么叫媒介娱乐呀？”而在 2018 年《国际新闻界》以“游戏研究”开启了有关媒介娱乐研究的第一个专栏。

我对媒介娱乐的思考，起始于 20 世纪 90 年代中国电视娱乐节目初创之际。作为一个毕业后研究新闻与传播的学人，我与业界的结合之处本来应该是新闻类节目。然而在 20 多年里，我与媒介的合作的主要类别却是电视娱乐类节目。至于新闻类节目，只有辽宁广播电视台的早间新闻节目《第一时间》和沈阳广播电视台的民生新闻《直播生活》，幸运的是这两档新闻类节目至今依然存在。从 1995 年开始，我在辽宁广播电视台和沈阳广播电视台先后策划了十余档电视娱乐节目，包括《快乐星期天》《世纪欢乐城》《一见倾心》《智慧旗舰》《环球漫话》《生活大放送》等。

但是，在天天研究这些节目的时候，我产生了一个问题：电视娱乐节目的快乐之因是什么？为此我查阅网络和历史，却难于找到相应的理论解释。人类社会的历史实在都是严肃的历史，其中记载的都是人类是怎么样活过来的，却少有对人类是怎样玩过来的有充分的记录。当时如果在网络上输入“娱乐”两字，得到的多是演艺明星的八卦生活，如果钻进图书馆，最接近这个领域的理论书只有一本赫伊津哈的《人，游戏者》的中译本和一本英文的史蒂芬森的《大众传播的游戏理论》（此书至今也没有汉译本）。

这就是我在2000年之后开始研究这一领域时的学术情形。对此，我的研究只有一个角度，那就是历史。我首先需要研究人类是怎样玩过来的，我还要研究大众传播媒介的娱乐传播现象，我要研究所有媒介的娱乐史，我要从成熟的文学史、社会史和休闲学等领域去寻找一点点理论认识。就这样我用了十余年的时间。终于，当世界进入网络时代之后，网络游戏产业和网络娱乐的蓬勃现象，让媒介娱乐的学术研究日益成为全世界传播学界的一个显学！

东西方世界对大众传播媒介的娱乐现象已经抱有一个世纪以上的敌意和质疑。但除了“娱乐至死”的观点之外，越来越多的学者开始肯定传播媒介的娱乐价值。法国传播学者米涅在20世纪80年代提出了“文化工业的商业模式”的概念，质疑媒介批判理论。他认为作为娱乐产业的大众媒介产品，有着政治上、经济上和文化教育上的积极意义，不可统统视为资本主义社会的资本产物。苏联学者巴赫金提出的“狂欢节理论”，认为娱乐是通过身体的快感，以对抗道德、规训和社会控制，可以视为社会底层的一种反抗。

我对媒介的娱乐理论与历史的探讨，也力图去证明米涅和巴赫金的这样一个结论。

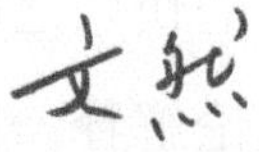

2019年6月10日于江山花园